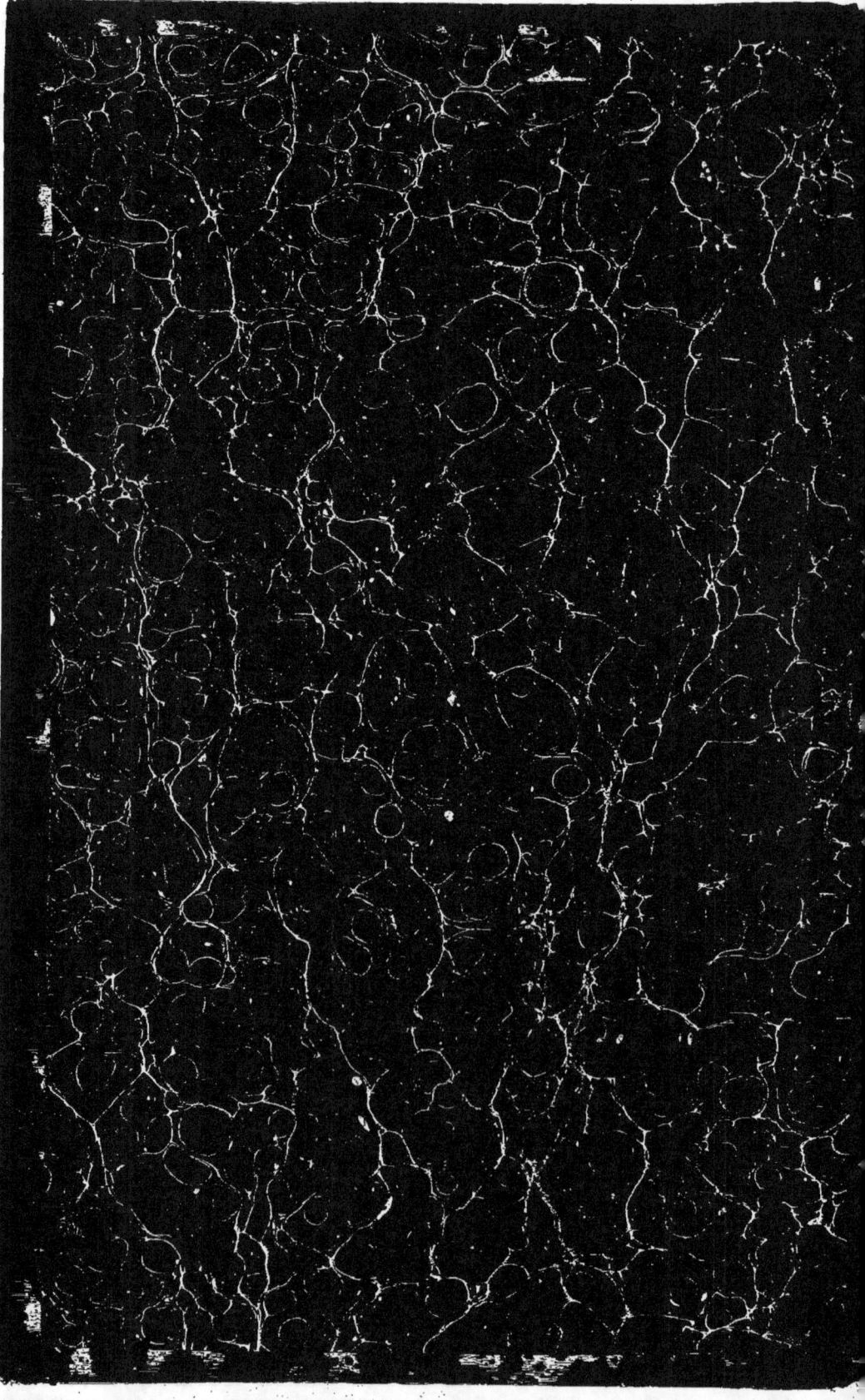

1648. ter
H.

HISTOIRE
UNIVERSELLE.

V.

A. ÉVERAT
IMPRIMEUR ET FONDEUR,
rue du Cadran, 16.

L'ENLÈVEMENT DES SABINES.

HISTOIRE UNIVERSELLE

PAR

LE COMTE DE SÉGUR,
de l'Académie française;

CONTENANT

L'HISTOIRE ANCIENNE, ROMAINE ET DU BAS-EMPIRE.

CINQUIÈME ÉDITION,
ORNÉE DE GRAVURES.

TOME CINQUIÈME.

PARIS.

FURNE, LIBRAIRE,　　FRUGER ET BRUNET,
quai des Augustins, 39.　　rue Mazarine, 30.

1856.

HISTOIRE ROMAINE.

ROIS DE ROME.

CHAPITRE PREMIER.

Introduction à l'histoire romaine.—Premiers peuples d'Italie.— Première civilisation. — Division de l'Italie en petits états. — Adoption de la religion des Grecs. —Événements avant la fondation de Rome.—Origine de Romulus et de Rémus son frère. — Leurs premiers exploits. — Mort de Rémus.—Fondation de Rome par Romulus.—Avénement de Romulus. —Son administration. — Institution du patronage. — Législation.—Enlèvement des Sabines.—Premières conquêtes de Romulus.—Trahison et mort de Tarpéia. — Paix entre les Romains et les Sabins par l'intercession des Sabines. — Règne de Romulus et de Tatius. — Mort de Tatius. — Mort de Romulus.— Origine du nom de Rome. —Interrègne. Élection de Numa. — Son gouvernement pacifique. — Sa législation.— —Institution des vestales.— Création des hérauts. — Autres institutions de Numa. — Sa mort. — Élection de Tullus Hostilius. —Déclaration de guerre entre Rome et Albe. — Combat des Horaces et des Curiaces.— Mort de Camille. — Jugement d'Horace sauvé par son père.—Nouvelle guerre. — Trahison des Albains. — Supplice de Métius Suffétius. — Destruction de la ville d'Albe. — Victoires et conquêtes de Tullus

Hostilius. — Sa mort. — Règne d'Ancus Martius. — Ses victoires. — Première prison. — Origine de Lucius Tarquin. — Mort d'Ancus Martius.— Usurpation et élection de Tarquin l'Ancien.— Ses constructions. — Origine de Tullius Servius. — Mort de Tarquin l'Ancien. — Usurpation de Tullius Servius. — Son élection. — Ses conquêtes. — Première monnaie. — Établissement du cens. — Affranchissement des esclaves. — Mariage des filles de Servius. — Crimes de Lucius et de Tullie. — Usurpation et parricide de Tarquin. — Mort de Servius. — Parricide de Tullie. — Tyrannie de Tarquin le Superbe. — Mort de Turnus Herdo. — Artifice de Sextus Tarquin. — Constructions de Tarquin dans Rome. — Origine du nom de Capitole. — Offrande de Brutus à Delphes. — Dispute entre Sextus Tarquin, Collatin et des officiers. — Viol et mort de Lucrèce. — Serment de Brutus. — Abolition de la royauté. — Exil de Tarquin.

Ainsi que le voyageur qui suit le cours des grands fleuves avant de s'embarquer sur l'Océan destiné à les engloutir tous dans son sein, nous avons d'abord parcouru l'histoire des Égyptiens, des Juifs, des Phéniciens, des empires de l'Asie, des royaumes, des états libres de la Grèce, des républiques de Sicile et de Carthage; nous allons maintenant raconter les faits de ce peuple romain, qui devint le maître du monde.

Ici un nouveau spectacle va s'offrir à nos regards. Nous ne nous égarerons plus, comme en Égypte, dans l'obscurité d'une tradition antique et mystérieuse, qui, mêlant peu de vérités aux contes forgés par une caste de prêtres, ne nous laisse d'autres garants que de vieux monuments et d'indéchiffrables hiéroglyphes.

Nous ne serons plus, comme en Palestine, dans un pays sacré, où toutes les lois sont des oracles, et tous les événements des miracles.

Nous avons quitté cette voluptueuse Asie, où régnaient ensemble la mollesse, le luxe, l'ignorance et le despotisme.

Nous sommes sortis de cette patrie des fables, de ce pays des prodiges, de cette Grèce si pittoresque, que l'imagination quitte à regret, parce qu'elle y trouvait tout mobile et varié comme elle. Le temps, qui fait naître et qui efface tout, a flétri les couleurs de ce riant tableau, où nous avons vu rassemblés, dans le plus étroit espace, toutes les grandeurs, toutes les petitesses, toute la sagesse, toute la folie humaine, les tyrans les plus cruels, les rois les plus vertueux, les conquérants les plus renommés, les sages les plus célèbres, les meilleures lois, les peuples les plus libres, les esclaves les plus soumis, des vertus éclatantes, des vices déifiés, des modèles dans tous les genres de talents et d'arts, de luxe et d'austérité, enfin toutes les formes de gouvernement et d'anarchie.

La Sicile nous a donné d'autres leçons. Le sort s'est plu à nous y présenter le contraste des rois les plus éclairés et des tyrans les plus farouches, pour nous apprendre à quel degré de bonheur un peuple peut être conduit par des monarques sages, tels que les Gélon et les Hiéron, ou par des chefs semblables à Timoléon, et tous les maux qui peuvent affliger une nation lorsqu'elle laisse un pouvoir absolu à des monstres semblables aux Denys et aux Agathocle.

Carthage, pendant plusieurs siècles, nous a montré les effets d'une sage liberté et d'un heureux balancement de pouvoirs; mais l'excès de son opulence, la corruption qui en fut la suite, sa décadence et sa ruine nous ont prouvé que le ciment des états est la vertu, et qu'ils tombent dès qu'elle cesse d'être leur soutien.

Nous entrons enfin dans Rome : là nous trouverons encore quelques fables grossières près de son berceau; mais le peuple romain, dès ses premiers pas, nous frappe par un caractère de force, de gravité, de grandeur, que nulle part ailleurs nous n'avons rencontré; son enfance ressemble à celle d'Hercule, dont les jeunes mains étouffaient des serpents.

Son premier roi, qu'elle adore comme le fils de Mars, change des bergers en héros, assujétit des brigands à des lois sages, les soumet à une discipline savante; il rend redoutables à ses voisins les murs dont il vient de poser les fondements; il étend son territoire par des conquêtes, augmente sa population par des traités, annonce aux siècles et aux nations la domination de Rome, et disparaît aux yeux de ses sujets, dont la crédule admiration le place dans les cieux auprès de Jupiter.

Ses successeurs, doués de grandes vertus et de rares talents, unissent, par un intérêt commun, le trône, le peuple et les grands; ils confient le dépôt de la liberté aux plébéiens, le maintien des lois et des vertus aux sénateurs, celui de la force publique aux rois. Ils attachent le riche au pauvre et le pauvre au riche par une utilité réciproque, par les droits et par les devoirs du patronage. Ils lient tous les citoyens à l'état par une religion qui préside à leurs destinées, qui règle toutes leurs actions, et qui les force à tout sacrifier à l'amour de la gloire et de la patrie. Un tyran veut en vain détruire ce grand ouvrage; la liberté, gravée dans toutes les ames, lui résiste; son trône tombe; la république s'élève et étonne l'univers par des prodiges d'héroïsme et de vertu, jusqu'au moment où l'excès de sa grandeur et de sa puissance corrompt ses mœurs, lui fait adopter les vices des peuples conquis, soumet les maîtres de la terre à des tyrans, et livre enfin aux Barbares du Nord cette Rome si long-temps capitale du monde par ses armes, et réservée à l'être encore par la croix.

Ailleurs, on peut rechercher la gloire des siècles passés dans les monuments échappés aux ravages du temps; mais à Rome, c'est surtout les hommes qu'il faut étudier. Ces illustres Romains, dont nous allons écrire l'histoire, sont les plus beaux et les plus grands monuments de leur patrie.

L'histoire des temps qui ont précédé Romulus ne nous offre rien de certain sur les premiers peuples qui habitèrent l'Italie. Cette contrée est une presqu'île bornée au nord par les Alpes, qui la lient au continent. Ces montagnes présentent trois passages principaux : l'un au nord, l'autre au midi, et le troisième à l'est. On peut présumer que la même cause qui attira, douze siècles après, tant de malheurs et tant de Barbares en Italie, y conduisit d'abord les premiers hommes qui la peuplèrent, et que les nations du Nord, les Celtes, les Pélages, les Illyriens, cherchant de plus doux climats, ou chassés par d'autres hordes plus septentrionales, peuplèrent l'Italie par les mêmes motifs qui les portèrent dans la suite à la ravager.

Cette population sauvage n'avait qu'un culte grossier et des habitudes nomades; mais l'influence d'un beau ciel et d'un pays fécond adoucit ses mœurs, et commença la civilisation de ces barbares. Cessant d'être chasseurs, ils devinrent pâtres et agricoles. Plus tard, des colonies grecques et asiatiques y portèrent leurs lois, leurs arts et leurs sciences. L'Italie éprouva le même sort que la Grèce, peuplée aussi par des Pélages, quand les Égyptiens y arrivèrent, et on dut y voir de même le combat de la civilisation contre la barbarie, de la lumière contre la nuit, des dieux contre les Titans.

De toutes parts on cultiva des champs, on bâtit des bourgs; mais, comme cette civilisation naissante n'était l'ouvrage ni d'un seul homme ni d'un seul peuple, l'Italie se trouva divisée en un grand nombre de petits états qui adoptèrent la forme monarchique, parce que leurs guerres continuelles leur faisaient sentir la nécessité d'un chef. Cependant ils bornèrent toujours l'autorité de ce chef, pour conserver une partie de leur antique indépendance.

Ces petits états, quoique séparés, se confédéraient souvent et formaient des nations, comme les Latins et les Étrusques, les plus fameux alors de tous les peuples de cette contrée. Ces confédérations avaient probablement pour causes la communauté d'origine et la conformité de langage.

Les Étrusques occupaient ce qu'on appelle à présent la Toscane et la côte de la Méditerranée jusqu'au détroit. Les Latins habitaient l'état romain actuel et le reste du midi de l'Italie. Toutes ces petites cités ou monarchies combattaient fréquemment pour se disputer un champ ou pour se venger d'une injure; mais elles n'avaient ni l'intention ni les moyens de faire des conquêtes. On quittait la charrue pour l'épée, et on revenait du camp à la charrue. On ne connaissait pas les machines de guerre; un mur et un fossé arrêtaient une armée. Il n'existait point de troupes soldées. Lorsqu'un peuple étranger faisait une invasion, on le chassait si on était le plus fort; en cas de défaite, on cédait au vainqueur le terrain nécessaire pour fonder une nouvelle cité.

Si l'on en croit Denys d'Halicarnasse, ces peuples adoptèrent promptement la religion des Grecs, en la dégageant des fables qui avilissaient les dieux. Il paraît que les Étrusques firent d'assez grands progrès dans les lettres et dans les arts; les autres peuples d'Italie envoyaient leurs enfants étudier en Étrurie. On a trouvé d'anciens monuments, et on conserve des vases étrusques qui appuient cette opinion.

La faiblesse humaine aime à consulter les dieux pour lire dans l'avenir. Les Grecs croyaient que les dieux parlaient par la voix des oracles. En Italie, manquant de ce moyen, la superstition fit étudier les présages : la rencontre d'un animal destructeur était de mauvais augure; la vue d'un essaim d'abeilles ou d'une colombe semblait favorable. On jugeait de la volonté des dieux par le nombre pair ou impair des cailloux qu'on ramassait au hasard, ou des animaux qu'on rencontrait, ou des coups de tonnerre qu'on entendait. La direction des éclairs et celle du vol des oiseaux servaient aussi de présages.

Les mots d'*augures* et d'*auspices* vinrent, le premier, du cri des oiseaux; le second, de leur vol, de leur marche et de leur figure. On nommait *aruspices* ceux qui se vantaient de savoir lire dans le sein des animaux égorgés. Les prêtres, pour augmenter leur autorité, prétendirent avoir le secret de changer les mauvais présages. Ils exigeaient des sacrifices, et ordonnaient des expiations pour apaiser les dieux irrités ; et ce fut cette superstition qui, après avoir fait immoler tant d'animaux, porta presque partout les peuples à sacrifier au ciel des victimes humaines. De là vint aussi la magie, science fausse, par laquelle on se flattait, avec le secours des bons et des mauvais démons, non-seulement de connaître l'avenir, mais même de changer la marche de la nature.

Ces superstitions, gravées par la crainte dans le cœur des peuples d'Italie, formèrent une grande partie de leur culte et de leur législation ; ils ne faisaient aucun acte privé ou public sans consulter les augures, sans offrir des sacrifices et sans apaiser les dieux par des expiations.

Il existait près de chaque cité des lieux qu'on regardait comme sacrés : la charrue en respectait le sol ; la hache n'osait approcher de leurs arbres ; les bannis et les criminels y trouvaient un asile inviolable. Chaque ville honorait particulièrement son démon, son génie ou son dieu protecteur, dont on cachait soigneusement le nom, pour que l'ennemi ne pût se le rendre favorable en l'invoquant. Chaque maison renfermait ses dieux tutélaires, qu'on appelait *lares* ou *pénates*.

Denys d'Halicarnasse dit que les premiers habitants du Latium s'appelaient *Sicures*, et que les Latins, qui les remplacèrent, tiraient leur origine des Grecs. D'autres auteurs soutiennent des opinions contraires. Le plus ancien historien de Rome, Fabius Pictor, vivait à l'époque de la seconde guerre punique; avant lui on ne connaissait les premiers temps de Rome que par une tradition incertaine, puisque les Gaulois avaient brûlé les archives romaines. Les registres des prêtres ne nous ont fait parvenir que des faits mêlés d'erreurs qu'ils voulaient accréditer.

Tous les peuples anciens attribuaient leur origine à quelques dieux, et Rome aimait à croire qu'elle devait sa naissance au fils de Mars. Le peuple romain, nommé depuis *le peuple-roi*, se vit, comme tous les rois, entouré de flatteurs : les historiens, les peuples vaincus, les monarques mêmes adoptaient, répétaient toutes les fables qui flattaient l'orgueil de Rome. Au reste, cette croyance religieuse fut une des principales causes de la grandeur et de la durée de la république romaine : tant il est vrai que la religion, même quand elle est mêlée d'erreurs, est une base nécessaire à la solidité des états. Toute religion, pour faire respecter ses dogmes, est obligée de les appuyer sur la morale, et c'est elle qui conserve les nations.

Le peuple romain, plus grave et plus religieux

qu'un autre, respecta plus long-temps qu'un autre aussi l'autorité paternelle, les lois, la justice et les mœurs. Il se fit plus admirer encore par ses vertus que craindre par ses armes.

Quoique nous n'ayons, comme on l'a vu, qu'une tradition obscure et contestée pour nous faire connaître les événements qui ont précédé la fondation de Rome, nous allons rapporter ce que Denys d'Halicarnasse, Tite-Live et Plutarque en ont dit.

Avant le siége de Troie, OEnotrus conduisit des Arcadiens en Italie; il y forma une colonie qui porta son nom. Un de ses descendants, nommé Italus, lui donna celui d'Italie. Long-temps après, quelques Pélages, chassés de Thessalie, se réunirent en Italie aux Aborigènes, descendus des Arcadiens : ces deux peuples expulsèrent du territoire où Rome fut depuis bâtie les Sicules, qui se sauvèrent dans une île voisine, nommée Trinacrie ou Sicile.

Près d'un siècle avant la guerre de Troie, Évandre, banni du Péloponèse, amena encore des Arcadiens en Italie. Faunus, qui régnait alors sur les Aborigènes, donna à ces Arcadiens un terrain dans le Latium : ils y fondèrent une bourgade sur le mont Palatin, et la nommèrent Palentium.

Sous le règne d'Évandre, qui succéda à Faunus, on prétend qu'Hercule arriva en Italie, qu'il y extermina le brigand Cacus, et que, par reconnaissance, on lui érigea des autels. Ce héros apprit aux Aborigènes les rites grecs, et confia le sacerdoce à deux familles, celle des Politiens et celle des Pinariens. Cinquante ans après le départ d'Hercule, Latinus, fils de ce demi-dieu, mais qui passait pour le fils de Faunus, régna sur les Aborigènes. Il donna à son peuple le nom de *Latins*, et à son pays celui de *Latium*.

D'autres croient que ce nom (qui vient de *latere*, cacher) fut donné à cette contrée parce que Saturne s'y réfugia pour s'y dérober aux poursuites de son fils Jupiter.

Denys d'Halicarnasse raconte que, sous le règne de Latinus, Énée, à la tête d'une troupe troyenne, aborda à Laurente, à l'embouchure du Tibre. Il apportait avec lui les dieux de Troie et le *palladium*, qu'on déposa depuis dans le temple de Vesta. Latinus conclut la paix; forma une alliance avec Énée, lui céda des terres, et lui donna en mariage sa fille Lavinie.

Turnus, roi des Rutules, peuples qui habitaient ce qu'on appelle aujourd'hui la campagne de Rome, devait épouser cette princesse; irrité de l'affront qu'il avait reçu, il déclara la guerre à Latinus et à Énée. Ces deux rois le battirent; mais Latinus périt dans le combat. Turnus, avec le secours de Mézence, roi d'Étrurie, continua la guerre. Énée remporta la victoire sur eux, et tua Turnus. Ce triomphe fut le terme de la vie du prince troyen, qu'on adora depuis sous le nom de Jupiter Indigète.

Énée avait bâti la ville de Lavinium. Pendant l'enfance d'Ascagne, son fils, Lavinie gouverna les Latins et les Troyens réunis avec tant de sagesse que la population de ses états et leur prospérité firent des progrès rapides. Ce fut elle qui bâtit la ville d'Albe. Ce royaume dura quatre cent trente ans jusqu'à la fondation de Rome. Le Tibre s'appelait alors Albula, et servait de limites entre le Latium et l'Étrurie.

Sylvius régna après son père Ascagne. Ses successeurs furent Énée Sylvius, Sylvius Latinus, Alba, Atis, Capis, Capetis, Tibérinus, qui se noya dans l'Albula et lui laissa son nom. Agrippa son fils monta sur le trône, et devint père de Romulus Sylvius, qui mourut, dit-on, d'un coup de tonnerre. Aventinus lui succéda; il fut enterré sur le mont nommé depuis Aventin. Proca, son fils, eut deux enfants, Numitor et Amulius.

Après sa mort, Numitor, étant l'aîné, devait régner; mais Amulius usurpa le trône, tua son neveu Égestius, et mit au nombre des prêtresses de Vesta sa nièce Rhéa Sylvia. Ce roi perfide ne se contenta pas, dit-on, de cette rigueur; il usa de violence pour déshonorer cette vestale, dans l'intention de se donner le droit de la punir. Elle mit au monde deux jumeaux, Romulus et Rémus; Rhéa, accusée d'impudicité, déclara que Mars était le père de ses enfants. Le roi la fit plonger dans un cachot, et ordonna qu'on précipitât les deux jumeaux dans le Tibre.

Ce fleuve était alors débordé; l'onde porta le berceau sur le rivage, où il resta à sec. Lorsque le Tibre rentra dans son lit, une louve attirée par le cri des enfants vint les allaiter; un pivert leur porta dans son bec la nourriture de ses petits. Faustule, inspecteur des troupeaux du roi, fut saisi d'admiration à la vue de ce prodige, qui se passait sous un figuier que Tacite assure avoir subsisté plus de huit cents ans; il emporta ces enfants chez lui, et les confia aux soins de sa femme Laurencia. Cette femme était méprisée par les bergers que scandalisaient ses débauches; ils lui donnaient le nom injurieux de *louve*, et c'est probablement ce qui fut l'origine de la fable qu'on vient de raconter.

Rémus et Romulus, devenus grands, se firent remarquer par leur beauté, par leur force et leur courage. Plutarque prétend qu'ils firent leurs études à Gabies en Étrurie. Denys d'Halicarnasse dit qu'ils restèrent avec les bergers, et que de son temps on voyait encore leur cabane religieusement conservée.

Les deux jeunes princes, pour exercer leur vigueur et leur vaillance, attaquèrent les animaux dans les forêts, les brigands sur les routes, s'associèrent des compagnons braves et dévoués, formèrent une troupe assez nombreuse, tinrent des assemblées, et célébrèrent des jeux. Au milieu d'une de ces fêtes, une bande de brigands les attaqua, s'empara de Rémus, le conduisit au roi Amulius, et l'accusa d'avoir ravagé les domaines du prince Numitor. Amulius renvoya l'accusé à ce prince, et Faustule avertit Romulus du danger de son frère.

Numitor, en interrogeant Rémus, découvre le secret de sa naissance, et apprend avec transport que Romulus et Rémus sont les enfants de Rhéa et ses petits-fils. Tous trois forment le projet de détrôner le tyran.

Rémus, suivi des serviteurs de Numitor, rejoint son frère, dont les compagnons armés s'étaient rendus au palais par différents chemins. Sans perdre de temps, ils enfoncent les portes, attaquent Amulius et le poignardent.

Pendant ce tumulte, Numitor rassemblait tous les Albains, sous prétexte de les armer contre cette attaque imprévue; mais, apprenant à l'instant le triomphe des princes, il raconte au peuple leur délivrance miraculeuse et la mort de l'usurpateur. Le peuple, débarrassé de ce roi cruel, rend avec joie le trône à Numitor; et les deux jeunes princes, suivis d'un grand nombre de bergers albains et de guerriers latins, forment le projet de fonder une nouvelle ville.

Avant d'exécuter cette entreprise, ils consultèrent le vol des oiseaux pour savoir auquel des deux l'honneur de la fondation et le gouvernement de la ville appartiendraient. Rémus, qui se tenait sur le mont Aventin, découvrit le premier six vautours; Romulus, placé sur le mont Palatin, en vit ensuite douze. De ce double présage naît une vive altercation; deux partis se forment: l'un pour Rémus, qui avait aperçu le premier les vautours; l'autre pour Romulus, qui en avait vu un plus grand nombre. Depuis quelque temps Rémus irritait son frère par ses railleries; il venait récemment de l'insulter en se moquant de ses travaux, et en franchissant un fossé qu'il avait creusé. Quelques historiens disent que Romulus, dans son courroux, tua son frère; d'autres que la dispute élevée au sujet du vol des oiseaux se termina par un combat, et que Rémus périt dans la mêlée.

On a aussi rapporté que Rome existait avant Romulus, et qu'il ne fit que la restaurer; mais l'opinion commune est qu'il la fonda sept cent cinquante-trois ans avant Jésus-Christ, au commencement de la quatrième année de la sixième olympiade, cent vingt ans après que Lycurgue eut donné ses lois à Sparte, cent quarante avant qu'Athènes eut reçu celles de Solon, et quatorze ans avant l'ère de Nabonassar.

ROMULUS.

(Avant Jésus-Christ 753.)

Romulus, resté seul chef de sa colonie, construisit les murailles de Rome. Le combat dans lequel son frère trouva la mort avait été aussi sanglant qu'opiniâtre; les deux partis réunis ne s'élevaient pas à plus de trois mille hommes de pied et de trois cents cavaliers. Persuadé que la force ne donne qu'une autorité passagère, et que le pouvoir n'est solide qu'autant qu'il a pour base la volonté générale et la confiance publique, Romulus rassembla son peuple et lui demanda s'il voulait être gouverné démocratiquement, ou par un petit nombre de magistrats, ou par un seul.

La délibération ne fut pas longue, et tous ses compagnons le prièrent d'accepter une couronne dont ils le trouvaient aussi digne par son courage et par ses grandes qualités que par sa naissance royale. Connaissant l'esprit de son siècle et la nécessité de donner à son autorité l'appui de la religion, il dit qu'il ne prendrait le sceptre que si les dieux confirmaient le choix du peuple par un signe éclatant de leur volonté.

On choisit un jour pour les consulter : après avoir offert un sacrifice, Romulus traça un cercle dans l'air avec le bâton recourbé des augures qu'on appelait *lituus*. Aussitôt, dit-on, un brillant éclair se fit voir, traversant le ciel de sa gauche à sa droite; et la multitude croyant entendre l'arrêt des dieux, le proclama roi.

Romulus se conforma alors aux usages des rois de la confédération d'Étrurie, qui se faisaient précéder de douze licteurs, envoyés par les douze tribus confédérées, et qui portaient chacun un faisceau de baguettes et de haches, comme marque de l'autorité royale; il nomma douze licteurs. Le peuple fut par ses ordres partagé en trois tribus commandées par trois capitaines. Chaque tribu se divisait en dix sections appelées *curies*. Un prêtre, portant le titre de *curion*, était chargé de présider aux cérémonies religieuses et d'offrir les sacrifices dans chaque curie.

Les terres furent partagées également entre les trente curies, excepté une partie que le roi réserva pour les dépenses des temples et pour celles du trésor public. On divisa les citoyens en deux classes : les plus distingués par leur naissance et par leur mérite composèrent le *patriciat;* les autres prirent le nom de *plébéiens*.

Le roi choisit parmi les premiers un préfet chargé de gouverner la ville en son absence. Les curies élurent dans la classe des patriciens cent chefs de famille qu'on nomma *sénateurs* ou *pères*, à cause de leur vieillesse et de leur prudence : lorsque, dans la suite, on augmenta le nombre des sénateurs, les nouveaux élus furent appelés *pères conscrits*, et ce nom devint peu à peu commun à tout le sénat.

Le peuple choisit encore dans les familles patriciennes trois cents guerriers désignés par le nom de *célères*, qui rappelait leur bravoure et leur agilité. On les destina à servir de garde au roi. Telle fut l'origine des chevaliers romains, qui, long-temps après, du temps des Gracques, formèrent un ordre séparé; car on ne conserva le nom de patriciens qu'aux descendants des premiers sénateurs.

Le roi se réserva le titre de chef de la religion, la promulgation des lois, leur exécution, le droit d'assembler le peuple et le sénat, et le commandement des armées.

On attribua exclusivement aux patriciens le sacerdoce, l'administration de la justice, les premières charges civiles et militaires. Le sénat jugeait sans appel toutes les grandes questions et les affaires d'état que lui envoyait le roi.

Le peuple élisait les magistrats, proposait les lois, décidait la guerre ou la paix, quand le roi le consultait.

Les assemblées générales avaient lieu rarement; on délibérait par curies; l'avis de la majorité était référé au sénat, et n'avait force de loi qu'après sa confirmation.

Ce qui doit donner une haute idée du génie de Romulus, ce fut l'institution du patronage. Pour rétablir l'ordre, et pour opposer une barrière à l'anarchie, il avait séparé les patriciens du peuple; mais, voulant prévenir les dissensions que pouvaient faire naître l'orgueil des grands et la jalousie des plébéiens, il unit ces deux classes par des intérêts communs et par des devoirs réciproques. Chaque patricien se choisissait dans le peuple un grand nombre de clients. Il était obligé de les garantir de tout dommage, de soutenir leurs intérêts, de plaider leurs causes, de faire valoir leur argent, de présider à leurs contrats, de leur expliquer les lois. De son côté, le client s'associait aux intérêts de son patron, venait à son secours s'il tombait dans la pauvreté, le rachetait s'il était captif, payait pour lui l'amende s'il y était condamné. Le patron et ses clients formaient en quelque sorte une famille; ils ne pouvaient s'accuser entre eux, ni donner leurs suffrages à leurs rivaux, ni embrasser le parti de leurs ennemis. Cette union politique dura plusieurs siècles; elle s'étendit aux colonies, aux villes conquises; elle s'agrandit comme la république, et l'on vit même enfin des royaumes et des rois choisir leurs patrons dans Rome, et oublier, par l'espoir d'une utile protection, l'humiliation de la dépendance.

La sagesse de ces institutions étonne d'autant

plus qu'elles naissaient dans un siècle d'ignorance, et au milieu de mœurs si barbares, que Romulus, pour conserver la population, se vit obligé de faire une loi qui ordonnait aux pères d'élever leurs enfants, leur défendait de les tuer, et ne leur permettait d'exposer que ceux qui étaient nés estropiés.

Voulant augmenter rapidement le nombre de ses sujets, il offrit dans Rome un asile aux bannis et aux hommes condamnés par les lois. Une prodigieuse foule d'aventuriers accourut alors à Rome de toutes les parties de l'Italie, et de cette impure multitude naquirent les maîtres de l'univers.

Romulus étendait sa puissance par les armes comme par les lois; et longtemps la guerre, qui dépeuple tant d'états, fut un des grands moyens dont les Romains se servirent pour augmenter leur population. Lorsqu'ils étaient vainqueurs, ils épargnaient la jeunesse ennemie, l'attiraient dans leurs légions, se faisaient céder des terres dans les pays conquis, et y envoyaient des habitants qui fondaient bientôt de nouvelles colonies, auxquelles on donnait ensuite le droit de bourgeoisie.

Romulus fonda sa ville avec trois mille trois cents hommes, et la laissa peuplée de quarante-cinq mille. Tous ses réglements tendirent à inspirer aux citoyens l'amour de la patrie, de la gloire, de la religion, de la justice et de la liberté. Il les accoutumait à estimer la pauvreté laborieuse, à mépriser la richesse oisive. Denys d'Halicarnasse vit encore de son temps les offrandes des dieux servies sur des tables de bois et dans des paniers d'osier. Cicéron les croyait plus agréables au Ciel avec cette simplicité, que lorsqu'elles étaient portées dans des vases d'or et d'argent.

La loi rendait les biens communs entre les époux; le mari, maître et juge de sa femme, pouvait la faire condamner par un conseil de famille, qui recevait sa déclaration. Le divorce était permis; mais les mœurs, plus fortes que les lois, le défendaient, et, pendant plusieurs siècles, on n'en vit aucun à Rome, et on n'y entendit aucune plainte en adultère.

Nulle part l'autorité paternelle ne fut plus sacrée : on l'étendit au-delà des bornes de la justice et de la raison; la nature seule y posa des limites; mais, d'après la loi, le père était maître absolu de son fils; et, quel que fût son âge ou sa dignité, il pouvait le vendre ou le faire mourir. Numa excepta depuis de cette dépendance les fils mariés.

On n'honorait à Rome que la guerre et l'agriculture. Les esclaves et les étrangers y exerçaient presque seuls les arts et les métiers. Plus tard les négociants acquirent quelque estime; mais le commerce de détail y fut toujours méprisé.

Rome bâtie, Rome peuplée, Rome gouvernée

par des lois, et brillante déjà par quelques victoires, offrait alors un étrange spectacle au monde. On n'y voyait presque pas de femmes; et cette future capitale de l'univers n'était encore qu'un camp qui s'augmentait par des recrues, mais qui ne pouvait se reproduire et se perpétuer.

Le roi envoya des ambassadeurs dans les cités voisines pour former des alliances avec les filles de leurs habitants. Il fit valoir, pour appuyer sa demande, la puissance croissante de son peuple visiblement protégé par les dieux. On accueillit mal ses propositions. Les gouvernements auxquels il s'adressait avaient déjà conçu beaucoup de jalousie contre cette naissante cité. Ils répondirent avec mépris aux ambassadeurs que, si Romulus et ses brigands voulaient contracter des mariages sortables, ils devaient offrir un asile aux aventurières de tous les pays.

Romulus dissimula son courroux pour mieux assurer sa vengeance. Quelque temps après, ayant annoncé publiquement qu'il devait célébrer des jeux en l'honneur de Neptune, il invita à cette fête les habitants des villes voisines. Une foule de spectateurs, attirés par la curiosité, accourut à Rome. Les Céciniens, les Crustuminiens, les Antemnates et les Sabins de Cures y vinrent avec leurs familles.

Au milieu du spectacle, à un signal donné, la

jeunesse romaine, portant des armes cachées, se précipite sur ces étrangers, et enlève les jeunes filles malgré la résistance et les larmes de leurs parents. La plus belle de ces captives fut adjugée par le cri public à Talassius, jeune et brave patricien; et, depuis cet événement, on conserva chez les Romains l'habitude de faire entendre le nom de Talassius dans toutes les fêtes nuptiales.

Cette violence donna aux Romains sept cents femmes. Le roi et les ravisseurs s'efforcèrent en vain par leurs prières d'adoucir le courroux des parents outragés et de légitimer par leur consentement ces unions criminelles. Les étrangers sortirent de Rome furieux, et parcoururent l'Italie pour intéresser les autres nations à leur vengeance.

Acron, roi des Céciniens, attaqua le premier les Romains : Romulus le défit, le tua et s'empara de sa capitale. Après ces exploits, il rentra dans Rome, revêtu d'une robe de pourpre, couronné de lauriers, et portant en trophée les armes d'Acron. Les troupes, rangées sur son passage, chantaient des hymnes en son honneur. Ce fut le premier triomphe. On bâtit sur la colline du Capitole un temple dédié à Jupiter Férétrien. Il était destiné à recevoir les dépouilles que les descendants de Romulus enlèveraient aux rois et aux généraux tués de leurs mains. Dans l'espace de cinq siècles, deux seuls Romains, Cornélius Cossus, vainqueur de Tolumnius, roi des Véiens, et Clodius Marcellus, qui avait tué Britomare ou Viridomare, roi des Gaulois, offrirent ces illustres dépouilles qu'on appelait *opimes*. Denys d'Halicarnasse vit encore les restes de cet ancien temple de Jupiter, dont la longueur n'était que de quinze pieds.

Romulus, attaqué de nouveau par deux autres peuples, conquit leur pays, transporta les habitants à Rome, et peupla leurs villes de Romains.

Tatius, roi des Sabins, combattit Romulus avec plus de succès. Après quelques avantages, il s'approcha de Rome. Tarpéius commandait la garnison de la citadelle placée sur le mont Capitolin. Sa fille Tarpéia, gagnée par les présents de l'ennemi, s'engagea à ouvrir, la nuit, la porte aux Sabins, pourvu qu'ils lui promissent de lui donner les ornements de leur bras gauche (leur usage était d'y porter des bracelets d'ivoire, d'or et d'argent). Favorisés par cette trahison, les Sabins pénétrèrent la nuit dans la citadelle, et, pour récompenser la perfide Tarpéia comme elle le méritait, ils la firent périr sous le poids de leurs boucliers, qu'ils jetèrent sur son corps avec leurs bracelets. Depuis cet événement ce lieu garda le nom de *roche tarpéienne*. C'était de son sommet qu'on précipitait les criminels condamnés pour crimes d'état.

Les Sabins descendirent bientôt en grand nombre de la citadelle, dans le dessein de s'emparer de la ville.

Tatius et Hostilius les commandaient. Romulus s'opposa en vain à leur attaque; les Romains plièrent et furent vivement poursuivis jusqu'au Palatium. Romulus, désespéré et levant les mains au ciel, fit vœu à Jupiter de lui bâtir un temple dans le lieu où il pourrait rallier ses soldats. Se croyant alors assuré du secours céleste, il s'écrie : « Romains! Jupiter vous ordonne de vous arrêter et de faire face à l'ennemi. » A ces mots, la frayeur se calme, le courage renaît, la fuite cesse, le combat recommence, et les deux peuples également animés semblent décidés à terminer la guerre par la destruction totale de leurs ennemis; mais au même instant paraît Hersilie à la tête de toutes les Sabines; elles accourent les cheveux épars, les yeux remplis de larmes, tenant leurs enfants dans leurs bras ; elles jettent de grands cris, bravent la mort, volent au milieu des traits, séparent les combattants, et se précipitent à leurs pieds. « En vain, disent-elles,
» la haine vous sépare; vous êtes unis indissoluble-
» ment par nous: si vous voulez outrager la nature,
» rompez, en nous tuant, le lien fatal qui vous
» joint : vos armes seront plus humaines si elles
» nous égorgent que si elles nous rendent veuves
» et orphelines. Voulez-vous que nos enfants soient
» regardés dans tout l'univers comme une race de
» parricides? Mais non, vous êtes tous, par nous,
» parents, gendres, pères et frères les uns des autres:

» cédez à la nature, abjurez vos fureurs, apaisez-
» vous ou immolez-nous. »

A ces mots la pitié succède au courroux; la tendresse remplace la haine; les armes tombent des deux côtés; les deux rois s'embrassent, et la paix est conclue.

On décide que Romulus et Tatius régneront ensemble, que la ville conservera le nom de Rome, mais que le peuple prendra celui de *Quirites*, en l'honneur de Cures, ville des Sabins. Ceux-ci seront admis à Rome comme citoyens; on doublera le nombre des sénateurs; on étendra la ville, en y renfermant le mont Quirinal et le mont Célius.

Toutes ces dispositions furent religieusement observées. Les deux peuples n'en formèrent plus qu'un, et vécurent cinq ans en bonne intelligence. Tatius occupait le Capitole, et Romulus le mont Palatin. Leurs armées réunies vainquirent les Camériens, et firent de Camère une colonie romaine. Cependant, les amis de Tatius ayant exercé quelques ravages sur les terres de Lavinium, les Laviniens demandèrent justice aux Romains. Romulus pensait qu'on devait leur livrer les coupables; Tatius s'y opposait, voulant faire juger ce procès à Rome. Les ambassadeurs mécontents se retirent; les Sabins les poursuivent et massacrent quelques-uns de ces ministres.

Romulus, irrité, fait saisir les coupables et les

livre aux ambassadeurs échappés à cette trahison. L'orgueilleux Tatius accourt alors avec des troupes et rompt les chaînes des prisonniers.

Cette violence resta d'abord impunie; mais, quelque temps après, les deux rois furent obligés de se rendre à Lavinium pour suivre un antique usage et pour offrir un sacrifice aux dieux pénates des Troyens. Comme ils étaient dans le temple, les fils des ambassadeurs égorgés, qui n'avaient pu obtenir justice, se précipitent sur Tatius et le poignardent aux pieds de l'autel. Il fut inhumé avec pompe à Rome.

Romulus, resté seul sur le trône, punit les premiers auteurs de cette catastrophe. Il exigea qu'on lui livrât les meurtriers de Tatius; on obéit. Ils vinrent à Rome; mais ils plaidèrent si bien leur cause qu'ils furent absous, comme si le plus juste motif de vengeance pouvait jamais faire excuser un assassinat.

Romulus vainquit encore plusieurs peuples, et entre autres les Fidénates, qui avaient pillé des bateaux de vivres appartenant aux Romains. Le plus puissant des peuples d'Étrurie, le peuple véien, fit long-temps la guerre aux Romains avec des succès balancés ; mais enfin, après la perte d'une grande bataille, il céda à Rome une partie de son territoire, et conclut avec elle une paix de cent ans. Romulus vainqueur ne sut pas se défendre de l'ivresse qui suit trop communément la fortune et la gloire. Supportant avec impatience les limites que le sénat opposait à son autorité, il voulut l'abaisser, et se fit haïr en se faisant craindre. Un jour, au moment où il passait le revue de son armée sur les bords d'un marais, le ciel s'obscurcit, les nuées s'épaississent, le ciel s'enflamme, le tonnerre éclate; une sombre nuit, sillonée par des éclairs, succède au jour; des torrents de pluie et de grêle fondent sur la terre; l'ombre, le bruit, la foudre répandent partout le désordre et l'effroi. On perd de vue le roi au milieu de ce tumulte, et, lorsque la clarté du soleil eut dissipé l'orage, ce prince ne reparut plus.

Le peuple consterné cherchait à venger sa mort; les sénateurs assuraient en vain que les dieux l'avaient enlevé. Dans cet instant de trouble et d'incertitude, le plus estimé des patriciens, Proculus Julius, vénérable par son âge et par sa prudence, s'avance au milieu du peuple, et dit : « Romulus,
» roi et fondateur de Rome, est descendu du ciel
» et s'est présenté à moi tout à l'heure. Mes yeux
» l'ont vu resplendissant de lumière et couvert d'ar-
» mes éclatantes. A sa vue, pénétré tout ensemble
» d'un respect religieux et d'une sainte terreur, je
» lui ai demandé, en tremblant, la permission de
» lever les yeux sur lui. *Va, me dit-il, annonce aux*
» *Romains les ordres des dieux; ils veulent que*
» *ma ville de Rome devienne la capitale de l'uni-*

» vers. *Que mon peuple s'applique donc de tout son*
» *pouvoir à l'art militaire, et qu'il sache, ainsi que*
» *ses descendants, que nulle force humaine ne*
» *pourra résister à la puissance des Romains.* Après
» avoir prononcé ces mots, il disparut. »

Cette fable flattait trop l'orgueil de Rome pour n'être pas crue avidement, et la vanité satisfaite fit taire le soupçon et oublier la douleur. Romulus mourut âgé de cinquante-cinq ans; il en avait régné trente-sept.

INTERRÈGNE ET NUMA POMPILIUS.

(An de Rome 37. — Avant Jésus-Christ 715.)

Rome, cette ville depuis si superbe, qui, moins de quarante ans après sa fondation, croyant déjà fixer les regards des dieux, concevait l'espoir de dominer la terre, n'offrait encore qu'une bourgade composée de quelques maisons et d'un grand nombre de cabanes rangées sans ordre. Ses étendards étaient des faisceaux de foin; ses trophées, des gerbes de blé; ses trésors, des troupeaux. On n'y voyait encore rien de grand que le courage et l'ambition de ses habitants. Son territoire demeura longtemps resserré dans un étroit espace; et cependant ses premiers monuments publics, sous les successeurs de Romulus, annonçaient la ville éternelle.

On admirait encore, du temps de Denys d'Halicarnasse, les murs, les aqueducs, les égouts construits par Tarquin. Le vrai principe de la grandeur des Romains leur fut donné par Romulus. Il leur fit adopter l'habitude de prendre chez les peuples vaincus tous les réglements et tous les usages utiles. Ce fut ainsi, qu'après avoir triomphé des Sabins, descendants des Lacédémoniens, ses soldats s'armèrent de leurs boucliers, et quittèrent celui des Argiens. Il leur apprit aussi à s'attacher les peuples conquis, en les laissant se gouverner eux-mêmes; et, malgré la haine des Romains contre la royauté, il est incontestable que la plus grande partie de leur gloire et de leur puissance doit être attribuée à la sagesse et aux talents de leurs rois.

Les historiens ne sont pas d'accord sur l'origine du nom de *Rome*. Ce mot en grec voulait dire *force* ou *puissance*. Les uns racontent qu'une Troyenne, nommée Rome, craignant que les Troyens ne se rembarquassent, conseilla à ses compagnes de mettre le feu aux vaisseaux, et que cette violente détermination les fixa en Italie.

D'autres disent que Rome était fille d'Italus et d'Eucharia, ou de Téléphus, fils d'Hercule; d'autres, d'Ascagne. Suivant quelques versions, Rome fut fondée par Romanus, fils d'Ulysse et de Circé; ou par Romus, fils d'Émation, envoyé en Italie par Diomède; ou par Romis, tyran des Latins et vainqueur des Toscans.

La version la plus commune nous vient de Fabius Pictor, qui la tenait de Dioclès le péripatéticien. Il rappelle que les anciens Latins nommaient la mamelle *ruma* : ce qui fit donner au fondateur de Rome le nom de Romulus, en mémoire de la louve qui l'avait allaité, et Rome s'honora du nom de son fondateur. On prétend aussi que ce prince, en travaillant aux fondations de sa ville, trouva dans la terre la statue du dieu *Consus*, d'où sont venus les noms de *conseils* et de *consuls*.

Après la mort de Romulus, les Sabins et les Romains réunis ne purent, pendant quelque temps, s'accorder sur le choix de son successeur. Chacun des deux peuples prétendait à l'honneur de donner un roi à l'état, et aucun citoyen n'avait assez de prééminence pour fixer les suffrages. Dans cette incertitude, le sénat élut un interroi qu'on renouvelait tous les cinq jours. Depuis, on continua dans la république d'observer cet usage, et de confier à un interroi le gouvernement jusqu'à l'élection de nouveaux magistrats.

L'interrègne plaisait au sénat, disposé à prolonger son indépendance; mais, craignant que le peuple ne fît un choix sans le consulter, il lui proposa adroitement d'élire un roi, et se réserva le droit de confirmer l'élection.

Le peuple, satisfait de cette déférence, laissa au sénat le choix du monarque. On vit souvent à Rome ce noble débat, salutaire effet des égards réciproques que le sénat et le peuple avaient l'un pour l'autre : gage heureux d'une union sans laquelle il ne peut exister ni force ni esprit public.

Les patriciens et les plébéiens étant d'accord, il ne fut plus question que de concilier les prétentions des Sabins et des Romains. On convint de tirer au sort pour savoir quelle serait celle des deux nations qui élirait, et on décida que le peuple, favorisé par le hasard, choisirait un roi dans l'autre peuple. Le sort chargea les Romains de l'élection.

Il existait alors un Sabin, né à Cures, universellement respecté par ses vertus, ennemi du luxe, exempt d'ambition, religieux, observateur zélé de la justice, habitué à vaincre ses passions. Les citoyens et les étrangers le prenaient pour arbitre. Le roi Tatius, appréciant ses grandes qualités, lui avait donné sa fille en mariage : cette haute faveur ne put lui inspirer le désir de venir à la cour de Rome; il resta dans la ville de Cures pour soigner la vieillesse de son père. Treize ans après, ayant perdu sa femme, il s'était retiré à la campagne, où il se livrait aux douceurs du repos et aux charmes de l'étude. Tel était le sage Numa; le choix des Romains tomba sur lui, et l'approbation universelle le confirma.

Deux citoyens distingués, Vélésus, que les Sabins voulaient porter au trône, et Proculus, qui comptait sur les suffrages des Romains, furent chargés d'annoncer à Numa son élection. Ce prince philosophe, loin d'être ébloui de l'éclat d'une couronne, n'en vit d'abord que le poids, et la refusa. « Les qualités, répondit-il, qui m'attirent votre » estime, doivent m'écarter du trône, puisqu'elles » ne me font aimer que la retraite, l'étude et le » repos : vous êtes ambitieux, et je ne le suis pas; » vous aimez la guerre et les conquêtes, je préfère » la paix à tout; vous avez plus besoin d'un général » que d'un roi. »

Ses refus augmentèrent le désir de le posséder; il résista encore quelque temps aux instances du peuple romain et à celles de sa famille; mais des présages heureux et les vives prières des habitants de Cures, qui le pressaient de servir de lien entre eux et les Romains, le déterminèrent à quitter sa solitude : il sacrifia aux dieux, et partit.

Le sénat et le peuple sortirent au-devant de lui: l'entrée d'un roi pacifique dans cette Rome, vrai temple de la guerre, fut le triomphe de la sagesse et de la vertu.

L'interroi, Spurius Vettius, pour rendre l'inauguration du roi plus solennelle et la satisfaction publique plus complète, ordonna que le peuple procéderait une seconde fois à l'élection. Les suffrages furent unanimes. Cependant, Numa refusa d'accepter les ornements royaux avant que les dieux eussent confirmé son élection. Il sacrifia sur le mont Tarpéien avec les prêtres et les augures. On consulta les auspices; et, les ayant trouvés favorables, Numa, décoré du sceptre, de la couronne et du manteau royal, redescendit sur la place au bruit des acclamations du peuple [1].

Romulus avait fondé Rome par les armes; Numa voulut consolider son existence par la paix et par la religion. Tous ses soins eurent pour objet de calmer ces esprits belliqueux, et d'adoucir leurs mœurs barbares. Il bâtit le temple de Janus, dont les portes devaient rester ouvertes pendant la guerre, et fermées pendant la paix. On ne les ouvrit point tout le temps qu'il régna; mais il ne fut fermé que deux fois depuis, à la fin de la première guerre punique, et après la bataille d'Actium.

Numa savait que la vanité humaine résiste aux hommes et cède au Ciel. Pour donner à ses lois une sanction céleste, il fit croire au peuple qu'elles lui étaient dictées par la nymphe Égérie qu'il consultait dans un bois sacré, près de Rome.

---

[1] An de Rome 39. — Avant Jésus-Christ 713.

Romulus n'avait donné que dix mois à l'année : le premier s'appelait mars, du nom de la divinité à laquelle il prétendait devoir la naissance. Numa corrigea cette erreur grossière en y ajoutant janvier et février; de sorte que l'année se trouva composée de trois cent cinquante-cinq jours, de douze mois lunaires avec des intercalations de jours complémentaires, qui, au bout de vingt-quatre ans, remettraient les années à peu près d'accord avec la marche du soleil. Jules César compléta, depuis, cette réforme par un nouveau calendrier, qui fut définitivement corrigé en 1582, par Grégoire XIII.

Numa établit des jours nommés *fasti* et *nefasti*, qui marquaient les temps où il était défendu ou permis de s'assembler et de juger. Il créa plusieurs sacerdoces, l'un pour Mars, l'autre pour Jupiter, et le troisième pour Romulus, qu'on adorait sous le nom de Quirinus. Ces pontifes, pris parmi les patriciens, et présidés par un souverain pontife, étaient choisis par le peuple : leur nombre et celui des augures augmentèrent dans la suite. Ils réglaient les sacrifices, les cérémonies, les jours de fête, les expiations, les deuils, les funérailles; surveillaient les ministres subalternes, instruisaient le peuple, expliquaient les prodiges, et jugeaient tous les différends relatifs à la religion.

L'établissement des vestales fut réglé par Numa; il en créa quatre : elles n'étaient point admises au-dessous de six ans ni au-dessus de dix. Elles gardaient le feu sacré et le palladium, et devaient rester vierges; mais, à trente ans, elles pouvaient quitter le sacerdoce, et se marier. La loi leur accordait de grands priviléges; seules, entre les femmes, elles pouvaient disposer de leurs biens sans curateurs; on les croyait en justice sans serments; un licteur portait devant elles les faisceaux. Si le sort faisait qu'un criminel se trouvât sur leur passage, il recevait sa grâce; elles étaient nourries aux dépens du trésor public. Mais on avait attaché de grandes peines à l'infraction de leurs devoirs. Une vestale laissait-elle éteindre le feu sacré qu'on ne pouvait rallumer qu'aux rayons du soleil, le souverain pontife la faisait frapper de verges. Si elle violait son vœu de chasteté, on l'enterrait vive dans un caveau qu'on murait sur elle, et dans lequel on ne laissait qu'un pain, une cruche d'eau, une fiole d'huile et un pot de lait. On exigeait d'elles la plus grande décence. Une vestale nommée Posthumia fut appelée en jugement, et blâmée pour s'être montrée en public avec une parure trop recherchée.

Numa, croyant la superstition nécessaire à des peuples trop grossiers pour que la raison seule servît de frein à leurs passions, cherchait tous les moyens et saisissait toutes les occasions d'imprimer dans leurs âmes des sentiments religieux. Une affreuse contagion s'étant répandue dans le pays, Numa attribua la cessation de ce fléau à la chute d'un bouclier d'airain tombé du ciel entre ses mains : il prétendit avoir appris de la nymphe Égérie que ce bouclier, tant qu'on le garderait, serait le gage du salut de Rome; et, pour qu'on ne pût le dérober, il en fit faire onze semblables, parmi lesquels il était impossible de le distinguer. On créa des prêtres appelés *saliens*, qui dansaient et chantaient des hymnes pendant la fête instituée pour rappeler cet événement.

Numa créa un collége de hérauts. Les uns maintenaient l'ordre et le silence dans les assemblées publiques; les autres, nommés *féciaux*, déclaraient la guerre et la paix. On les envoyait demander justice aux peuples étrangers; ils prenaient les dieux à témoin de leur sincérité, en prononçant contre eux-mêmes des imprécations s'ils manquaient à la vérité. Ils fixaient un délai pour la réponse; et, s'ils n'obtenaient pas la réparation demandée, ils rendaient compte au sénat de leur mission, et déclaraient qu'on pouvait prendre les armes.

Numa, dans l'intention de faire respecter la justice et de rendre les propriétés sacrées, établit des fêtes en l'honneur du dieu Terme : heureuse idée qui déifiait la base de toute civilisation et de toute association politique, la propriété.

Avant son règne, les étrangers regardaient Rome

comme un camp menaçant : sous son gouvernement, on la considéra comme une ville sage, comme un temple saint, comme un tribunal juste et vénéré. Ce roi pacifique fit de bons réglements pour la police; et, afin de maintenir l'ordre, l'union et la tranquillité parmi les citoyens, il classa le peuple en corporations dans lesquelles il mêla politiquement les Sabins avec les Romains.

Comme il savait que l'extrême pauvreté éteint l'amour de la patrie, et dispose à la sédition, il partagea les terres conquises entre les pauvres, et mit l'agriculture en tel honneur, que long-temps après lui les généraux d'armée et les premiers magistrats se faisaient gloire de conduire la charrue, et d'employer au labourage ces nobles mains qui avaient tenu les balances de la justice et le glaive de la victoire.

L'histoire n'a point à parler des exploits, des conquêtes et des triomphes de Numa; mais elle nous apprend que, pendant un règne de quarante-trois années, on ne vit à Rome ni guerres ni révoltes, et que le bonheur public fut le fruit de ce sommeil de la gloire militaire. Les étrangers, admirant les vertus d'un peuple dont ils avaient redouté la naissance, prenaient alors les Romains pour arbitres de leurs différends. Enfin Numa réalisa cette idée d'un ancien sage qui dit que « le » monde ne serait heureux que lorsqu'on verrait » la philosophie sur le trône. »

Quelques auteurs ont cru sans fondement que Pythagore avait formé ce grand roi. Pythagore ne parut que cent cinquante ans après, sous le règne de Tarquin. Numa congédia la garde créée par Romulus : « Je ne voudrais pas, disait-il, régner sur » un peuple qui m'inspirerait quelque méfiance. » Il érigea un autel à la Bonne Foi.

Ami des lettres comme de la religion, il prétendait avoir commerce avec les Muses, dont il nommait l'une Tacita, pour faire entendre probablement par cette allégorie combien le silence et la méditation étaient utiles à l'esprit.

Quelques auteurs veulent nous faire douter de la vérité de cette histoire qu'il est si désirable de croire. Plutarque dit que, les registres de Rome ayant été pillés par les Gaulois, tout ce qu'on nous raconte de ces premiers temps a été imaginé pour flatter l'orgueil du peuple romain et la vanité des anciennes maisons. Cette opinion n'est pas probable ; si les archives furent détruites, la tradition a dû facilement y suppléer dans un pays où les mêmes familles se sont conservées tant de siècles.

Numa mourut à quatre-vingt-trois ans, après quarante-trois années de règne. Dans sa vieillesse, son corps était resté exempt d'infirmités, comme son âme de vices. Les patriciens portèrent son lit de mort ; tous les prêtres formèrent son cortége, et les sanglots du peuple prononcèrent son oraison funèbre. Il avait défendu qu'on le brûlât. Il fut enterré, dans un cercueil de pierre, au pied du Janicule; et, suivant ses ordres, on enferma dans un autre cercueil de pierre quatorze livres qu'il avait composés.

Cinq cents ans après, on retrouva ces deux cercueils. Il ne restait aucun vestige de sa personne; mais ses manuscrits étaient entiers; et Pétilius, préteur, qui les lut, ayant déclaré au sénat que leur publicité nuirait à la religion, on les brûla.

TULLUS HOSTILIUS.

(An de Rome 82. — Avant Jésus-Christ 670.)

Après un court interrègne, le peuple élut pour roi Tullus Hostilius, et le sénat confirma l'élection. Ce prince était petit-fils de la Sabine Hersilie, dont le courage désarma et réunit deux peuples prêts à s'égorger. Tullus, né à Médullie, ville albaine et colonie romaine, y possédait de grandes terres qu'il partagea entre les plus pauvres de ses concitoyens, dès qu'il fut sur le trône.

La population de Rome augmentait; le nouveau roi enferma le mont Célius dans la ville. Différent de Numa, son caractère était belliqueux; il joignait l'habileté d'un général à la vaillance d'un soldat.

Dans ce temps, Cluilius, dictateur d'Albe, jaloux de la grandeur de Rome, permit à la jeunesse albaine de piller les terres des Romains. Ceux-ci s'en vengèrent par des représailles; des deux côtés on se plaignit, et on demanda réparation.

Hostilius fit un bon accueil aux envoyés d'Albe, mais différa sa réponse. Les ambassadeurs de Rome furent reçus par les Albains avec hauteur, et on leur refusa toute satisfaction. C'était ce qu'Hostilius avait prévu. Ce refus ayant mis la justice de son côté, avantage que la religion et la bonne foi du siècle rendaient alors très-important, Rome déclara la guerre.

Les deux armées se mirent en campagne : elles étaient près d'en venir aux mains, lorsque Cluilius mourut subitement dans sa tente; Métius Suffétius lui succéda. Ce nouveau dictateur, plus juste et plus pacifique que son prédécesseur, voulut prévenir l'effusion du sang par un accord : il demanda une conférence au roi de Rome, l'obtint, et lui représenta les dangers d'une guerre ruineuse, dont les Étrusques profiteraient pour attaquer et pour écraser les deux peuples affaiblis par leurs divisions. On convint de part et d'autre qu'au lieu de risquer une bataille sanglante, trois combattants, choisis par chaque parti, décideraient la querelle, et que le peuple vaincu serait entièrement soumis au vainqueur. Ainsi, trois Albains et trois Romains se virent chargés de la destinée de leur patrie.

Il existait alors dans l'armée romaine trois frères distingués par leur force et par leur bravoure. Ils portaient le nom d'Horaces. Le sort voulut aussi qu'une seule famille albaine, celle des Curiaces, s'honorât du courage de trois guerriers qui l'emportaient sur tous les autres par leur adresse et par leur intrépidité. Le choix de Rome et d'Albe tomba sur eux.

Le jour pris pour le combat, ils s'avancent dans la lice; les deux armées les entourent; leurs parents, leurs chefs, leurs concitoyens les couvrent d'armes superbes, les conjurent d'assurer leur indépendance, les exhortent à soutenir l'honneur de leur pays, et donnent le signal avec l'inquiétude que devait causer un moment si critique, mais avec la confiance qu'inspiraient à chaque parti l'ardeur, l'adresse et la force de ces jeunes guerriers : étonnant spectacle, où deux peuples nombreux, ne courant aucun danger personnel, étaient agités par la crainte de l'issue d'un combat où un si petit nombre de combattants devait décider de leur sort.

Animés du courage et chargés des intérêts des deux armées, les six guerriers s'avancent; leurs yeux se menacent; leurs épées brillent : ils s'attaquent, ils se pressent; l'air retentit du choc de leurs glaives et de leurs boucliers. Les deux peuples, présents à cette lutte terrible, attentifs, immobiles, silencieux, suivent des yeux tous leurs mouvements, et semblent avoir perdu la voix et la respiration.

Les trois Albains voient les premiers couler leur sang; mais, impatients de venger leurs blessures, ils percent et renversent deux Romains qui tombent morts sur l'arène. Au bruit de leur chute, Albe pousse des cris de joie, et Rome frémit de crainte : un seul défenseur, un seul Horace lui reste; entouré par ses trois ennemis, sa défaite semble inévitable. Cependant, Horace n'avait point reçu de blessure; trop faible pour combattre à la fois ses trois adversaires, mais plus fort que chacun d'eux, il prend la fuite pour les séparer, certain qu'ils le suivraient plus ou moins lentement, selon que leurs blessures leur laisseraient plus ou moins de vigueur.

Les Romains, qui ne démêlent pas son artifice, s'indignent de sa lâcheté et l'accablent d'imprécations. Albe triomphe; elle crie à ses combattants de hâter leur marche et d'achever leur victoire. Mais tout à coup Horace, voyant les trois Curiaces, qui le poursuivaient, assez éloignés l'un de l'autre, s'arrête, se retourne, se précipite sur celui qui était le plus près, l'attaque, le perce et le tue avant que ses frères, excités par le cris des Albains, puissent arriver à son secours. L'espoir renaît dans le cœur des Romains; ils encouragent Horace du geste et de la voix : plus ardent que leurs vœux, plus ra-

COMBAT DES HORACES ET DES CURIACES

pide que leurs pensées, il atteint le second Curiace, et l'étend sans vie sur l'arène. Tout le camp d'Albe jette un cri de terreur : il ne restait plus de chaque côté qu'un combattant; mais aucune blessure n'affaiblissait la vigueur du Romain; l'Albain, épuisé par une longue course et par le sang qui sortait de son flanc, se traîne, peut à peine soutenir ses armes, et ne présente qu'une victime au vainqueur. Ce ne fut plus un combat, mais un sacrifice. Horace, certain de son triomphe, s'écrie : « J'ai offert » deux Albains aux mânes de mes frères; j'offre le » troisième à ma patrie. Je termine, en l'immolant, » la querelle des deux peuples, et je donne à » Rome l'empire sur Albe. » A ces mots, il enfonce le glaive dans le sein de son ennemi et lui enlève son armure.

Rome triomphante, Albe consternée, se réunirent pour célébrer les funérailles des deux Romains et des trois Curiaces morts dans ce combat. Du temps d'Auguste on voyait encore leurs tombeaux placés dans le lieu où chacun d'eux avait péri.

Les passions les plus nobles, lorsqu'elles sont portées à l'excès, deviennent fanatisme et conduisent au crime. L'amour de la patrie et la haine de ses ennemis enflammaient le cœur d'Horace, et l'avaient fait triompher des Albains; mais il ne pouvait supporter qu'une âme romaine demeurât indifférente à la victoire de Rome, et qu'elle plaignît les vaincus. En rentrant dans la ville, il rencontre sa sœur Camille; elle aimait l'un des Curiaces, et devait l'épouser. A la vue de son frère, revêtu de la cotte d'armes de son amant, elle arrache ses cheveux, déchire ses vêtements, verse un torrent de larmes, se frappe le sein, éclate en sanglots, et s'adressant avec fureur au meurtrier du malheureux Albain: « Tu es, dit-elle, le plus féroce de tous les hommes; » tu m'as privée de mon époux, le sang de Curiace » coule sur tes armes! tu insultes à ma douleur et tu » triomphes de ton crime! Puissent les dieux te pu- » nir! Puissent-ils immoler aux mânes de mon Cu- » riace le dernier Romain sur les débris de Rome!»

Horace, furieux de voir sa sœur irritée de sa victoire et affligée de la joie publique, et de l'entendre former des vœux contre son pays, n'écoute ni la raison, ni la pitié, ni la nature; emporté par une rage forcenée, il enfonce son glaive dans le sein de Camille, en s'écriant: « Sœur dénaturée, tu » oublies ta patrie et tes frères; va rejoindre ton » Curiace, et qu'ainsi périsse toute Romaine qui » pleurera l'ennemi de Rome! »

Ce crime glaça d'horreur le sénat; Horace fut appelé en jugement. Le roi chargea deux juges, nommés duumvirs, de prononcer sur son sort. Justement condamné, il allait tomber sous la hache du licteur, lorsque le vieil Horace, son père, s'avançant au milieu de l'assemblée du peuple, arrête le coup fatal, invoque les antiques lois, rappelle ses droits paternels, prétend qu'il est le premier juge de sa famille, et qu'il aurait lui-même tranché les jours de son fils s'il l'avait jugé digne de mort; il appelle au peuple de l'arrêt des duumvirs.

A l'aspect de ses cheveux blancs, de sa profonde douleur, les citoyens émus l'entourent et lui prêtent une oreille attentive. « Romains, dit-il, je vous
» conjure de me laisser le seul enfant qui me reste :
» toute ma famille vous a été sacrifiée : souffrirez-
» vous qu'on enchaîne la main qui vous rend libres?
» Laisserez-vous traîner au supplice ce guerrier
» dont l'ennemi n'a pu soutenir les regards? L'ex-
» cès de son amour pour vous lui coûtera-t-il la
» vie? Mais l'arrêt est prononcé: viens, licteur, lie
» ces mains victorieuses; couvre d'un voile funè-
» bre la tête du libérateur de la patrie; frappe celui
» qui a donné l'empire au peuple romain. Mais
» quel lieu choisiras-tu pour le supplice? Sera-ce
» dans ces murs? ils viennent d'être témoins de son
» triomphe. Hors des murs? au milieu du camp
» romain? entre les tombeaux des Curiaces? tu ne
» trouveras pas un seul lieu où tu ne rencontres un
» monument de sa gloire et une sauve-garde contre
» son supplice. »

Le peuple, entraîné par la reconnaissance et par la pitié, fit taire les lois, et accorda la vie au coupable; mais, pour concilier la clémence et la justice, on le fit passer sous un joug qu'on appela *solive de la sœur*, et il fut condamné à une amende que son père paya.

Après avoir satisfait en quelque sorte à la justice des hommes, Horace offrit aux dieux des sacrifices expiatoires, et Rome érigea un tombeau où l'on renferma les restes de l'infortunée Camille.

Deux ans après ces événements[1], les Albains soumis, mais qui conservaient dans leur cœur le ressentiment de leur défaite, promirent secrètement aux Fidénates et aux Véiens de favoriser leurs armes s'ils les tournaient contre Rome. Ces peuples lui déclarèrent la guerre. Tullus se mit à la tête des troupes romaines pour les combattre. Bientôt les armées furent en présence; au moment où la bataille s'engageait, les Albains, placés à l'aile droite des Romains, s'en séparent et se retirent sur une montagne. L'armée romaine, effrayée de cette défection imprévue, se trouble et s'ébranle; Tullus, après avoir fait vœu de créer douze nouveaux prêtres saliens, et de bâtir des temples à la Pâleur et à la Crainte, parcourt les rangs, et dit aux soldats que la retraite des Albains n'est qu'une manœuvre ordonnée par lui-même: et en même temps, il commande à sa cavalerie d'élever ses lances en chargeant, et de s'étendre afin de cacher aux ennemis le mouvement de l'armée albaine. Ces or-

---

[1] An de Rome 85. — Avant Jésus-Christ 667.

dres exécutés eurent un plein succès. Les Fidénates crurent que les Albains manquaient à leur engagement; troublés et découragés par la privation de ce secours, ils n'opposèrent qu'une faible résistance aux Romains, et prirent la fuite. Un grand nombre de leurs soldats se noya dans le Tibre.

Métius Suffétius, voyant la victoire de l'armée romaine, se joint à elle avec ses Albains, poursuit l'ennemi, et félicite Tullus sur son triomphe. Le roi dissimule son courroux, ordonne pour le lendemain un sacrifice, laisse les Albains dans une pleine sécurité, court à Rome, informe le sénat de leur trahison, fait adopter la résolution hardie qu'il conseille, rejoint son camp dans la nuit, et ordonne au vaillant Horace d'aller droit à Albe avec l'élite de le cavalerie et de l'infanterie.

Le lendemain, à l'heure du sacrifice, comme les deux peuples, suivant l'usage, s'y trouvaient sans armes, une légion romaine, portant des épées cachées, environne l'assemblée: « Romains, dit le roi, » jamais les dieux ne vous ont montré tant de fa- » veur et ne vous ont fait remporter une victoire » plus éclatante et plus inespérée. Vous aviez à » lutter à la fois contre le courage de vos ennemis » et contre la trahison de vos alliés: votre courroux » ne doit point s'étendre sur les Albains, ils n'ont » fait qu'obéir à leur chef. C'est Métius qui est seul » coupable; seul il a excité les Fidénates à la guerre;

» seul il a manqué à sa foi ; seul il a rompu les liens
» qui unissaient nos deux pays. Je ferai de ce traî-
» tre un exemple qui inspirera l'effroi à ses imita-
» teurs; j'ai résolu, pour le bonheur du peuple
» romain, de transporter les Albains à Rome,
» d'associer leur sénat au nôtre, et de ne faire qu'un
» seul peuple des deux nations.

» Pour vous, Métius, je vous laisserais la vie si
» l'on pouvait compter sur votre parole; servez de
» leçon aux hommes; vous avez déchiré la commune
» patrie, soyez de même déchiré. » A ces mots, il le
fait écarteler par deux chars attelés de quatre chevaux. Cet affreux supplice remplit les deux armées
d'horreur et d'effroi.

Pendant ce temps Horace portait à Albe les ordres du roi et le décret du sénat. Les habitants,
immobiles et consternés, virent démolir leur ville,
qui avait duré cinq cents ans, et furent transférés
à Rome, dont ils accrurent la puissance et la renommée.

Tullus fit encore la guerre aux Fidénates, gagna
sur eux une bataille et s'empara de leur ville. Il combattit aussi les Sabins, les défit, s'enrichit de leurs
dépouilles, et força trente villes latines, autrefois
colonies d'Albe, à se soumettre au peuple romain.
Cette guerre dura cinq ans, et se termina par une
paix glorieuse.

Quelque temps après, une pluie de pierres tombée sur le mont Albain et d'autres prétendus prodiges firent croire au peuple que l'on avait irrité les dieux des Albains en négligeant leur culte. La peste, exerçant de grands ravages, augmenta la superstition. Le roi s'efforça d'apaiser les dieux par des expiations. Il mourut après un règne de trente-deux ans.

Les uns disent que, lorsqu'il offrait un sacrifice secret, Jupiter le foudroya pour n'avoir pas observé les rites prescrits; d'autres croient qu'Ancus Martius, petit-fils de Numa, le fit assassiner. S'il ne commit pas ce crime, il en profita.

Tullus fut un des plus grands rois de Rome; il montra beaucoup d'habileté à la guerre, de prudence en politique et de sagesse en administration. Quelques traits de superstition et de cruauté, vices de son temps, obscurcissent sa gloire.

ANCUS MARTIUS.

(An de Rome 113. — Avant Jésus-Christ 639.)

L'interrègne ne fut pas long, et le sénat confirma le choix du peuple, qui tomba sur Ancus Martius, né de Pompilia et petit-fils de Numa. Il se montra d'abord disposé à suivre le système pacifique de son aïeul. Il fit graver les réglements de ce prince sur des planches de chêne, et parut ne s'occuper qu'à offrir des sacrifices et à donner des encouragements à l'agriculture.

Les Latins, mal informés, le crurent plus timide que pacifique; ils prirent les armes et pillèrent les campagnes romaines. Ancus ne tarda pas à leur prouver qu'il réunissait dans sa personne les talents de Romulus et les vertus de Numa. Strict observateur des lois et des formes, il demanda justice aux agresseurs. Les Latins répondirent que la mort du roi Tullus, ayant rompu les traités, les dégageait de leurs serments.

Le fécial romain, arrivé sur leur territoire, dit à haute voix : « Écoutez, Jupiter, Junon, Quirinus, » dieux du ciel, de la terre et des enfers; je vous » prends à témoin que le peuple latin nous a outra- » gés injustement, et que le peuple romain et moi, » du consentement du sénat, nous lui déclarons la » guerre. » Cette formule prouve que le gouvernement romain était, du temps de ses rois, plus républicain que monarchique.

Les Romains défirent les Latins, et reprirent sur eux la ville de Politoire, qu'ils avaient conquise. Ancus Martius vainquit aussi les Sabins et les Fidénates, enrichit la ville de nouveaux habitants, enferma dans ses murs le mont Aventin, posa les fondements de la ville d'Ostie à l'embouchure du Tibre, et y construisit un port qui devint pour Rome une source d'abondance et de commerce.

Ce prince bâtit une prison publique afin de comprimer les malfaiteurs. Il fit creuser des salines et distribua du sel au peuple. Ce fut ce même roi qui entoura de murailles et de tours la montagne du Janicule, située au-delà du Tibre : il y plaça une forte garnison.

Sous son règne, Lucumon, fils de Démarate, Corinthien, s'était enrichi par le commerce : chassé de sa patrie par une faction, il vint se réfugier à Tarquinie, ville de Toscane (Étrurie); il y épousa une femme très-riche dont il eut deux fils, Arons et Lucumon. Arons mourut; Lucumon hérita seul de la fortune de son père, et se maria avec Tanaquil, femme d'une naissance distinguée, dont l'ambition ne connaissait pas de bornes. Cette femme hautaine ne pouvait supporter d'avoir d'égales dans sa patrie; elle crut que ses grandes richesses lui feraient jouer un rôle plus éclatant dans la ville de Rome, où personne ne la surpassait en opulence. Son mari se rendit à ses instances, et vint s'y établir. Il prit le nom de Lucius Tarquin. La fortune l'y suivit et le couronna. Le peuple, qui veut toujours appuyer l'histoire sur des fables et expliquer les grands événements par des prodiges, prétendit dans la suite qu'à son arrivée au Janicule, un aigle, planant sur son char, lui avait enlevé sa toque, et l'avait replacée sur sa tête.

La véritable cause de la fortune de Tarquin, ce

furent ses richesses, ses talents et les lumières que sa famille avait puisées dans la Grèce. Ces grandes qualités lui attirèrent la confiance du roi, qui l'employa avec succès à la guerre et dans les conseils.

Ancus Martius mourut après vingt-quatre ans de règne ; il avait conçu une si haute opinion de la sagesse de Tarquin, qu'il lui confia le tutelle de ses enfants.

TARQUIN L'ANCIEN.

(An de Rome 138.—Avant Jésus-Christ 614.)

Le dernier roi, en rendant justice au talent de Tarquin, se trompa sur son caractère : l'attachement que lui avait montré cet étranger n'était qu'un voile dont il couvrait son ambition. Ne voulant pas laisser aux Romains le temps de réfléchir au droit des enfants d'Ancus, il les envoya à la campagne sous prétexte de leur donner le plaisir de la chasse. Pendant leur absence, il rassembla le peuple ; ses nombreux partisans firent tomber sur lui la majorité des suffrages. Le choix d'un étranger n'était pas nouveau pour les Romains, qui avaient déjà placé sur le trône Tatius et Numa. Le sénat ne lui opposa aucun obstacle ; il se vit, ainsi que le désirait Tanaquil, élu d'un commun accord roi des Romains.

Tarquin, dans l'intention de se rendre populaire, pour confirmer son autorité, éleva cent plébéiens à la dignité de sénateurs. Ces nouveaux pères conscrits portèrent le sénat au nombre de trois cents. Il fixa celui des vestales à six.

Les Latins, les Étrusques et les Sabins, dont la jalousie croissait avec la puissance de Rome, lui firent la guerre; mais ils commirent la faute de l'attaquer séparément, et cette désunion fut la cause de leurs revers.

Tarquin, employant tour à tour la temporisation et l'audace, la force et la ruse, repoussa leurs efforts et défit leurs troupes. Tous les peuples d'Étrurie se liguèrent enfin contre Rome; une trahison leur livra Fidène, mais Tarquin la reprit, punit les traîtres, et y plaça une colonie romaine. Ayant gagné ensuite une grande bataille sur les Étrusques, ces peuples firent la paix aux conditions qu'il leur dicta. Bientôt après ils recommencèrent à prendre les armes; mais, vaincus de nouveau, ils se soumirent. Quelques auteurs croient que ce fut après ces triomphes qu'on établit l'usage de faire précéder les rois des Romains par douze licteurs.

Profitant des loisirs de la paix, Tarquin embellit Rome par de grands travaux : il fit construire des aqueducs, des égouts, donna plus d'étendue et de solidité aux murs de la ville, fit élever un cirque avec des gradins, et posa les fondements du Capitole, qu'il dédia à Jupiter, à Junon et à Minerve. Cet édifice ne fut achevé que trois ans après l'expulsion des rois.

Dans ce temps, l'adresse d'un augure augmenta la crédulité populaire : Tarquin voulait ajouter trois centuries à celle des chevaliers; l'augure Accius Névius prétendait qu'on devait avant interroger les dieux. Le roi, pour éprouver sa science, lui dit de consulter les auspices, afin de savoir si un autre projet qu'il avait dans l'esprit pouvait s'exécuter. L'augure, de retour, dit que la chose était faisable : « Eh bien, reprit le roi, voici ma » pensée; je voulais savoir si vous pouviez couper » avec un rasoir ce caillou que j'ai dans les mains. » Accius, sans se déconcerter, prit le rasoir, et coupa le caillou. On lui érigea une statue d'airain, et la foi aux augures devint telle, qu'on n'entreprit plus rien sans les consulter.

Tarquin, dans ses premières campagnes sous le règne d'Ancus, avait pris la ville de Corniculum. L'un de ses habitants, Tullius Servius, né à Rome pendant la captivité de sa mère, devint libre, et acquit par son mérite une grande considération parmi les Romains. On racontait que dans son enfance on avait vu une flamme entourer son berceau et voltiger autour de sa tête. La reine Tanaquil, aussi crédule qu'ambitieuse, fut frappée de ce prodige, et conseilla au roi de prendre cet enfant sous sa protection. Il s'y attacha, le traita comme son fils, lui accorda sa fille en mariage, et lui fit commander des corps d'armée. Sa bravoure, sa prudence et ses succès lui attirèrent la confiance publique : le peuple s'accoutumait à le regarder comme le successeur du roi, qui n'avait que des fils en bas âge.

Les enfants d'Ancus Martius, jaloux de son crédit, fiers de leur naissance, et irrités contre ce nouvel obstacle qui s'opposait à leur élévation, résolurent la mort de Tarquin. Ils gagnèrent deux paysans, qui, portant la cognée sur l'épaule, feignirent de se quereller à la porte du palais. Dans ces temps de mœurs simples et grossières, les rois jugeaient souvent eux-mêmes les différends de leurs sujets. Tarquin, entendant le bruit de la dispute des deux paysans, les fait entrer; ils continuent en sa présence leur violente altercation; pendant qu'il fixait les yeux sur l'un des interlocuteurs, l'autre fend la tête du roi avec sa cognée, et tous deux prennent la fuite.

Le peuple s'émeut; Tanaquil, désespérée, mais toujours audacieuse, ferme les portes du palais, appelle Tullius Servius, lui prouve qu'il n'a que le choix de la couronne ou de la mort : l'ayant ainsi déterminé à monter sur le trône et à venger le roi, elle paraît sur le balcon, et dit au peuple que Tarquin, légèrement blessé, a repris connaissance, et qu'il continue à s'occuper des affaires publiques. Bientôt Servius Tullius entre dans la salle d'audience, revêtu des habits destinés à l'héritier du trône, et entouré de licteurs. Il prononce quelques arrêts au nom du roi, déclare qu'il le consultera sur d'autres, et se retire. Les enfants d'Ancus, trompés par cet artifice, croient leur conjuration découverte, prennent la fuite, se réfugient chez les Volsques, et laissent leur ennemi sans rivaux et sans danger.

Tarquin mourut à quatre-vingts ans; il en avait régné trente-huit. Il laissa deux fils, Lucius et Arons, ainsi que deux filles mariées. Tullius, après avoir administré quelques jours l'état au nom du roi, déclara publiquement sa mort, et gouverna le royaume comme tuteur de ses enfants.

SERVIUS TULLIUS.

(An de Rome 176. — Avant Jésus-Christ 576.)

Les sénateurs, indignés de l'atteinte que l'ambition de Tullius portait aux lois anciennes et à leurs droits, refusèrent de reconnaître son autorité, et lui firent craindre une chute aussi prompte que sa fortune. Tullius avait trop osé pour s'arrêter; un trône usurpé est sur un précipice: on peut en tomber, mais non en descendre. Dans l'extrême danger, l'extrême audace est sagesse : Tullius, bravant le courroux du sénat, convoque le peuple ; il lui rappelle ses services passés, tout ce qu'il a fait pour le soulagement des pauvres ; il expose le danger que lui fait courir la haine du sénat, haine qu'il ne s'est attirée que par son amour pour le peuple. Il remet les enfants de Tarquin sous la garde de ses concitoyens, et déclare qu'il va s'exiler dans la crainte de troubler le repos de Rome, où son existence devient le prétexte de la discorde.

Le peuple, touché de ses plaintes et flatté de sa déférence, le presse de rester, lui offre la couronne, et procède à l'élection. Tous les suffrages s'étant réunis en sa faveur, il monta sur le trône sans avoir obtenu le consentement du sénat, qui ne ratifia le choix du peuple que long-temps après.

Tullius, craignant que l'illégalité de son pouvoir ne frappât enfin les esprits d'un peuple mobile qui change si promptement son amour en haine et sa haine en amour, crut qu'il était nécessaire d'occuper l'opinion publique d'autres objets. Saisissant les premiers prétextes, il fit la guerre aux Véiens et à d'autres nations. La fortune couronna ses armes : il triompha trois fois, confisqua les terres des Cérètes, des Tarquiniens, des Véiens, et les distribua aux Romains. Les Étrusques, dont il pouvait craindre la résistance, jurèrent de nouveau l'observation des traités conclus avec Tarquin.

Attribuant ses succès à la faveur des dieux, il éleva trois temples à la Fortune. Soigneux de conserver l'affection du peuple, il réserva des terres communales pour les pauvres. Ce fut lui qui frappa le premier une monnaie, qu'on nomma *pecunia*, parce qu'elle portait l'image d'une brebis. Il enferma dans la ville les monts Viminal et Esquilin, et partagea le peuple en dix-neuf tribus.

Après avoir prouvé sa reconnaissance à ses concitoyens qui l'avaient élu, il chercha les moyens de regagner l'amitié des patriciens. Il savait que la faveur populaire est inconstante, et que la haine aristocratique est durable. Sous prétexte de faire un dénombrement et d'empêcher les pauvres de payer proportionnellement autant que les riches, il établit le *cens*. On reconnut par là que le peuple formait un nombre de quatre-vingt mille hommes en état de porter les armes; il le partagea en six classes, et chaque classe en centuries.

La première classe fut composée de quatre-vingts centuries, dans lesquelles entrèrent tous les patriciens et les citoyens assez riches pour payer cent mille as d'airain et pour représenter un fonds de cent mille francs. Il forma la seconde classe de vingt centuries; le tribut montait à soixante-quinze mille as; la troisième était de vingt centuries, ceux qu'il y plaça payaient cinquante mille as; la quatrième, de vingt centuries, et trente-cinq mille as; la cinquième, de trente centuries, et douze mille cinq cents as; la sixième classe ne se formait que d'une seule centurie, où l'on fit entrer tous les pauvres, qu'on appelait *prolétaires*, parce qu'ils n'étaient utiles qu'à la population. Ils restaient dispensés de faire la guerre et exempts d'impôts.

Des armes différentes distinguaient toutes ces classes : la première les réunissait toutes; la deuxième n'avait point de cuirasse, et portait un écu au lieu de bouclier; on ne permettait pas de cuissards à la troisième; la quatrième était armée de boucliers longs, de piques et d'épées; la cinquième, de frondes; la sixième ne portait point d'armes.

Cette organisation, toute militaire en apparence, couvrait une profonde politique; car on convint en en même temps que, lorsqu'on procéderait à l'élection des magistrats, ou lorsqu'il s'agirait de faire des lois, de déclarer la guerre, ou de juger les crimes d'état, on recueillerait les suffrages par centuries. Ainsi, sur quatre-vingt-treize centuries, la multitude n'avait qu'une voix; toutes les autres appartenaient aux patriciens et aux riches; de sorte que les plus intéressés à l'ordre avaient plus de part à la confection des lois, et plus de charges à supporter. Les pauvres conservaient moins de droits politiques, et payaient moins de contributions. Avant ce grand changement on opinait par tête; depuis on ne rassembla plus les curies que pour de affaires de forme. A la naissance et à la mort de chaque homme, on portait une pièce de monnaie dans le temple de Junon.

Quelques mémoires, trouvés après la mort de Servius, ont fait croire que, las du pouvoir suprême, il voulait abdiquer et changer la monarchie en république.

Le dénombrement terminé, il assembla tout le peuple dans le Champ-de-Mars, et offrit aux dieux un sacrifice solennel. Ce fut ce monarque qui introduisit la coutume de rendre la liberté aux esclaves et de les racheter; et, comme on s'opposait à cette innovation, il répondit : « La nature a créé les hom- » mes libres; la loi doit réparer les fautes du sort, qui » leur a seul ravi la liberté; d'ailleurs, l'intérêt de » Rome est d'augmenter le nombre des citoyens. » Ces raisons frappèrent les esprits, et le consentement devint unanime.

On affranchissait les esclaves publics par le dénombrement; les particuliers rendaient la liberté aux leurs, soit par testament, soit par une déclaration. Le maître frappait dans ce cas l'esclave avec une baguette pour marquer le dernier acte de son autorité. Cette forme d'affranchissement eut lieu, pour la première fois, en faveur d'un esclave nommé Vindex, qui avait découvert une conspiration.

Pendant long-temps les affranchis, quoique libres, ne purent être admis parmi les chevaliers ni parmi les sénateurs : ce ne fut que sous les empereurs qu'ils parvinrent aux plus hautes dignités.

Tullius montrait des lumières supérieures à celles qui jusque-là avaient éclairé l'Italie. Il prouva aux peuples latins l'utilité d'une confédération semblable à celle des Amphictyons dans la Grèce. Ils adoptèrent son idée, et le traité qu'ils conclurent pour se confédérer avec Rome fut gravé sur une colonne d'airain. On l'écrivit en latin, mais en se servant des anciennes lettres de la Grèce; ce qui, selon Denys d'Halicarnasse, prouve l'origine grecque des Latins.

Servius eut deux filles, qu'il maria aux deux petits-fils de Tarquin. En formant ces nœuds, Lucius Tarquin, fier et cruel, se trouva uni avec une épouse douce et vertueuse; tandis qu'Arons Tarquin, son frère, d'un caractère doux et humain, eut en partage une femme ambitieuse, violente et capable de tous les crimes : on la nommait Tullie.

La conformité de caractère rapprocha bientôt Lucius et Tullie. Réunis tous deux par un amour criminel, par des projets coupables, et bravant les barrières que leur opposaient les lois et l'humanité, ils se défirent par le poison, l'une de son mari, l'autre de sa femme, et joignirent secrètement leurs mains homicides.

Ils ne trouvaient plus qu'un obstacle à leurs vues ambitieuses : c'était l'existence du roi. Tullie pressait son mari de le renverser et de monter sur le trône. « Ce palais, disait-elle, et le nom que » vous portez, notre union illégitime même, tout » vous ordonne d'agir sans balancer. Je n'ai point » commis tant de crimes pour épouser un lâche; » vous n'avez que deux partis à prendre : régnez » ou exilez-vous. Vous n'avez de choix qu'entre le » trône et le bannissement; gouvernez Rome ou » retournez, soit à Tarquinie, soit à Corinthe, » pour y languir dans l'ancienne obscurité de votre » famille, que votre aïeul illustra et que votre fai- » blesse avilit. »

Tarquin, enflammé par les reproches de cette femme détestable, se livre à ses conseils, partage ses fureurs, gagne une partie du sénat, séduit la jeunesse, corrompt le peuple, calomnie le roi; et, lorsqu'il se croit assez fort pour éclater, il sort entouré de satellites, s'avance sur la place, convoque les sénateurs, monte sur le trône, et, prenant audacieusement la parole, il rappelle au sénat que Servius a usurpé la royauté; que cet homme, à peine sorti de ses chaînes, méprisant les coutumes romaines et bravant les lois, s'est fait élire sans interrègne, et s'est emparé du gouvernement sans le consentement du sénat. Il l'accuse d'avoir chargé les riches de lourdes contributions, tandis qu'il exemptait les pauvres de tout impôt; il finit par exhorter les sénateurs à secouer un joug si humiliant, et à faire descendre du trône cet homme né dans la servitude.

Au moment où il prononçait ces mots, Servius entre dans l'assemblée, et lui demande de quel droit il ose prendre sa place : « J'occupe celle de » mon aïeul, dit Tarquin, et j'en chasse un esclave » qui a trop long-temps abusé de la patience de ses » maîtres. » Tullius et une partie du sénat répondent avec fureur à cette insolence. Les partisans de Tarquin prennent sa défense, la contestation s'échauffe. Attiré par ce tumulte le peuple accourt : alors Tarquin se jette avec violence sur le vieux monarque, le saisit dans ses bras, le porte hors du sénat, et, du haut des degrés, le précipite sur la place publique.

Servius, froissé de sa chute et à demi mort, se traînait vers son palais, suivi d'un petit nombre de personnes assez courageuses pour rester fidèles au malheur ; mais tout à coup une troupe de satellites de Tarquin l'atteint dans la rue Cyprienne, et le massacre pour obéir aux ordres de Tullie.

Cette fille dénaturée traverse en triomphe sur son char la place publique, entre dans le sénat, et salue la première son mari du nom de roi. Tarquin, surpris lui-même de son audace, lui ordonne de se retirer. Comme elle revenait au palais, ses chevaux se cabrent, son cocher s'arrête, et, saisi d'horreur, lui montre le corps sanglant de son père. Cette femme parricide, ou plutôt cette furie, ordonne au cocher d'avancer, et fait passer les roues de son char sur le corps de l'auteur de ses jours, action atroce, qui donna depuis à cette rue le nom de *Scélérate.*

Servius Tullius avait régné quarante-quatre ans : on admirait sa bravoure, ses talents, sa prudence; mais, ingrat envers son bienfaiteur, il avait enlevé le trône à ses enfants. Sa propre fille, plus criminelle encore l'en punit. Tarquin lui refusa les honneurs de la sépulture; la tendresse conjugale y suppléa. Tarquinie, sa veuve, avec quelques amis fidèles, brava le courroux du tyran, porta, pendant la nuit, le corps du roi au tombeau qui devait le renfermer, et mourut de douleur peu de temps après.

TARQUIN LE SUPERBE.

(An de Rome 220. — Avant Jésus-Christ 532.)

Tarquin, monté au trône par un parricide et roi sans élection, avait violé les lois divines et humaines; il ne pouvait en respecter aucune, puisque toutes l'auraient condamné. Il brisa les limites de l'autorité royale, changea tous les réglements de ses prédécesseurs, exerça un pouvoir absolu, et se composa une garde d'étrangers et d'hommes dévoués qui l'environnaient sans cesse.

Il se montrait peu, n'écoutait que quelques favoris, et ne consultait jamais le sénat. Son accueil était dur, ses paroles menaçantes. Par ses ordres, les plus illustres citoyens, dont il craignait le crédit ou la vertu, périrent, et il confisqua leurs biens.

Le patricien Junius, son parent, descendant d'un des compagnons d'Énée, était universellement respecté: Tarquin trancha ses jours, et fit mourir l'un de ses fils; l'autre conserva la vie en feignant de perdre la raison. Cet artifice, qui cachait une profonde sagesse sous le masque de la folie, lui fit donner le nom de *Brutus*, et déroba au poignard du tyran le héros qui devait un jour détruire la tyrannie.

Sous le règne de Tarquin, la richesse devint un délit, la vertu un crime, et la délation un titre aux récompenses. Sa cruauté dépeupla le sénat; et, comme il voulait anéantir cet auguste corps, il le laissa incomplet, et ne remplaça pas ses victimes.

Il déclarait la guerre et signait la paix sans consulter le peuple, et fit défendre toute assemblée de centuries et de curies. Ses nombreux espions inondaient les places publiques, les temples, et pénétraient jusque dans l'intérieur des maisons.

Tarquin, décidé à faire la guerre aux Sabins, forma une ligue avec quelques peuples latins, et convoqua les députés de leur ville sur une montagne près de la ville d'Albe, où, suivant le traité, quarante-sept peuples ligués devaient se réunir pour offrir des sacrifices et célébrer des fêtes qu'on appelait *féries latines*. La république conserva cet usage.

Les députés s'étant rendus ponctuellement à Férentin dans la matinée du jour convenu, le roi les fit attendre jusqu'au soir. Ce manque d'égards choqua les envoyés de ces peuples libres : l'un d'eux, surtout, Turnus Herdo, député d'Aricie, s'en plaignit vivement. Le roi, arrivant enfin, donna pour excuse de son retard le procès d'un père contre son fils, qu'il avait été forcé de juger. « Une telle » cause, répondit Turnus, n'exigeait pas un long » examen; lorsqu'un fils offense son père, il mérite » le châtiment le plus prompt et le plus exem- » plaire. » Après ces mots, dont chacun sentait l'application, Turnus se retire; l'assemblée se sépare, et la séance est remise au lendemain.

Tarquin, irrité, corrompt les domestiques de Turnus, et, pendant la nuit, fait cacher des armes dans sa maison. Le lendemain, le roi l'accuse dans l'assemblée d'avoir voulu conspirer contre lui, et invite les députés à s'assurer du fait par leurs yeux.

On se rend à l'instant chez lui; les armes qui s'y trouvent le font croire coupable : accusé par la haine, jugé par la prévention, condamné par l'erreur, il est enterré vivant. Ce fut pour perpétuer le souvenir de la découverte de cette prétendue conjuration, que les peuples ligués érigèrent un temple dans ce lieu. La flatterie et la peur prodiguèrent des éloges au crime.

Tarquin, comme roi, ne méritait que la haine et le mépris; mais on ne peut lui refuser les qualités d'un général habile. Il fit la guerre avec succès contre les Volsques et les Sabins : étant parvenu par ses manœuvres et son audace à enfermer ses ennemis dans Suessa Pométia, il prit la ville d'assaut, et fit passer au fil de l'épée tous les habitants qui portaient des armes.

Sextus Tarquin, aussi artificieux que son père, feignant d'être disgracié par lui, se retira chez les Gabiens, et gagna tellement leur confiance, qu'ils le placèrent à la tête de leur république. Devenu ainsi maître de l'état, il envoya un courrier au roi pour lui demander comment il devait se conduire. Tarquin se trouvait alors dans son jardin; au lieu de répondre au courrier, il continua de se promener devant lui, s'amusant à couper avec une baguette la tête des pavots les plus élevés.

L'envoyé de Sextus lui ayant rapporté ce qu'il avait vu, le prince saisit facilement le sens de cette réponse, fit mourir les principaux citoyens de Gabies, et, délivré de tout obstacle, prit ouvertement le titre de roi.

Il gouverna ensuite plus humainement qu'on ne

l'avait espéré, et plaça son peuple sous la protection de Rome. Le traité qu'il conclut alors se voyait encore longtemps après dans le temple de *Jupiter Sangus* : il était écrit sur la peau d'un bœuf, qui couvrait un bouclier de bois.

Si Tarquin opprima Rome par ses cruautés, il l'embellit par sa magnificence : il acheva les égouts, entoura l'amphithéâtre de portiques pour qu'on y fût à couvert, et avança la construction du Capitole. Le peuple paya ces édifices par d'immenses travaux et par d'énormes contributions.

On voulut dans ce temps transporter dans un autre endroit les statues des dieux qui se trouvaient dans l'enceinte du Capitole, exclusivement dédié à Jupiter. Mais les augures déclarèrent que le dieu Terme et la déesse de la Jeunesse n'avaient pas voulu quitter leurs places. Ces pontifes, plus politiques encore que religieux, prétendaient ainsi prouver qu'à Rome la propriété serait toujours sacrée, que cette ville défendrait ses limites contre l'ennemi, et qu'elle conserverait une jeunesse et une vigueur éternelles.

En creusant la terre profondément, on y trouva la tête d'un homme, teinte d'un sang vermeil; les mêmes augures déclarèrent que les dieux annonçaient par ce phénomène que ce lieu serait un jour la capitale de l'Italie, et c'est ce qui fit donner le nom de *Capitole* (tiré du mot *caput*, tête) à ce mont qu'on appelait précédemment *Saturnien* ou *Tarpéien*.

Denys d'Halicarnasse raconte encore qu'une femme inconnue et étrangère apporta au roi neuf volumes des oracles des sibylles. Tarquin refusant le prix qu'elle en demandait, l'étrangère brûla trois volumes; elle revint; on la traita d'insensée, elle en brûla encore trois, et menaça même de jeter au feu les trois derniers. Tarquin, alors, consulta les augures, et, par leur conseil, paya ces trois livres, qui furent confiés à la garde de deux officiers publics. Depuis, on les déposa sous les voûtes du Capitole; et comme ils périrent lors de l'incendie de cet édifice, pendant la guerre de Marius et de Sylla, on envoya par toute la terre faire des recherches pour former un nouveau recueil.

Les sibylles étaient des femmes qu'on croyait inspirées: les plus célèbres furent celles de Delphes, d'Érithrée, de Cumes en Italie, et de Cumes en Éolide. La politique se servit presque toujours à Rome, avec succès, de la superstition; mais comme l'erreur ne fournit jamais que des armes dangereuses, les chefs de l'état eux-mêmes, partageant la crédulité publique, furent souvent inquiets et tourmentés par les plus simples phénomènes.

Un serpent, qui sortit un jour dans un temple d'une colonne de bois, alarma tellement Tarquin, qu'il envoya à Delphes deux de ses fils pour consulter l'oracle. Ces princes demandèrent que leur cousin Brutus partît avec eux, espérant se distraire par ses folies de l'ennui du voyage. Arrivés en Grèce, ils offrirent à Apollon des présents magnifiques, et se moquèrent de Brutus qui ne portait pour offrande qu'un bâton. Ils ignoraient que cette canne creuse renfermait une baguette d'or, emblème des projets cachés du futur libérateur de Rome.

Les princes demandèrent à l'oracle quel était celui d'entre eux qui gouvernerait un jour l'état. « Ce sera, répondit l'oracle, celui qui embrassera » le premier sa mère. » Les princes cachèrent avec soin cette réponse afin que leur frère Sextus, resté à Rome, l'ignorât et n'embrassât pas avant eux la reine Tullie. Brutus, entendant autrement l'oracle, se laissa tomber et embrassa la terre, qu'il regardait comme la mère commune de tous les hommes.

Après avoir obtenu une autre réponse de l'oracle assez insignifiante pour le roi, puisque l'histoire n'en parle pas, les princes revinrent en Italie et trouvèrent Tarquin occupé à faire la guerre aux Rutules. Il assiégeait Ardée, leur capitale, à sept lieues de Rome.

La résistance des Rutules rendit ce siége long. Dans l'intervalle des combats, les princes passaient le temps en festins. Un jour les jeunes officiers les plus distingués de l'armée soupaient chez Sextus

Tarquin. L'entretien tomba sur la sagesse des femmes, et chacun, échauffé par le vin, louait les vertus et la beauté de la sienne aux dépens des autres

Collatin, mari de Lucrèce et parent des princes, dit : « Pourquoi prolonger une dispute que nous » pouvons, si vous m'en croyez, terminer et juger » promptement? Rome est peu éloignée; montons » à cheval; allons surprendre nos femmes; rien » n'est plus propre à décider la question que l'état » où nous les trouverons dans un moment où elles » ne peuvent nous attendre. »

Cet avis est adopté; ils partent précipitamment, et arrivent d'abord à Rome, où ils trouvent les princesses passant la nuit dans l'ivresse des fêtes et dans le tourbillon des plaisirs. De là ils vont à Collatie; Lucrèce s'offre à leurs regards, solitaire, enfermée avec ses femmes, et occupée à coudre. D'un commun accord on lui adjugea la victoire, et elle jouit de ce triomphe avec une modestie qui l'en rendait plus digne.

Mais cette vertu même, ainsi que sa beauté, firent naître dans l'ame de Sextus Tarquin une passion aussi violente que criminelle. Peu de jours après, incapable de se vaincre, et entraîné par son amour, il quitte secrètement l'armée; arrive à Collatie, entre chez Lucrèce; et, après avoir vainement essayé tous les moyens de séduction, il s'écrie qu'il va la poignarder : mais que, voulant lui ravir à la fois la réputation et la vie, pour la punir de ses mépris, il tuera un esclave, et le placera dans son lit.

Lucrèce bravait la mort; mais, ne pouvant supporter l'idée du déshonneur, elle n'opposa plus de résistance au prince, et lui laissa consommer son crime.

Dès qu'il fut parti, plongée dans le désespoir, elle écrivit à son père et à son mari de venir promptement chez elle, accompagnés chacun d'un ami. Ils accoururent avec Valérius et Brutus.

Collatin demanda à sa femme quel motif la portait à l'appeler, et quel événement depuis son départ avait altéré son bonheur. « Quel bonheur, ré
» pondit Lucrèce en versant un torrent de larmes,
» peut conserver une femme qui a perdu l'hon-
» neur? Un perfide a souillé votre lit; mon corps
» seul se trouve coupable, mon cœur est innocent;
» ma mort le prouvera. Promettez-moi que l'adul-
» tère sera puni de son crime. Sextus Tarquin est
» venu cette nuit dans votre maison, non comme
» un hôte, mais comme un ennemi. Sa violence a
» remporté un triomphe bien fatal pour moi, mais
» qui sera plus funeste pour lui si vous êtes des
» hommes courageux. »

Son père, son époux, Valérius et Brutus jurèrent de la venger, et s'efforcèrent de la consoler, en l'assurant qu'on n'était point coupable par une

faute involontaire. « Je vous laisse juges, reprit
» Lucrèce, du forfait de Sextus et de son châti-
» ment : quant à moi, je m'absous du crime et
» non du supplice. Je ne veux pas qu'aucune femme
» outragée s'autorise jamais de l'exemple de Lu-
» crèce pour survivre à son déshonneur. » A ces
mots, elle s'enfonce dans la poitrine un poignard
qu'elle tenait caché.

Son père et son époux jettent de grands cris.
Brutus, sans verser des larmes inutiles, tire du sein
de Lucrèce le poignard sanglant : « Je jure, dit-il,
» par ce sang si pur et si chaste, souillé par Tar-
» quin, et je vous atteste, grands dieux! que le fer
» et la flamme à la main, je poursuivrai la ven-
» geance de ce crime sur le tyran, sur sa femme,
» sur toute son odieuse famille, et que je ne souf-
» frirai pas désormais que personne règne dans
» Rome.

Collatin, Lucrétius et Valérius, surpris et dé-
couvrant tout à coup dans l'insensé Brutus tant
d'élévation, de courage et de génie, répétèrent
avec transport son serment.

Ce serment devint bientôt le signal d'un soulèvement général. Le corps de Lucrèce, porté tout
sanglant sur la place de Collatie, embrase tous les
cœurs du désir de la vengeance. La jeunesse prend
les armes, Brutus la commande ; il court avec elle à
Rome, et place des gardes aux portes de Collatie, afin

qu'aucune nouvelle ne puisse parvenir à Tarquin.

Le peuple romain s'alarme d'abord à l'aspect de cette troupe armée : bientôt la vue des chefs le rassure. Brutus, profitant du droit de sa charge de capitaine des célères, convoque les citoyens, monte à la tribune, raconte la scène sanglante de Collatie, la perfidie de Sextus, le sort de Lucrèce, sa mort héroïque. Il réveille dans toutes les ames le souvenir des crimes de Tarquin, ses confiscations, ses supplices, le meurtre du roi Servius, la barbarie atroce de Tullie. Il retrace avec chaleur tous ces forfaits, en voue les auteurs à l'exécration publique, et appelle sur eux la vengeance des furies. Ce discours, fréquemment interrompu par de vives acclamations, dissipe la terreur, fait renaître le courage; le génie de Brutus a révélé le secret de toutes les ames. Cette immense assemblée du peuple romain n'a plus qu'une opinion, qu'un sentiment, qu'une volonté : Brutus a prononcé de nouveau son serment; tout le peuple le répète, et ordonne que Tarquin, sa femme et ses enfants seront bannis à perpétuité.

Sans perdre de temps, laissant le gouvernement de Rome à Lucrétius, qui se trouvait alors préfet, Brutus, à la tête d'une jeunesse ardente, vole vers Ardée dans le dessein de soulever l'armée, et la féroce Tullie se sauve du palais, poursuivie par les imprécations du peuple.

Cependant Tarquin, informé dans son camp de cette révolution, venait de partir brusquement pour Rome. Brutus, averti de sa marche, prit un autre chemin, afin d'éviter sa rencontre. Ils arrivèrent tous deux en même temps, l'un à Ardée et l'autre à Rome.

Le roi trouva les portes de la ville fermées, et les magistrats vinrent lui signifier le décret de son exil. Son armée reçut Brutus avec transport, et chassa du camp les enfants du tyran. Tarquin se vit obligé de mendier un asile chez ses ennemis. Deux de ses fils l'accompagnèrent en Étrurie. Sextus se retira à Gabies; l'armée romaine conclut la paix avec les habitants d'Ardée, et revint à Rome affermir et défendre la liberté.

RÉPUBLIQUE ROMAINE.

CHAPITRE II.

(An de Rome 244. — Avant Jésus-Christ 508.)

Nomination de deux consuls. — Élection de cent soixante citoyens pour le sénat. — Ambassade d'Étrurie à Rome. — Conjuration formée par les ambassadeurs et découverte par l'esclave Vindicius. — Arrestation, jugement et mort des conjurés. — Abdication du consul Collatin. — Guerre avec l'Étrurie. — Combat et mort du consul Brutus et d'Arons, fils de Tarquin. — Consulat de Valérius, surnommé Publicola. — Ses réglements. — Consulat de Marcus Horatius, surnommé Coclès. — Nouvelle guerre avec l'Étrurie. — Victoire de Porsenna. — Défense courageuse d'Horatius. — Siége et blocus de Rome par Porsenna. — Dévouement de Caïus Mutius, surnommé Scévola. — Ambassadeurs de Porsenna à Rome. — Courage de Clélie et de ses compagnes. — Mort d'Arons, fils de Porsenna.

Les tyrans étaient renversés ; mais il fallait détruire la tyrannie. Le règne des rois venait de finir, celui des lois devait commencer.

Dans l'incertitude où l'on se trouvait sur la forme de gouvernement qu'on allait choisir, on rendit un noble hommage aux vertus d'un grand roi : les mémoires de Servius Tullius furent consultés ; et, d'un commun accord, on résolut d'exécuter les projets conçus par ce prince.

On se détermina donc à nommer à la place des rois deux consuls annuels, élus parmi les patriciens, et supérieurs à tous les magistrats. Ils surveillaient les tribunaux, convoquaient le sénat, rassemblaient le peuple, commandaient les armées, nommaient les officiers, et traitaient avec les étrangers : leur nom même de consuls devait leur rappeler sans cesse qu'ils n'étaient que conseillers de la république.

Le sénat voulut que l'élection se fît par centuries, forme plus favorable aux riches : elles élurent pour consuls Junius Brutus, fondateur de la liberté, et Lucius Tarquinius Collatinus, qu'on préféra même à Valérius, la mort de Lucrèce le faisant regarder comme plus intéressé que tout autre à poursuivre la vengeance des Romains contre les tyrans.

Valérius, irrité de cette préférence, se retira d'abord, et ne parut plus dans aucune assemblée; mais le jour pris par les consuls pour prêter serment contre la royauté, son orgueil fit place à des sentiments plus généreux; il descendit au Forum, et jura de consacrer sa vie à la défense de la liberté.

Les consuls entrèrent en exercice au mois de juin de l'an 244 de Rome. Ce ne fut que trois siècles après que l'époque de leur entrée en charge fut remise au 1er janvier.

Le sénat et le peuple accordèrent aux consuls, pour les faire respecter, la robe de pourpre, la chaise curule d'ivoire, douze licteurs pour chacun d'eux; enfin tous les signes de la dignité royale, excepté la couronne et le sceptre : et comme on voulut cependant diminuer la crainte qu'aurait inspirée au peuple un double pouvoir revêtu du droit d'infliger des châtiments, on décida que les consuls commanderaient alternativement, et que celui qui serait de jour pourrait seul faire porter des haches à ses licteurs.

Les consuls firent élire dans toutes les classes cent soixante citoyens distingués par leur mérite et par leur fortune : on les créa d'abord patriciens, et on les nomma ensuite sénateurs, afin de compléter le premier corps de l'état. On ne sait pourquoi, lorsque le nom de roi semblait alors si détesté par les Romains, ils conservèrent ce titre, qu'ils donnèrent à un sacrificateur attaché spécialement au service des consuls. Peut-être voulaient-ils, en l'appliquant à un emploi subalterne, lui faire complétement perdre l'ancienne vénération qu'il inspirait; et comme on craignait encore que ce roi des sacrifices n'exerçât quelque influence sur la multitude, il lui était défendu de haranguer le peuple. Papirius remplit le premier cette charge. Il composa un recueil des lois faites par les rois de Rome : cette collection porta le nom de *droit papirien*.

Depuis cette grande révolution, Rome, par la forme de son gouvernement, dut faire prévoir que la guerre serait son état permanent. Le sénat et le peuple, rivaux et jaloux l'un de l'autre, n'étant contenus dans leur lutte par aucun pouvoir supérieur, la guerre seule pouvait suspendre leurs discordes, et il était de l'intérêt du sénat d'occuper au dehors une jeunesse ardente, inquiète et tumultueuse. Les consuls, tirés du sénat, avaient de plus que ce corps un puissant intérêt à la guerre : leur autorité était plus étendue dans les camps que dans la ville. Ces guerres devaient être entreprises par eux avec ardeur et conduites avec impétuosité ; car ils se voyaient forcés par la courte durée de leur autorité, de presser leurs efforts pour obtenir dans le cours de l'année d'éclatants succès et l'honneur du triomphe. Une seule guerre heureuse suffisait à la renommée d'un règne ; mais, après la révolution, il fallait de la gloire chaque année pour le consulat. D'un autre côté le peuple, dédaignant le commerce, n'avait d'autre moyen de s'enrichir que par le butin et par le partage des terres conquises. Ainsi tout concourait à rendre Rome éternellement belliqueuse ; et, comme Bossuet et Montesquieu l'ont tous deux très-habilement remarqué, Rome, en état de guerre perpétuelle, devait être détruite ou devenir la maîtresse du monde.

Tarquin, cherchant partout un asile, et rejeté

par presque tous les peuples, excita enfin la pitié de ceux d'Étrurie. Ils envoyèrent des ambassadeurs à Rome pour demander qu'on permît à ce prince d'y venir rendre compte de sa conduite au sénat et au peuple qui prononceraient sur son sort. Cette proposition fut repoussée unanimement. Les ambassadeurs se bornèrent alors à solliciter la restitution des biens de Tarquin, afin qu'il pût vivre honorablement et en repos. Cette demande devint l'objet d'une vive discussion : Brutus pensait que rendre à Tarquin ses richesses, c'était lui donner des armes. Collatinus soutint qu'il fallait exercer sa vengeance sur la personne du tyran et non sur ses biens; que, pour l'honneur de Rome, on devait prouver qu'elle avait banni les Tarquins afin de devenir libre, et non dans le dessein de s'enrichir. Enfin il représentait que le refus d'une demande juste servirait aux étrangers de prétexte pour commencer la guerre et pour y engager plusieurs peuples.

Chacun soutenant son avis avec une égale ardeur, le sénat se partagea et ne put prendre une décision. On convoqua les curies; les consuls continuèrent leurs contestations devant le peuple, qui décida, à la majorité d'une seule voix, que tous les biens de Tarquin lui seraient rendus.

Ce succès ranima l'espérance des ambassadeurs; ils en informèrent promptement Tarquin, et prolongèrent leur séjour à Rome, sous prétexte de veiller à l'exécution du décret, mais dans le dessein réel de former une conspiration en faveur de la royauté.

Ils réussirent par leurs intrigues à séduire une partie de la jeunesse patricienne, qui, regrettant la licence, les honneurs et les plaisirs de la cour, supportait avec peine l'austère servitude des lois, et surtout le joug de l'égalité, qui détruisait toutes distinctions accordées par la faveur; ils se firent aussi beaucoup de partisans dans le peuple, en disant que les graces des rois adoucissaient leurs rigueurs, qu'ils savaient distinguer leurs amis de leurs ennemis, mais que la loi était sourde et inflexible, et que, sous le nom de liberté, elle leur ferait porter les chaînes les plus pesantes.

Parmi les conjurés, on vit deux fils de Brutus, deux Vitellius, neveux de Collatin; leurs chefs étaient deux Aquilius, liés aussi par le sang à la famille de Collatin.

Les conspirateurs, se fiant à leur nombre, et fiers de leurs forces, eurent l'imprudence d'écrire des lettres à Tarquin, et de les signer. Elles contenaient tous les détails de la conjuration. La veille du jour fixé pour le départ des ambassadeurs, les Aquilius donnèrent à leurs complices un grand festin. Un esclave, nommé Vindicius, dont ces assemblées nocturnes avaient éveillé les soupçons, se cache, pendant le repas, dans un cabinet voisin de la salle du festin; invisible, il assiste à leurs délibérations; il entend la lecture des lettres, les voit signer, sort précipitamment, réveille le consul Brutus, et l'avertit du danger qui menace la république.

Brutus, sans perdre de temps, fait arrêter les conjurés par ses licteurs, les jette dans une prison, et saisit les lettres qui prouvaient le crime. Par respect pour le droit des gens, on laissa partir librement les ambassadeurs.

Le lendemain, Brutus appelle les accusés à son tribunal, en présence du peuple. On entend les dépositions de Vindicius; on lit les lettres interceptées; les accusés ne répondent aux interrogations que par des sanglots : tout le peuple, à la vue d'un père qui jugeait ses propres enfants, et qui sacrifiait la nature à la patrie, n'osait lever les yeux sur lui, et gardait un profond silence, interrompu seulement par le mot d'exil, que la pitié faisait murmurer plutôt que prononcer. L'inflexible Brutus, sourd à toute autre voix qu'à celle de l'intérêt public, dicta l'arrêt de mort qui fut exécuté devant lui.

Ce supplice et cette rigueur austère remplissaient à la fois les ames d'admiration, de tristesse et d'horreur. Quelque distinguées que fussent les autres victimes, tous les regards ne se fixaient que

EXÉCUTION DES FILS DE J. BRUTUS.

sur les enfants de Brutus et sur leur malheureux père. Son maintien ferme prouvait sa vertu, et ses larmes trahissaient sa douleur.

Collatin, plus humain ou plus faible, tenta de vains efforts pour conserver la vie à ses neveux; il ne put les sauver, et perdit la confiance publique. Le sénat révoqua le décret qui rendait les biens aux Tarquins; et, déclarant qu'il ne voulait pas en souiller le trésor public, il les abandonna au pillage du peuple, afin d'augmenter sa haine contre la tyrannie.

On rasa les palais et les maisons de ces princes; le champ qu'ils possédaient près de la ville fut consacré à Mars; on y tint depuis les assemblées des centuries, et il devint pour la jeunesse un lieu de jeux et d'exercices.

On affranchit Vindicius; il reçut les droits de cité et de magnifiques récompenses : enfin on accorda une amnistie aux Romains qui avaient suivi Tarquin dans son exil, en leur fixant un délai pour rentrer dans leur patrie.

Toute tentative inutile fortifie l'autorité qu'on attaque et les passions qu'on menace. La haine contre les Tarquins s'accrut; Collatin devint l'objet de la méfiance générale : des murmures violents éclataient partout contre lui. Brutus, informé de cette disposition des esprits, convoque le peuple, lui rappelle les décrets rendus, les serments prêtés contre le roi et contre la royauté; il déclare que Rome voit avec inquiétude dans son sein des citoyens dont le nom seul menace la liberté; puis, s'adressant à son collègue Collatin : « L'inquiétude » des Romains, dit-il, est sans doute mal fondée; » vous les avez loyalement servis; comme moi, » vous avez renversé la tyrannie et chassé les ty- » rans. Complétez donc aujourd'hui ces bienfaits » par un dernier sacrifice; faites disparaître de » Rome le nom des rois. Vos biens seront conser- » vés; on augmentera même vos richesses; mais » éloignez-vous d'une ville qui ne se croira tout- » à-fait libre que lorsqu'elle ne verra plus de » Tarquins. »

L'époux de Lucrèce, surpris de cette attaque imprévue, voulait se défendre et dissiper d'injustes alarmes; mais les principaux sénateurs joignirent leurs prières à celles de Brutus; et, lorsqu'il vit son propre beau-père, Spurius Lucrétius, vieillard vénérable, unir ses instances aux leurs, il se détermina au sacrifice exigé, abdiqua le consulat, et se retira à Lavinium, où il transporta ses biens. Le peuple lui donna vingt talents, et Brutus cinq, pris sur sa propre fortune.

Ainsi, l'amour de la liberté, la plus ardente et la plus jalouse des passions, ne permit pas au mari de Lucrèce de jouir d'une révolution entreprise pour le venger.

Tarquin, voyant ses intrigues déjouées et sa conspiration découverte, ne fonda plus ses espérances que sur la guerre. Il détermina deux peuples puissants d'Étrurie, les Véiens et les Tarquiniens, à prendre les armes pour sa cause. Le souvenir de leurs anciennes défaites les animait depuis long-temps contre les Romains.

Bientôt les armées se rencontrèrent; le sort voulut qu'Arons, fils de Tarquin, et le consul Brutus se trouvassent chacun à la tête d'un corps de cavalerie, et opposés l'un à l'autre. Arons, à la vue du consul, s'écria : « Grands dieux ! vengeurs des rois, aidez-moi à punir ce rebelle qui nous a bannis, et qui se pare insolemment à mes yeux des marques de notre dignité ! »

Ils se précipitèrent l'un sur l'autre avec furie, ne cherchant qu'à porter des coups, et dédaignant de les parer. Bientôt tous deux, couverts de blessures, tombèrent morts en même temps. Les deux armées, animées de la même audace que leurs chefs, se mêlèrent et combattirent long-temps avec opiniâtreté. La perte fut à peu près égale des deux côtés; mais les Romains restèrent maîtres du champ de bataille. Valérius, nommé depuis Publicola, venait de succéder à Collatin dans le consulat : il remplaça Brutus dans le commandement de l'armée, et rentra triomphant dans Rome, sur un char attelé de quatre chevaux. Le triomphe, toujours en usage dans la suite, resta constamment la plus glorieuse récompense des grandes victoires.

Plus un peuple aime la liberté, et plus il craint de la perdre. Le moindre prétexte fait naître ses soupçons; les plus éclatants services ne peuvent le rassurer, et sa méfiance le conduit trop souvent à l'ingratitude. Valérius ne tarda pas à l'éprouver; il avait différé de se faire nommer un collègue, et il venait de bâtir une belle maison sur une colline qui dominait la place. On le soupçonna d'aspirer à la royauté: informé de ce bruit généralement répandu, il convoque le peuple, rappelle modestement ses services, et se plaint avec amertume de l'injustice des ses concitoyens.

« Ah! que je porte envie, dit-il, à mon collègue
» Brutus! Après avoir créé le consulat et fondé la
» liberté, il est mort les armes à la main, avec toute
» sa gloire, sans avoir éprouvé votre injuste jalou-
» sie. Nulle vertu ne peut-elle être à l'abri de vos
» soupçons? Vous est-il possible de croire qu'un
» fondateur de la liberté la renverse, et que l'en-
» nemi des rois aspire à la royauté? Voulez-vous
» dissiper vos alarmes? ne regardez pas où je de-
» meure, mais examinez qui je suis. Au reste, la
» colline de Vellia n'excitera plus vos terreurs; je
» vais à l'instant en descendre, et je fixerai ma de-
» meure dans un lieu si bas que vous la dominerez
» tous. » A ces mots il se retire; et, pendant la nuit,

rassemblant un grand nombre d'ouvriers, il fit démolir sa maison.

Le lendemain le soleil, en éclairant les ruines de cet édifice, ouvrit les yeux du peuple sur son égarement; et cette multitude mobile, qui flétrit un jour ce qu'elle encensait la veille, et qui voudrait ressusciter demain ce qu'elle fait périr aujourd'hui, rétracta ses plaintes et se repentit de son injustice.

Valérius, plus ambitieux de gloire que d'autorité, avant de se faire élire un collègue, publia plusieurs réglements très-populaires. Il ordonna que les licteurs abaisseraient leurs faisceaux devant le peuple assemblé; qu'ils ne porteraient des haches que hors des murs, et les quitteraient en entrant dans la ville. Tout citoyen condamné par un magistrat à l'amende, aux verges ou à la mort, pouvait en appeler au peuple. Personne ne devait entrer en exercice d'une charge avant la confirmation de son titre par l'assemblée populaire. Le trésor public, placé dans le temple de Saturne, était jadis confié à la garde des trésoriers ou questeurs que nommaient les rois; le peuple obtint le droit de les élire. Enfin Valérius fit adopter une loi qui permettait à tout citoyen de tuer celui qui voudrait s'emparer du trône. Le meurtrier était absous pourvu qu'il pût prouver le délit. Toutes ces concessions faites à la multitude valurent au consul le surnom de Publicola. Ses réglements trop populaires diminuèrent l'autorité du sénat, augmentèrent les prétentions du peuple, et devinrent le germe d'une lutte opiniâtre qui, après avoir placé Rome sur la pente de la démocratie, la fit enfin retomber sous le joug des tyrans.

Lorsqu'on procéda à l'élection d'un consul, le dénombrement des citoyens en fit compter cent trente mille en état de porter les armes. Le peuple élut Spurius Lucrétius, père de Lucrèce. Il mourut peu de temps après, et fut remplacé par Marcus Horatius. On chargea celui-ci de faire la dédicace du Capitole qui venait d'être achevé.

Ce fut aussi à cette époque que les Romains conclurent avec les Carthaginois un traité qui contenait les dispositions suivantes : « Les Romains et » leurs alliés ne navigueront pas au-delà du beau » promontoire, à moins d'y être forcés par la tem- » pête. Les marchands, arrivés à Carthage, n'y » paieront aucun droit, excepté ceux du crieur et » du greffier. On garantira le marché du vendeur, » pourvu qu'il ait deux témoins. Les mêmes dispo- » sitions auront lieu en leur faveur dans toute l'A- » frique et en Sardaigne. Les Romains, abordant » sur les côtes de Sicile appartenant aux Carthagi- » nois, y seront protégés. Les Carthaginois ne » commettront aucun dégât chez les Latins et chez » les alliés du peuple romain. Ils ne bâtiront aucun

» fort dans le Latium, et n'y pourront séjourner la
» nuit s'ils y entrent en armes. »

Ce premier traité prouvait la puissance de Carthage et l'inquiétude qu'elle inspirait dès-lors aux Romains, qui semblaient déjà prévoir Annibal.

Cependant Tarquin, retiré à Clusium auprès de Porsenna, le plus puissant des princes d'Étrurie et d'Italie, parvint à lui persuader que sa cause était celle des rois, et que, s'il laissait impunie la rébellion des Romains, il verrait bientôt les peuples, encouragés par cet exemple, renverser tous les trônes.

Porsenna, ému par ses discours, touché de ses malheurs, et jaloux des progrès de la république, déclara la guerre aux Romains. Les forces et la renommée du roi d'Étrurie alarmèrent le sénat; il redoutait la mobilité du peuple, qui préfère habituellement la paix à la liberté.

Les consuls, dans le dessein de se concilier la multitude, firent acheter du blé, et le distribuèrent à bas prix. Le sel, administré par entreprise, fut mis en régie; on abolit les droits d'entrée, et le peuple se vit déchargé de tout impôt. Ces mesures eurent un plein succès: elles accrurent l'amour pour la république et la haine pour la royauté.

Porsenna, sans perdre de temps, s'approcha rapidement de Rome à la tête de son armée, attaqua le Janicule et le prit d'assaut. Les Romains lui disputèrent vaillamment le passage du Tibre; la victoire flotta long-temps incertaine: le carnage était égal des deux côtés; mais enfin, les consuls se trouvant blessés et hors de combat, l'armée romaine, privée de ses chefs, prit la fuite, passa le pont, et rentra en désordre dans Rome.

Porsenna, s'il eût trouvé le pont libre, serait entré avec les fuyards dans la ville; mais l'intrépidité d'un seul Romain arrêta l'armée victorieuse. Horatius, surnommé Coclès, parce qu'il avait perdu un œil à la guerre, prouva, dans cette circonstance critique, qu'il descendait du vainqueur des trois Albains. Après avoir fait de vains efforts pour rallier les fuyards, il résolut de combattre avec assez d'opiniâtreté pour laisser le temps aux ouvriers de détruire le pont. Deux soldats romains s'associèrent quelques instants à sa périlleuse entreprise: placé avec eux à la tête du pont, il s'y tint inébranlable; loin de craindre la foule qui le menaçait, il la provoquait par des injures, insultait à l'orgueil des Étrusques, et les appelait vils esclaves des rois. Lorsqu'il vit le pont presque détruit, et qu'il n'en restait plus qu'un étroit passage, renvoyant ses deux compagnons, et se dévouant à une mort presque certaine, il osa seul combattre une armée. Couvert de son large bouclier qui fut bientôt hérissé de traits, il renversait avec son glaive tous ceux qui osaient l'approcher, et se faisait de leurs corps un rempart contre de nouveaux assaillants; enfin le pont étant entièrement rompu, et au moment où une foule de guerriers s'élançait sur lui, il se jeta tout armé dans le fleuve, et le traversa à la nage.

On le reçut en triomphe à Rome; le peuple, pour célébrer une action que Tite-Live trouvait plus admirable que croyable, lui fit élever une statue d'airain, et lui donna autant de terres que pourrait en renfermer un cercle tracé dans l'espace d'un jour par une charrue.

Porsenna, fier de sa victoire, espérait se voir bientôt maître de Rome, mais tous les Romains, sans distinction d'âge prenant les armes, lui opposaient des remparts plus forts que leurs murailles. Bientôt même, reprenant l'offensive, ils attaquèrent les assiégeants. Dans une de leurs sorties, les consuls, ayant embusqué quelques troupes, attirèrent Porsenna dans le piége qu'ils lui avaient tendu. Le roi perdit dans cette action plus de cinq mille hommes : renonçant alors à prendre la ville par la force, il voulut la réduire par la famine, convertit le siége en blocus, et ravagea toute la campagne.

Rome, par ce moyen, souffrit en peu de temps tous les maux qu'entraîne une disette absolue. Caïus Mutius, jeune Romain, poussé au désespoir par les malheurs de sa patrie, conçut, pour la délivrer, le projet le plus coupable et le plus hardi : il demande la permission au sénat de se rendre dans le camp ennemi, afin d'exécuter une entreprise importante, mais qu'il ne voulait faire connaître qu'après le succès.

Il sort sans armes ostensibles, trompe facilement les gardes par l'habitude qu'il avait de parler la langue toscane, et pénètre dans la tente du roi qui travaillait avec un secrétaire exactement vêtu comme le monarque.

Dans ce moment on réglait les comptes de l'armée ; les officiers qui entraient adressaient leurs demandes au secrétaire. Trompé par ces apparences, Mutius, prenant le secrétaire pour le roi, s'élance sur lui, et le tue d'un coup de poignard. Aussitôt on le saisit, on le traîne devant le tribunal que Porsenna préside. L'appareil des plus affreux supplices ne peut abaisser sa fierté, et, montrant un maintien plus effrayant qu'effrayé :
« Je suis Romain, dit-il ; j'ai voulu tuer l'ennemi
» de Rome, et tu me verras autant de courage
» pour souffrir la mort que pour te la donner.
» Les Romains attaquent et souffrent avec une
» égale constance : je n'ai pas seul conspiré contre
» toi ; une foule de citoyens recherchent la même
» gloire : ainsi, attends-toi sans cesse à de nou-
» veaux périls. Tu trouveras un ennemi à chaque
» pas ; chaque jour un poignard menacera ta

» poitrine : je te le répète, ce n'est pas moi, c'est
» toute la jeunesse romaine qui te déclare la
» guerre; mais ne crains point de bataille; ce
» n'est point ton armée, c'est toi seul que nous
» voulons détruire. »

Le roi, irrité de ses menaces, ordonne à l'instant de l'entourer de flammes, afin de le forcer à révéler exactement les projets et le nombre de ses complices.

Le fier Romain, que rien n'intimide, plonge sa main dans un brasier ardent, et, laissant brûler cette main sans la moindre émotion : « Vois, dit-
» il, comme les hommes qui aspirent à la gloire
» méprisent la douleur, et comme leur ame com-
» mande à leur corps. »

Porsenna, confondu et comme hors de lui à la vue d'une action si intrépide, descend précipitamment de son trône, et ordonnant d'éloigner les feux : « Retire-toi, dit-il; tu es encore plus
» ton ennemi que le mien. Si un tel courage était
» employé pour mon service, quels éloges ne lui
» donnerais-je pas ! Comme ennemi, je ne puis te
» récompenser; mais je te rends la liberté, et je
» t'affranchis de tous les droits que les lois de
» la guerre me donnent sur toi. »

Mutius, inaccessible à la douleur, cède alors à la reconnaissance, et avoue au roi que trois cents jeunes citoyens ont formé une conspiration contre ses jours, que le sort l'a fait marcher le premier, et que ses complices viendront chacun à leur tour tenter la même entreprise. L'héroïque fermeté de Mutius fut consacrée par le surnom de *Scévola*. Son courage est aussi digne de louange que son action de blâme. L'enthousiasme de la liberté ne peut faire excuser l'assassinat, et la générosité de Porsenna a plus de vraie grandeur que le courage du Romain.

Porsenna, effrayé de la conspiration formée contre lui, et convaincu que les Romains préféraient tous la mort à la servitude, sentit qu'il n'était plus question de vaincre une ville, mais de détruire un peuple. Renonçant alors à ses projets, il fit partir pour Rome avec Mutius des ambassadeurs qui n'insistèrent plus sur le rétablissement de la royauté; ils se bornèrent à demander qu'on rendît aux Étrusques le territoire conquis sur eux, et qu'on donnât des otages pour garantir l'exécution du traité.

On accepta ces conditions; Porsenna évacua le Janicule. Parmi les otages qu'il reçut, composés de dix patriciens et de dix jeunes filles, on distinguait Clélie. Cette Romaine, ne pouvant supporter une captivité même passagère, et se montrant, par son courage, digne émule de Coclès et de Scévola, engage ses compagnes à rompre leurs liens, se jette dans le Tibre avec elles, et rentre triomphante dans Rome.

Le consul Valérius, strict observateur des

traités, les renvoya toutes au roi d'Étrurie. Tarquin, leur implacable ennemi, prévenu de leur marche, s'était embusqué pour les enlever; mais le fils de Porsenna les escorta jusqu'au camp.

Le roi, qui aimait l'audace, même dans un ennemi, fit présent à Clélie d'un superbe coursier, la remit en liberté, et lui permit d'emmener la moitié des otages.

Ce généreux prince, voulant montrer son estime au peuple romain, lui rendit sans rançon tous les prisonniers, rechercha son amitié, et lui abandonna son camp avec toutes les richesses qu'il renfermait, sans en excepter son propre bagage. Le sénat, par reconnaissance, envoya à ce prince la chaise d'ivoire, le sceptre, la couronne et la robe des anciens rois.

Mutius reçut les mêmes récompenses que Coclès, et le terrain dont on lui fit présent se nomma depuis le *pré de Mutius*. On éleva à Clélie une statue équestre dans la voie sacrée. Ainsi se termina une guerre qui semblait devoir étouffer la liberté de Rome dans son berceau [1].

Peu de temps après, Porsenna chargea son fils Arons de combattre les habitants d'Aricie. Arons fut battu et tué. Les Étrusques, poursuivis par leurs ennemis, trouvèrent un asile à Rome, s'y

---

[1] An de Rome 246. — Avant Jésus-Christ 506.

établirent, et y occupèrent un terrain près du mont Palatin, qu'on nomma par la suite *rue des Étrusques*.

Porsenna, depuis, tenta encore une démarche en faveur de Tarquin, et, le sénat ayant répondu qu'on ouvrirait plutôt les portes de Rome aux ennemis qu'aux rois, on n'en parla plus. Tarquin découragé se retira à Tusculum, chez son gendre Octavius.

CHAPITRE III.

Guerre avec les Sabins. —Mort de Valérius Publicola.—Conjuration dans Rome.—Révolte du peuple pour l'abolition des dettes. —Création de la dictature.—Nomination du consul Lartius.— Victoire sur les Latins. — Trêve d'un an.— Bataille de Régille.—Mort de deux Tarquins.—Défaite des Latins.—Paix avec les Latins.—Mort de Tarquin.

La guerre des Sabins commença sous le consulat de M. Valérius et de P. Posthumius. La jalousie qu'excitait la grandeur croissante de Rome en fut la cause; elle ne produisit qu'une alternative de succès et de revers peu décisifs. Un parti assez nombreux chez les Sabins s'opposait à cette guerre. Le chef de ce parti, Atta Clausius, avec tous ses cliens, composant cinq mille hommes armés, vint s'établir à Rome, et y prit le nom d'Appius Claudius. On le fit patricien et sénateur.

Valérius Publicola, l'un des trois fondateurs de la liberté, mourut l'an de Rome 251 [1]. Il avait été quatre fois consul; honoré de deux triomphes, sa modestie rehaussait sa gloire, et sa popularité fai-

---

[1] An de Rome 251. — Avant Jésus-Christ 501.

sait aimer son pouvoir. Ce citoyen intègre mourut si pauvre, que le trésor public fut obligé de payer ses funérailles. Il légua à ses enfants un immense héritage de vertus et de renommée. Les dames romaines portèrent son deuil un an.

La guerre continuait contre les Sabins; les consuls Virginius et Spurius Cassius prirent la ville de Pométie. On leur décerna l'honneur du triomphe. Cette victoire inquiéta les Latins et les Fidénates, qui se disposèrent à embrasser la cause des Sabins.

Cette même année, les esclaves formèrent dans Rome une conspiration en faveur de Tarquin. Beaucoup de prolétaires et de citoyens ruinés se joignirent à eux. On découvrit le complot, et les chefs furent envoyés au supplice. Le sénat offrit des sacrifices aux dieux, et ordonna des jeux publics pendant trois jours.

Les Romains, poursuivant leurs succès, battirent Tarquin, assiégèrent Fidène et la prirent d'assaut. Les Latins, alarmés de ces succès, se rassemblèrent à Férentin. Trente cités, ayant accusé sans fondement les Romains d'avoir enfreint les traités, leur déclarèrent la guerre. Sextus Tarquin et Octavius Manilius prirent le commandement de leurs armées réunies.

Tandis que cet orage menaçait Rome, des troubles intérieurs éclatèrent dans la ville. La classe la plus nombreuse et la plus pauvre des citoyens, accablée de dettes, en demandait l'abolition, refusait de s'enrôler, et menaçait de quitter ses foyers. Les consuls tentèrent inutilement de les ramener à l'obéissance par leurs exhortations : les opinions dans le sénat étaient divisées; une partie des sénateurs voulait qu'on employât la rigueur, les autres opinaient pour l'indulgence.

Valérius, frère de Publicola, prit la défense du peuple. « Les pauvres, dit-il, vous exposent qu'il leur
» est inutile de vaincre les ennemis du dehors, s'ils
» trouvent au-dedans des créanciers plus impitoya-
» bles. Comment voulez-vous qu'ils combattent
» pour votre liberté, si vous ne protégez pas la leur?
» Craignez que le désespoir ne les pousse à la ré-
» volte, et que la rigueur de leurs créanciers ne les
» livre au parti qui leur tend les bras. Dans une
» pareille circonstance, Athènes, suivant l'avis de
» Solon, abolit les dettes. Que pouvez-vous repro-
» cher au peuple? il n'a d'autre tort que sa pauvreté;
» elle doit exciter la pitié et non la haine. La justice
» vous ordonne de lui accorder des secours indis-
» pensables, quand vous exigez qu'il verse son sang
» pour la patrie. »

Appius Claudius, violent et dur comme toute sa race, soutint que la loi devait être inflexible, qu'elle parlait pour les créanciers, et qu'on ne pouvait abolir les dettes sans la violer. « Cette abolition,
» ajoutait-il, porterait atteinte à la foi des contrats,

» seuls liens de la société humaine; par là vous dé-
» truiriez la confiance publique; les pauvres eux-mê-
» mes maudiraient bientôt votre faiblesse : une jouis-
» sance momentanée consommerait leur ruine; ils
» n'auraient plus de crédit, et trouveraient à l'ave-
» nir toutes les bourses fermées. Ne les protégez
» pas injustement par votre autorité; laissez aux
» propriétaires le mérite d'alléger le fardeau des
» débiteurs honnêtes; quant aux hommes ruinés
» par le libertinage, pourquoi redouter leurs mena-
» ces? leur départ serait plutôt un gain qu'une perte
» pour la république. Soyez sévères, et vous serez
» obéis. La faiblesse alimente les séditions, et l'or-
» dre ne se maintient que par la crainte. »

Après une longue discussion, le sénat décida qu'on ne prononcerait sur ces contestations qu'à la fin de la guerre, et sur un nouveau rapport des consuls. En attendant, on accorda un sursis aux débiteurs.

Ce décret n'apaisa pas le peuple, qui se méfiait du sénat. Cependant le danger croissait toujours : les Latins, dont on redoutait la puissance, formaient rapidement leurs légions; le peuple persistait dans son refus de prendre les armes. Le sénat n'osait employer des moyens de rigueur qui auraient été sans effet, puisque la loi de Publicola permettait d'appeler au peuple des ordonnances des consuls. D'un autre côté, en abrogeant la loi

Valéria, on était certain d'exciter la fureur populaire.

Dans cette crise effrayante le sénat conçut l'idée d'une institution nouvelle, la création d'un magistrat temporaire revêtu d'un pouvoir absolu. La nécessité, le plus impérieux des législateurs, fit adopter unanimement cette résolution.

Le décret qui créa cette autorité nouvelle portait que les consuls se démettraient à l'instant de leurs charges, ainsi que tous les administrateurs, et qu'ils seraient remplacés par un seul magistrat, choisi par le sénat et confirmé par le peuple. Son pouvoir ne devait durer que six mois.

La multitude, qui, semblable au malade, aime toujours à changer de position dans l'espoir de se trouver mieux, ne comprit pas les conséquences de ce décret, et l'approuva. La joie même qu'il lui causa fut telle, qu'il laissa au sénat l'élection définitive du maître qu'on allait lui donner. Ainsi ce remède violent, qui plus tard tua la liberté, sauva pour lors la république, et le sénat n'eut plus que l'embarras du choix.

Les deux consuls Lartius et Clælius étaient tous deux recommandables par leurs vertus et par leurs talents. Le sénat décida que l'un d'eux nommerait l'autre. Cette décision, loin d'exciter une lutte d'ambition, fit naître un combat de modestie. Chacun des consuls donna sa voix à son collègue qui la refusa. Cette rare dispute dura vingt-quatre heures: enfin les instances de leurs parents et de leurs amis communs forcèrent Lartius à consentir que son collègue le nommât *magister populi* (maître du peuple). Cette charge fut plus connue dans la suite sous le titre de dictateur [1].

Lartius, premier dictateur, créa un maître de la cavalerie (*magister equitum*), chargé d'exécuter tous ses ordres, et donna cette charge à Spurius Cassius, consulaire, c'est-à-dire qui avait déjà été consul. Le dictateur reçut le pouvoir illimité de faire la guerre ou la paix, de prendre seul toutes les décisions nécessaires en administration, et de juger sans appel. Il doubla le nombre des licteurs, et leur fit reprendre les haches, moins pour s'en servir que pour effrayer.

Ce pouvoir absolu saisit le peuple de crainte; privé de la ressource d'un appel aux curies, son obéissance fut sans bornes comme l'autorité du dictateur.

Les plaintes cessèrent; on prit les armes. Le dénombrement produisit cent cinquante mille sept cents hommes au-dessus de seize ans. Lartius en forma quatre corps d'armée; il commanda le premier, donna le second à Clælius, le troisième au général de la cavalerie, et le quatrième à son frère Spurius

---

[1] An de Rome 256. — Avant Jésus-Christ 496.

Lartius, qu'il chargea du soin de défendre la ville.

Un corps de Latins s'était avancé imprudemment sur le territoire de Rome, Clælius le battit et fit beaucoup de prisonniers. Le dictateur prit généreusement soin des blessés, et renvoya les prisonniers sans rançon, avec des ambassadeurs patriciens qui déterminèrent les Latins à retirer leurs armées et à conclure une trêve d'un an.

Après ce double succès des armes et des négociations, le dictateur rentra à Rome sans avoir exercé aucune rigueur; et, sans attendre le temps prescrit, il abdiqua et nomma des consuls. Cette sagesse du premier dictateur fit aimer la dictature, seul remède efficace que l'imparfaite constitution de Rome pouvait appliquer aux maladies de la liberté. Lartius traça par ses vertus une route que, pendant plusieurs siècles, tout les dictateurs suivirent jusqu'au moment fatal de la chute de la république.

Un décret du sénat, rendu sous les nouveaux consuls, permit aux femmes latines mariées avec les Romains et aux Romaines mariées avec des Latins de se fixer dans celui des deux pays qu'elles préféreraient. Toutes les Latines restèrent à Rome; toutes les Romaines y revinrent.

A l'expiration de la trêve, la guerre recommença. Les consuls Aulus Posthumius et Titus Virginius crurent une dictature nécessaire. Le choix tomba sur Posthumius, qui nomma Ébutius Elva général de la cavalerie. Des deux côtés on se mit en campagne, et les deux armées se rencontrèrent près du lac de Régille.

Les forces romaines montaient à trois mille chevaux et vingt-quatre mille fantassins, celles des Latins à quarante mille soldats et trois mille cavaliers. Sextus Tarquin commandait l'aile gauche des Latins; Octavius Manilius la droite. Le centre, composé des Romains bannis, avait pour chef Titus Tarquin : Tite-Live met à sa place le vieux roi de Rome, âgé alors de quatre-vingt-dix ans. La gauche des Romains était dirigée par Ébutius, la droite par Virginius; le dictateur commandait le centre. Celui-ci voulait retarder le combat à cause de l'inégalité des forces; mais dès que les Romains aperçurent les Tarquins, la colère sembla doubler leur nombre. Ils demandèrent à grands cris qu'on laissât le champ libre à leur courage. Dans ce même moment, le dictateur apprit que les ennemis attendaient un renfort. Trouvant alors tout délai dangereux, il donne le signal du combat.

Les deux armées volent l'une au-devant de l'autre; on se heurte, on se presse, on se mêle : tous s'attaquent corps à corps. Les chefs se battent comme les simples soldats : le centre des Latins plie; Titus est blessé; il s'absente un moment. Sextus Tarquin accourt et rallie les fuyards : le combat se rengage; Ébutius et Manilius se percent tous deux de leurs lances; mais ce dernier, après s'être fait panser, revient au combat. Valérius, frère de Publicola, et lieutenant d'Ébutius, aperçoit Tarquin, l'attaque, et le force à se retirer. En le poursuivant, Valérius est blessé à mort, et les Latins reprennent l'avantage. Le dictateur, voyant sa gauche battue par les exilés, y fait passer de la cavalerie qui les enfonce et les met en fuite. Titus Tarquin périt dans la mêlée. Manilius veut secourir les siens; un général romain, Herminius, le perce de sa lance, le tue, et se voit frappé d'un coup mortel au moment où il voulait enlever l'armure de son ennemi. L'aile gauche des Latins, commandée par Sextus Tarquin, résistait encore : le dictateur charge à la tête de sa cavalerie; Sextus, se voyant vaincu, se précipite avec fureur au milieu des Romains, renverse tout ce qu'il rencontre, et, couvert de blessures, tombe, et meurt plus glorieusement qu'il n'avait vécu. Les Latins prirent la fuite, et leur camp devint la proie du vainqueur. Ils perdirent trente mille hommes dans cette journée.

Les Romains racontaient qu'ils avaient vu deux cavaliers d'une taille plus qu'humaine, marchant à leur tête, faisant un grand carnage des ennemis, et que le soir même ils parurent à Rome sur la place, annoncèrent la victoire, et disparurent. On les prit pour Castor et Pollux. Tite-Live ne parle pas de cette fable, et dit seulement qu'après cette guerre on érigea un temple à Castor.

Le dictateur rentra triomphant dans Rome; les Latins se soumirent, et demandèrent la paix.

Les Volsques, leurs alliés, arrivés trop tard à leur secours, s'étaient retirés. Le sénat, délibérant sur les propositions pacifiques des Latins, leur répondit: « Vous méritez d'être pnnis; mais Rome » préfère la gloire de la clémence au plaisir de la » vengeance. Notre origine est commune; retour- » nez dans vos foyers; rendez-nous nos déserteurs; » chassez de chez vous nos bannis, et nous accueil- » lerons vos demandes. »

Peu de temps après, les ambassadeurs latins revinrent à Rome, amenant les déserteurs enchaînés, et déclarant que les bannis étaient sortis de leur territoire. Par ces sacrifices ils obtinrent la paix, qui termina la guerre des Romains contre les tyrans. Elle avait duré quatorze ans,

Tarquin, âgé de quatre-vingt-dix ans, dépouillé de sa couronne, privé de sa famille, chassé par les Latins, par les Étrusques et par les Sabins, se retira en Campanie, à Cumes, chez le tyran Aristodème, et y mourut. La nouvelle de sa mort causa une joie universelle à Rome [1].

---

[1] An de Rome 258. — Avant Jésus-Christ 494.

CHAPITRE IV.

Troubles à Rome. — Guerre avec les Volsques. — Cruauté d'Appius. — Honneurs du triomphe refusés à Servilius. — Guerre avec les Sabins. — Nomination d'un dictateur. — Victoire sur les Sabins. — Retraite de l'armée et du peuple au mont Sacré. — Députation du sénat aux rebelles. — Création des tribuns du peuple. — Nouvelle guerre avec les Volsques. — Siége et prise de Corioles. — Exploits de Marcius, surnommé Coriolan. — Famine à Rome. — Ambition et orgueil de Coriolan. — Violence exercée contre lui. — Son appel en jugement. — Son jugement. — Sa condamnation. — Son exil. — Nouvelle guerre avec les Volsques par l'artifice de Tullus. — Siége de Rome par Coriolan. — Ambassade envoyée à Coriolan. — Députation de la famille de Coriolan. — Paix avec les Volsques. — Nouveaux troubles à Rome. — Mort de Cassius. — Nouvelles guerres avec les Volsques et les Éques. — Guerre avec l'Étrurie. — Dévouement de Fabius Cæso. — Mort de trois cents braves. — Défaite des Romains. — Victoire de Valérius. — Troubles intérieurs. — Révolte de Voleron. — Peste dans Rome. — Indiscipline et décimation de l'armée. — Nouvelle division des deux ordres de l'état. — Pouvoirs des consuls dans les grands périls. — Consulat et victoire de Posthumius. — Nouvelle peste dans Rome. — Despotisme des consuls. — Exil du fils de Cincinnatus. — Conspiration d'Herdonius. — Sa mort. — Consulat de Cincinnatus. — Son retour à la campagne. — Sa dictature. — Sa victoire sur les ennemis punis par le joug. — Rappel de son fils. — Abdication de Cincinnatus. — Son retour à Rome. — Discussion pour la loi agraire. — Ambassade à Athènes. — Création des décemvirs. — Abdication des consuls.

Toute autorité abuse de ses avantages. Les sénateurs, délivrés de la crainte des tyrans, crurent pouvoir sans danger opprimer le peuple que leur injustice porta à la révolte.

Les Volsques et les Herniques, informés de la division qui régnait à Rome, saisirent le moment favorable pour l'attaquer. Ils communiquèrent leur projet aux Latins; mais ceux-ci livrèrent leurs ambassadeurs au sénat, et l'avertirent du danger qui le menaçait.

Sous le consulat d'Appius Claudius et de Publius Servilius, la fermentation populaire s'accrut et prit le caractère le plus alarmant. Un citoyen se présente un jour au milieu de l'assemblée du peuple : il porte une longue barbe; sa robe est déchirée; la pâleur de son visage, ses cheveux hérissés et son regard farouche permettent à peine à ses anciens compagnons d'armes de reconnaître en lui un brave centurion couvert de cicatrices.

On s'attroupe, on l'entoure, on l'interroge : il dit que les Sabins avaient ravagé son champ et pris son troupeau; qu'on n'en avait par moins exigé de lui le tribut; que pour le payer, ayant emprunté à gros intérêts et vendu tout ce qu'il possédait, son créancier inflexible le retenait chez lui, le traitait non-seulement comme un esclave, mais en criminel, et le frappait fréquemment de verges, dont il portait et montrait les marques.

A cette vue, un cri général s'élève; l'indignation s'accroît en se répandant. La foule accourt de tous les quartiers de la ville; on menace les sénateurs; les débiteurs montrent leurs chaînes et leurs cicatrices; ils demandent violemment l'assemblée du sénat.

Peu de sénateurs osent y suivre les consuls : comme ils se trouvaient en trop petit nombre pour délibérer, ils attendent leur collègues. Ce retard est regardé comme une trahison; la sédition redouble de violence; enfin les sénateurs arrivent, et la délibération commence. Au même instant se montre un courrier envoyé par les Latins pour annoncer qu'une nombreuse armée de Volsques marche sur Rome. Cette nouvelle consterne le sénat, et répand la joie parmi le peuple. « Les dieux, disait-il, nous » envoient des vengeurs; les sénateurs recueillent » seuls tous les fruits de la guerre, ils doivent seuls » en courir les dangers. » Il jure de nouveau de ne pas s'enrôler. Le sénat se sépare.

Servilius, consul, se présente à l'assemblée du peuple : « L'ennemi, s'écrie-t-il, est à vos portes! » Il n'est plus question de délibérer; il faut agir! Il » serait également honteux au sénat de vous faire » des concessions par crainte, à vous de les exiger » et de vous faire payer pour combattre! Chacun » ne doit plus s'occuper que du salut de la patrie : » après la campagne, nous parlerons de nos intérêts. » Jusqu'à la paix, que toute discussion cesse entre » nous. Le sénat accorde un sursis aux débiteurs » pendant toute la durée de la guerre. »

La modération et la sage fermeté du consul apaisent tout à coup la furie du peuple, comme un doux rayon dissipe un orage. D'après ses ordres, on fait un dénombrement qui produit cent cinquante mille sept cents hommes. Chacun s'enrôle avec ardeur; on marche, on joint l'ennemi. Les débiteurs demandent les premiers, à grands cris, le combat. L'intrépidité romaine enfonce les Volsques, les met en fuite, et livre leur camp au pillage. Le consul conduit l'armée à Suessa Pométia, et la prend d'assaut. Un riche butin récompense la valeur du soldat.

Pendant ce temps, l'impitoyable Appius, resté à Rome, ordonne d'amener sur la place publique trois cents enfants, otages des Volsques, de les frapper de verges, et de leur abattre la tête. Il couvre ainsi le nom romain d'une tache odieuse.

De retour à Rome, Servilius, vainqueur, devait jouir des honneurs du triomphe. Appius les lui fait refuser par le sénat, et l'accuse de s'être montré trop populaire. Servilius, irrité, convoque le peuple au Champ-de-Mars, retrace tous les détails de ses victoires, se plaint de l'iniquité du sénat, et, bravant injustement un injuste décret, marche en triomphe au Capitole, suivi de tous les citoyens.

La guerre finie, le peuple réclama l'exécution des promesses qu'on lui avait faites. L'orgueilleux consul Appius méprise ses plaintes, rejette ses demandes, et juge toutes les causes des débiteurs suivant la rigueur des lois, et en faveur des créanciers, qui oppriment plus que jamais les pauvres.

Servilius, forcé de respecter la loi, et pressé par le peuple de plaider sa cause, flotta entre les deux partis, et les mécontenta tous deux.

Les consuls se disputaient dans ce moment l'honneur de faire la dédicace du temple de Mercure. Le peuple, pour les mortifier, en chargea un simple officier nommé Létorius. Son ressentiment ne se borna pas à cette puérile vengeance : méprisant les jugements d'Appius, il s'opposa à leur exécution, et maltraita ses huissiers en sa présence; et comme il avait fait arrêter par ses licteurs un chef des séditieux, la multitude l'arracha de leurs mains.

Les nouveaux consuls, Véturius et Virginius, se trouvèrent, comme leurs prédécesseurs, entre la crainte d'une révolte et celle de la guerre dont on était menacé par les Sabins. Dans tous les quartiers, le peuple s'attroupait le jour et la nuit; résistant à la douceur des consuls, et bravant leur aurorité, il refusait de s'enrôler, et désarmait les licteurs qui voulaient arrêter les réfractaires.

Le sénat balançait entre l'avis de Virginius, qui prétendait qu'on établît une distinction entre les débiteurs; celui de Largius, qui proposait l'abolition des dettes, et celui d'Appius, qui demandait qu'on nommât un dictateur. On se rangea enfin à ce dernier avis; mais au lieu de choisir un patricien sévère, comme le voulait Appius, on choisit Manius Valérius, connu par la modération de son caractère. Ce choix calma le peuple.

Valérius leva trois corps d'armée; les deux consuls et lui les commandaient. La fortune couronna leurs armes : ils remportèrent tous des avantages. Le dictateur gagna une bataille sur les Sabins, et sa victoire lui valut le triomphe. On lui accorda de plus une place distinguée au cirque et une chaise curule.

De retour à Rome, Valérius, après avoir licencié les troupes, fit entrer quatre cents plébéiens dans la classe des chevaliers. Il proposa ensuite au sénat un décret pour abolir les dettes. Les jeunes sénateurs, oubliant le respect dû à la dictature, s'emportèrent violemment contre lui. Après leur avoir imposé silence pour soutenir son autorité, il sort du sénat, convoque le peuple, et déclare que les sénateurs l'insultent et lui font un crime de son amour pour ses concitoyens, ainsi que du licenciement de l'armée. « Plus jeune, dit-il, je me serais » vengé de ces outrages; mais comme mon âge sep- » tuagénaire ne me permet pas d'en tirer vengeance » ni de vous faire rendre justice, j'abdique une di- » gnité qui vous devient inutile. »

La multitude émue le reconduisit avec honneur

chez lui. La colère publique paraissait au comble : le sénat, par un décret, venait d'annuler le licenciement ; mais le respect pour le serment était tel alors que les soldats, quoique furieux, n'étant pas déliés par un congé officiel, n'osaient quitter leurs enseignes. Ils obéirent donc, et se rendirent au camp ; ils voulaient d'abord tuer les consuls pour se délivrer à la fois de leurs serments et de leurs ennemis. Sicinius leur prouva que ce crime ne les dégagerait pas de leurs liens ; mais il leur proposa, pour éluder le serment et pour calmer leur conscience, de se retirer en emportant avec eux leurs enseignes, qu'ils avaient juré de ne pas quitter.

Adoptant tous avec transport cet avis, ils cassèrent leurs centurions, en nommèrent de nouveaux, et se retirèrent sur le Mont-Sacré, nommé Tévéron.

Le sénat, se repentant alors de n'avoir pas suivi les conseils de Valérius, envoya une députation aux rebelles, afin de les apaiser par des promesses et de les ramener à l'obéissance. Sicinius répondit aux députés : « Nous ne croyons plus à vos paroles ; » vous voulez être seuls maîtres de la ville, res- » tez-y ; les pauvres ne vous gêneront pas. Là où » nous trouverons la liberté, là sera notre patrie. »

Bientôt la plus grande partie du peuple se joignit à eux sur le Mont-Sacré ; ils s'y fortifièrent, observèrent une exacte discipline, et ne se permirent aucun pillage. Cette bonne police, cet ordre nouveau dans une sédition, la rendaient plus imposante et plus redoutable.

On devait alors élire de nouveaux consuls; personne ne se présenta pour briguer cet honneur dangereux. On nomma d'office Posthumius Cominius et Spurius Cassius.

La discussion la plus vive continuait dans le sénat. Les jeunes sénateurs opinaient avec Appius pour la sévérité, et les anciens pour la douceur. Un de ces derniers, Agrippa Ménénius, qui tenait aux patriciens par son rang actuel, mais dont la famille avait été tirée du peuple par Brutus lorsqu'il compléta le sénat, parla avec tant d'éloquence de la nécessité d'employer la modération pour rétablir la concorde et pour sauver la patrie, qu'il réunit tous les suffrages. D'après son avis, on donna des pleins pouvoirs à dix sénateurs pour traiter de la paix.

Ménénius, nommé le premier, se rendit avec eux au camp des rebelles; là, il fit valoir adroitement cette déférence du sénat; et, après avoir tracé un tableau effrayant des malheurs qui suivent les dissensions et qui entraînent la ruine des états, il finit par cet apologue : « Dans le temps où les membres
» du corps humain ne s'accordaient pas, comme à
» présent, ils conspirèrent contre l'estomac, qui,
» seul oisif, jouissait du travail de tous les autres.
» Alors les mains ne voulurent plus porter des ali-

» ments, la bouche les recevoir, les dents les broyer :
» bientôt le corps tomba en inanition ; tous les mem-
» bres souffrants reconnurent enfin l'utilité de l'es-
» tomac, qui, nourri par eux, leur distribuait le
» sang, la force et la vie. »

Le peuple saisit facilement le sens de cette fable, et se l'appliqua. Ménénius, voyant les esprits mieux disposés, proposa, pour terminer tous les différends, d'affranchir de leurs dettes les débiteurs reconnus insolvables, de rendre la liberté à ceux qui étaient actuellement en prison, et de décider que le sénat et le peuple, de concert, feraient ultérieurement une loi qui réglerait les droits des créanciers et ceux des débiteurs.

Le peuple accueillit ces propositions ; mais il demanda en même temps, pour s'affranchir de l'autorité illimitée d'un dictateur, la création de deux magistrats choisis dans les rangs des plébéiens, et chargés de veiller à leurs intérêts et de prendre leur défense. Les députés rapportèrent cette demande au sénat, qui adhéra.

Appius protesta contre cette innovation, qui, disait-il, causerait la perte de la république. Malgré sa résistance, on élut par curies ces deux magistrats. Lucius Junius Brutus et Caïus Sicinius Bellutus exercèrent les premiers cette charge. On les nomma *tribuns du peuple*. Leurs personnes furent déclarées inviolables, et la loi qui les créait sacrée. On élut aussi deux magistrats annuels, sous le titre d'*édiles,* qui exécutaient tous les ordres des tribuns. Ainsi, l'orgueil et l'avarice des patriciens se virent punis par cette révolte, qui se termina à l'avantage du peuple et aux dépens de l'autorité du sénat [1].

D'abord les tribuns ne devaient servir que d'appui aux pauvres contre les grands; bientôt on établit que l'opposition d'un seul de ces magistrats à un décret du sénat suffirait pour en suspendre l'exécution ; enfin ils travaillèrent avec tant d'ardeur et de constance à l'élévation du peuple et à l'abaissement des patriciens, qu'on les vit quelquefois, plus puissants que les consuls, les arrêter et les mettre en prison.

La paix intérieure rétablie, on s'occupa des mesures à prendre pour terminer la guerre contre les Volsques. Posthumius Cominius, commandant l'armée romaine, battit les ennemis, s'empara de deux villes, et assiégea Corioles. Après deux assauts infructueux, il voulait en tenter un troisième, lorsqu'il apprit que les Antiates marchaient au secours des Volsques. Le consul alors, partageant son armée, en laissa la moitié devant Corioles, et conduisit l'autre au-devant de ces nouveaux ennemis.

---

[1] An de Rome 261. — Avant Jésus-Christ 491.

Largius commandait le corps qui continuait le siége. Dans cette troupe brillait un jeune officier patricien, nommé Marcius, également ardent pour concevoir et pour exécuter de grandes entreprises. Privé de son père dans son enfance, sa mère Véturie, femme d'une austère vertu, avait formé son caractère, dont l'opiniâtre fermeté causa sa gloire et ses malheurs. Insensible à la volupté, infatigable dans les travaux, intrépide dans les dangers, il était indomptable dans le combat, impérieux dans le commandement, et souvent intraitable avec ses égaux.

Les habitants de Corioles, espérant profiter du secours qui leur arrivait, et voyant l'armée romaine affaiblie, prennent tous les armes, ouvrent leurs portes, et se précipitent avec impétuosité sur les assiégeants. Les Romains, après une courageuse résistance, cèdent au nombre, et se retirent en désordre ; Marcius, indigné de cette fuite, s'arrête avec quelques braves, soutient seul l'effort des ennemis, les force de plier à leur tour, et appelle à grands cris les Romains. Ceux-ci, honteux de leur faiblesse, se rallient à lui, poursuivent les Volsques, entrent pêle-mêle avec eux dans Corioles, et s'en emparent.

Après cet exploit, Marcius, suivi de ses braves compagnons, court à l'armée du consul : elle était prête à livrer bataille ; les soldats s'occupaient, suivant l'usage, à dicter leurs dernières volontés, ce qui se faisait en se nommant un héritier devant quatre témoins. Marcius apprend au consul la prise de Corioles; cette nouvelle imprévue répand la confiance dans le camp romain, et l'effroi dans celui des Antiates. On donne le signal du combat: Marcius, chargeant le premier, renverse tout ce qu'il rencontre, enfonce les rangs, abat les soldats, et perce leurs chefs. Quoique enveloppé et assailli de tous côtés, il pénètre jusqu'au centre de l'armée ennemie; son audace et sa force y répandent la crainte; ses coups étaient si terribles, que la foule des guerriers qui l'entouraient osait rarement l'approcher, et la peur semblait tracer un large cercle autour de lui. Cependant, couvert de la nuée de traits qu'on lui lançait, il allait peut-être succomber, lorsque l'élite des troupes romaines, formée en masse, vole à son secours, enfonce les ennemis, s'ouvre un passage, et arrive jusqu'au héros, qu'elle trouve presque seul, couvert de blessures, et entouré, comme d'un rempart, d'une foule de Volsques qu'il avait immolés. Marcius, ranimé par l'appui qu'il reçoit, s'élance, et fait un affreux carnage; les Volsques prennent la fuite. Il semblait qu'on n'avait plus d'ennemis à combattre, mais des esclaves à chasser. La victoire fut complète : les Volsques signèrent la paix, et le traité qu'ils conclurent, gravé sur une colonne, apprit seul à la postérité le nom du chef de l'armée que le jeune Marcius couvrit de gloire.

Cependant, le consul eut un mérite très-rare, celui de n'être pas jaloux des exploits du jeune guerrier. A la tête des troupes, il le combla d'éloges, le couronna de lauriers, lui fit présent d'un cheval richement enharnaché, et lui donna dix prisonniers avec la dixième partie du butin.

Marcius remercia le consul de ses louanges, et refusa ses présents : il n'accepta que le cheval, et un seul prisonnier, qu'il désirait délivrer, parce qu'il avait été précédemment son hôte. Cette modération mit le comble à sa gloire, et le vœu unanime de l'armée lui décerna une récompense plus durable que les richesses qu'il avait refusées : elle lui donna le nom de Coriolan.

La paix conclue, le consul ramena les troupes à Rome, et les licencia. On renouvela le traité avec les Latins, et on ajouta un troisième jour aux féries latines. Les édiles nouvellement créés furent chargés de la surintendance de ces fêtes.

Dans ce temps, mourut Ménénius Agrippa, dont la sagesse avait pacifié Rome. Les tribuns prononcèrent son éloge; et, comme il n'était riche qu'en vertus, le peuple paya ses funérailles. Le sénat, par émulation, ordonna que le trésor public en acquitterait les frais; mais aucun citoyen ne voulut accepter son remboursement.

Rome souffrit alors d'une grande disette; elle avait envoyé acheter des blés en Sicile, le tyran de Cumes s'en empara. Les Volsques voulaient profiter de cette circonstance pour recommencer la guerre; mais une peste affreuse ravagea le pays, et emporta les neuf dixièmes de leur population. Les Romains, touchés de leur sort, envoyèrent une colonie pour réparer leur perte.

La famine continuait toujours à Rome, quoiqu'on y eût reçu des secours d'Étrurie. Le peuple et les tribuns accusèrent les riches d'accaparement, et prétendirent qu'ils n'avaient envoyé chez les Volsques une colonie de citoyens pauvres que pour les faire mourir de la peste.

Les consuls s'indignaient de voir les tribuns prendre la parole devant les assemblées, qu'eux seuls croyaient avoir le droit de haranguer. Dans une de ces altercations tumultueuses, l'un de ces consuls dit imprudemment: « Nous avons convo- » qué l'assemblée, la parole nous appartient. » Alors l'édile Junius s'écrie: « Peuple! vous l'avez » entendu! tribuns, cédez la place aux consuls. » Laissez-les aujourd'hui haranguer à leur gré; de- » main je vous prouverai l'étendue de votre di- » gnité. »

Le jour suivant les tribuns, convoquant le peuple, se trouvèrent les premiers sur la place. L'un d'eux, Icilius, montant sur les degrés du temple de

Vulcain, proposa une nouvelle loi qui défendait à qui que ce fût, sous peine d'amende ou même de mort, d'interrompre les tribuns dans les assemblées qu'ils auraient convoquées. Le peuple vota la loi, et le sénat n'osa y refuser son assentiment.

Les pauvres, satisfaits de ce triomphe, supportèrent avec plus de patience la disette. Les riches vinrent à leur secours; on leva une armée pour se débarrasser des bouches inutiles: peu d'hommes s'enrôlèrent; mais Coriolan les commandait. Sa faible armée eut d'éclatants succès, et il revint avec une si grande quantité d'esclaves, de blés et de bestiaux, que la multitude, qui s'était soustraite au service militaire, reprocha aux tribuns de l'avoir détournée de cette expédition.

Coriolan, regardant le consulat comme une récompense due à ses services, crut pouvoir obtenir, sans opposition, une charge si bien méritée; mais la coupe de la gloire enivrait Marcius: oubliant que sa réserve avait doublé l'éclat de ses premiers exploits, il parut aussi orgueilleux à Rome qu'il s'était montré modeste à l'armée. La liberté veut que les magistrats soient populaires; l'usage exigeait que les candidats au consulat sollicitassent les suffrages de leurs concitoyens. Il existait même des hommes, appelés *nomenclateurs*, qui disaient aux candidats les noms des citoyens qu'ils rencontraient, afin qu'ils pussent leur adresser la parole. Le peuple était favorablement disposé pour Coriolan ; mais, le jour de l'élection, ce fier guerrier se montra environné de tant de patriciens, il affecta tant de hauteur, qu'il semblait commander plutôt que solliciter. La multitude, choquée de cette arrogance, passa subitement de l'amour à la haine; elle élut pour consuls M. Minutius et A. Sempronius.

L'orgueil de Coriolan ne put supporter ce refus, qu'il regarda comme un affront. Tout ambitieux doit s'accoutumer aux orages de l'océan populaire, les calmer au lieu d'irriter leur furie, et capter une bienveillance qu'on ne peut forcer.

Le caractère de Marcius était inflexible : loin de ménager le peuple, sa colère éclata sans mesure. Dans ce même temps les députés qu'on avait envoyés en Sicile en ramenèrent beaucoup de vaisseaux chargés de blés. Le roi de Syracuse en donnait une partie aux Romains; l'autre était achetée par les députés.

La distribution de ces grains devint l'objet d'une grande contestation dans le sénat. Les plus sages conseillaient de distribuer gratuitement aux pauvres le blé donné par le roi, et de vendre le reste à bas prix ; les autres voulaient que tout fût vendu, afin d'enrichir le trésor public.

« Si le peuple veut des distributions comme au-
» trefois, dit Coriolan, qu'il nous respecte donc, et
» qu'il cesse d'usurper nos anciens priviléges. De

» quel droit attendrait-il des graces de ceux qu'il
» insulte? Je ne m'accoutumerai jamais à l'inso-
» lence de ces magistrats nouveaux qui nous asser-
» vissent, et je ne puis souffrir de ramper comme
» un esclave aux pieds d'un plébéien, aux pieds
» d'un Sicinius, aussi odieux et aussi méprisable
» que les Tarquins, dont nous avons châtié l'orgueil.
» Qu'il se retire, s'il le veut, sur le Mont Sacré
» avec sa populace, je lui en ouvrirai moi-même les
» chemins. Elle se plaint de la famine : sa révolte en
» est la seule cause, puisque, préférant la sédition
» au travail, elle a laissé ses terres incultes. Point
» de pitié pour ces factieux! l'excès du malheur
» peut seul ramener à la sagesse. »

Les tribuns assistaient à cette séance ; le peuple, informé par eux de la violente sortie de Coriolan, entre en fureur, et veut forcer les portes du sénat. Les tribuns parviennent à lui prouver que son courroux ne doit se porter que sur le seul Coriolan: on envoie des licteurs pour le chercher; il les maltraite et sort du sénat. Les édiles veulent l'arrêter; les patriciens viennent à son secours ; on se mêle, on se heurte, on repousse les tribuns, on frappe les édiles. La nuit met fin au tumulte.

Les jours suivants se passent en assemblées bruyantes qu'animent des orateurs violents. Enfin Sicinius, au bruit des acclamations du peuple, propose un arrêt qui condamne Coriolan à être précipité du haut de la roche Tarpéienne. Les autres tribuns représentent l'injustice de condamner un citoyen sans l'entendre : on revient à leur avis, et on se borne à décider que l'accusé est appelé en jugement devant le peuple.

Le superbe patricien refuse avec mépris de comparaître. Cependant le sénat craignait les fatales conséquences qui pouvaient résulter de l'opiniâtreté de Marcius et de l'audace des tribuns. Cherchant à capter la bienveillance du peuple, il rendit un décret pour ordonner la vente à bas prix de tous les blés. Cette condescendance ne décida pas les tribuns à se désister de leur poursuite, ils promirent seulement de différer le jugement aussi long-temps que les consuls le désireraient.

Sur ces entrefaites, les Antiates pillèrent les blés qui arrivaient de Sicile; les consuls levèrent une armée contr'eux; la peur ne leur permit pas d'attendre le combat, ils demandèrent la paix.

Les troupes étaient licenciées; Sicinius convoqua le peuple, et fixa un jour pour juger Coriolan. Le sénat s'opposa à l'éxécution de ce décret, et soutint que l'usage de Rome, sous les rois comme sous la république, était de proposer au sénat les décisions importantes avant de les soumettre au peuple.

Le tribun Junius répondit que, la loi Valéria permettant d'appeler au peuple des ordonnances des consuls, on n'était pas obligé d'attendre dans cette circonstance un décret du sénat. « Nous ne » disputons pas, dit-il, à cet illustre corps ses bril-» lantes prérogatives ; mais nous ne souffrirons pas » une inégalité qui nous priverait de nos droits na-» turels. Coriolan a osé dire qu'on devait détruire » le tribunat, cette institution que nous regardons » comme le plus ferme rempart de la liberté; le » peuple a certainement le droit de citer en juge-» ment l'homme qui brave tyranniquement les ma-» gistrats, et de punir le citoyen qui viole les » lois. »

« Vous voyez, s'écrie alors Appius, l'effet de mes » anciennes prédictions ! ce n'est pas Coriolan, » c'est le sénat entier qu'on attaque! Si le peuple » s'arroge le droit de juger tous les sénateurs, il sera » à la fois accusateur, témoin et juge. La loi Valé-» ria n'avait pour objet que d'accorder un soulage-» ment aux plébéiens en leur permettant d'appeler » au peuple des arrêts rendus par les magistrats ; ils » abusent de cette faveur que vous leur avez ac-» cordée; votre condescendance redouble leurs pré-» tentions. Si vous leur cédez encore aujourd'hui, » croyez moi, le sénat est perdu. »

Manius Valérius, plus faible ou plus modéré, dit qu'en abandonnant au peuple la décision de cette affaire, une telle déférence sauverait Coriolan. Il proposa à tous les patriciens d'assister au jugement pour ramener la multitude à la douceur. Conjurant ensuite Coriolan d'abaisser son orgueil et de se justifier avec modestie, il recommanda aux deux partis la sagesse, la concorde et un partage d'autorité qui préserverait à la fois Rome des excès de la tyrannie et du fléau de l'anarchie.

Coriolan alors demanda que les tribuns spécifiassent le crime dont on l'accusait. Ils répondirent: « Nous vous accusons d'aspirer à la tyrannie. » « S'il ne s'agit que de ce prétendu crime, reprit » Marcius, je m'abandonne au jugement du peu- » ple. »

On fixa le jour où il serait entendu; le sénat voulait qu'on opinât par centuries; mais les tribuns firent décider que ce serait par tribus, forme qui assurait la majorité aux pauvres.

Lorsque le peuple fut assemblé, le consul Minutius, montant à la tribune, exhorta les citoyens à ne pas juger Coriolan sur quelques paroles échappées dans la chaleur de la discussion. Il retraça vivement les exploits, les travaux de l'accusé, rappela ses vertus, et représenta au peuple qu'il était de sa générosité de traiter avec clémence l'illustre guerrier qui se livrait à sa discrétion.

Le tribun Sicinius reprocha longuement à Marcius ses démarches pour abolir le tribunat et pour hausser le prix des grains, dans le dessein d'exciter des troubles et de parvenir à la tyrannie.

Coriolan répondit à l'accusation par un compte détaillé de sa vie, de ses combats, de ses victoires. Rappelant au souvenir du peuple le grand nombre de citoyens auxquels il avait sauvé la vie, il invoqua le témoignage des officiers et des soldats présents, qui appuyaient ses paroles par leurs acclamations et par leurs larmes; enfin, déchirant ses habits et montrant ses nombreuses cicatrices, il demanda aux tribuns s'ils trouvaient là des preuves de son crime et des signes de sa tyrannie.

Le peuple, touché par ce discours, se montrait disposé en sa faveur; les tribuns, craignant l'effet de cette émotion, se précipitèrent à la tribune, et reprochèrent vivement à Marcius de n'avoir pas remis au trésor public le butin conquis sur les Antiates, et de l'avoir distribué aux soldats pour en faire des instruments de son ambition.

Coriolan, troublé par cette attaque imprévue, ne put se contenir plus long-temps : il répondit avec violence, laissant échapper des plaintes indiscrètes et d'imprudentes menaces. Son emportement irrita l'esprit léger du peuple; les tribuns, profitant de ce changement, résumèrent soudain leur accusation, et conclurent au banissement perpétuel.

On alla aux voix; neuf tribus opinèrent pour l'absolution et douze pour la condamnation. Ce triomphe sur les patriciens donna au peuple plus d'orgueil et de joie que toutes les victoires qu'il avait remportées sur les nations étrangères.

Coriolan, reconduit par ses amis en pleurs, ne donna pas une marque de faiblesse. La vue de sa femme et de sa mère qui déchiraient leurs vêtements n'amollit point son courage. Après leur avoir conseillé la patience, seul remède convenable dans un tel malheur, il leur recommanda ses enfants, ne voulut rien emporter dans son exil, et partit accompagné d'un petit nombre de clients qui le suivirent jusqu'aux portes de la ville[1].

Il ne dit à personne le lieu qu'il choisissait pour sa retraite. La colère et le désir de la vengeance le conduisirent à Antium, chez les Volsques. Ces peuples puissants, vaincus par les Romains, gardaient dans leur ame de profonds ressentiments. Chaque jour augmentait leur jalousie, leur animosité, et Coriolan concevait l'espoir coupable de les entraîner facilement à la guerre pour venger leurs communes injures.

Il demanda l'hospitalité à l'homme le plus distingué de ce pays par sa naissance, sa richesse et ses exploits : il se nommait Attius Tullus. La haine qu'ils ressentaient tous deux contre Rome fut le lien de leur amitié.

Tullus était impatient de profiter des dissen-

---

[1] An de Rome 263. — Avant Jésus-Christ 489.

sions qui agitaient la république, et de l'incapacité des chefs qui la gouvernaient. Coriolan lui conseilla de différer l'exécution de ses desseins pour en assurer le succès, de réparer les pertes que son pays avait éprouvées par la guerre et par la peste, d'augmenter, de discipliner l'armée, et surtout de se conduire avec assez d'adresse pour faire rompre le traité par les Romains : car, dans cet ancien temps, on combattait avec incertitude et faiblesse lorsqu'on croyait avoir contre soi la justice et les dieux.

Peu de temps après on célébra des jeux publics à Rome. Tullus y envoya toute la jeunesse volsque; et comme on trouvait difficilement des logements dans les maisons particulières pour un si grand nombre d'étrangers, la plupart se retirèrent dans les temples et dans les lieux publics.

Un Romain, suborné par Tullus, vint avertir les consuls que les Volsques avaient formé le projet de les attaquer à l'improviste et de mettre le feu à la ville. Sur ce rapport trop légèrement accueilli, le sénat convoqué ordonna aux Volsques, sous peine de la vie, de partir à l'instant de Rome.

Tullus, sorti le premier, attend sur la route ses concitoyens, les harangue, et les enflamme du désir de se venger d'un affront aussi sanglant.

De retour à Antium, cette jeunesse irritée communique sa fureur à tout le peuple; les Volsques s'assemblent, déclarent la guerre aux Romains pour avoir enfreint le traité, et confèrent le commandement de l'armée à Tullus et à Coriolan.

Celui-ci, à la tête d'une troupe d'élite, entra, sans perdre de temps, sur le territoire de Rome, qu'il ravagea, en prenant la précaution perfide d'épargner les terres des patriciens, afin d'augmenter dans la ville la méfiance et la discorde.

Bientôt Coriolan, commandant une des deux armées levées par les Volsques, s'empara de la ville de Circé, colonie romaine, et se jeta sur les terres des Latins, dans l'espoir d'éloigner les Romains de leurs murs et de leur livrer bataille; mais Rome, trop divisée, n'était pas prête à combattre.

L'année suivante, sous le consulat de Spurius Nautius et de Sextus Furius, Coriolan s'avança jusqu'à deux lieues de Rome. La terreur régnait dans la ville; le peuple, naguère si orgueilleux, demandait bassement qu'on implorât la clémence du banni. Le sénat, gardant plus de dignité, décréta qu'on ne parlerait de paix que lorsque les Volsques auraient évacué le territoire romain; mais bientôt la multitude soulevée le força de céder à ses craintes.

On envoya donc à Coriolan des ambassadeurs, chargés de lui offrir son rappel et de lui deman-

CORIOLAN ET VETURIE.

der la paix. Il répondit avec hauteur que Rome devait restituer toutes ses conquêtes aux Volsques, et leur accorder le droit de cité comme aux Latins, et que, si elle refusait ces propositions, il saurait lui prouver que l'exil n'avait fait qu'accroître ses forces et son courage.

Le sénat, dans l'espoir de fléchir son courroux et d'obtenir des conditions plus douces, fit partir pour son camp une nouvelle députation composée des plus anciens sénateurs, des pontifes et des augures. Coriolan persista durement dans ses refus.

Le péril devenait imminent; le peuple, prompt à punir et lent à combattre, ne fondait plus son espoir sur ses armes. Tout à coup les dames romaines, qui connaissaient la piété filiale de Coriolan, seule vertu que la vengeance lui eût laissée, se rassemblent chez sa mère Véturie, et la supplient d'essayer son pouvoir sur le cœur de son fils.

Cette noble Romaine se met à leur tête avec Volumnie, sa belle-fille, et ses deux enfants. Elles sortent de la ville, pénètrent dans le camp ennemi, et se présentent aux regards de Coriolan.

Cet implacable guerrier, insensible aux prières du sénat, aux supplications des consuls et des pontifes, aux gémissements de sa patrie, s'émeut, se trouble à la vue de sa mère, descend en tremblant de son tribunal, et veut se jeter dans ses

bras. « Attends, dit-elle, avant que je consente à
» t'embrasser, que je sache si je parle à un fils
» ou à un ennemi, si je suis ta mère ou ta captive.
» Comment, sans frémir, as-tu pu ravager la terre
» qui t'a nourri? Comment, à la vue de Rome,
» n'as-tu pas dit : J'attaque les murs sacrés qui
» renferme mes pénates, mes dieux, ma mère, ma
» femme et mes enfants ? Malheureuse! si je n'étais
» pas mère, Rome ne serait point assiégée! Si je
» n'avais pas de fils, je mourrais indépendante au
» sein d'un pays libre! Mais je suis moins à plaindre
» que toi, car j'ai moins long-temps à souffrir; et
» tu te donnes plus de honte que tu ne me causes
» de malheurs. Rentre en toi-même, Coriolan, et
» décide du sort de tes enfants. Si tu poursuis tes
» criminels projets, ils ne peuvent attendre qu'une
» mort prématurée ou un long esclavage. »

A ces paroles, que rendaient plus touchantes
encore les soupirs et les gémissements de toutes
les dames romaines, le fier Coriolan s'attendrit;
l'orgueil cède à la nature; il se jette dans les bras
de sa mère et s'écrie : « Véturie, vous remportez
» sur moi une victoire qui me sera funeste! »

Il se rendit aux vœux de sa patrie, leva le siége
et se retira.

Rome, ainsi délivrée, conclut la paix avec les
Volsques. On ne connaît point avec certitude le
sort de Coriolan : quelques historiens disent que

Tullus, jaloux de sa renommée, le fit assassiner au milieu d'une émeute populaire. Tite-Live et Fabius Pictor prétendent qu'il vécut long-temps, et qu'il mourut dans l'exil. A l'appui de leur opinion, on rapporte de lui ce mot qu'il répétait, dit-on, souvent : « C'est surtout dans la vieillesse que » l'exil est un grand malheur ! »

Les Volsques et les Romains honorèrent sa mort par leurs regrets. Les dames romaines portèrent son deuil. Il fallait le prendre lorsqu'il arma l'étranger contre sa patrie !

Les Romains, loin d'envier aux femmes la gloire d'avoir sauvé leur pays, immortalisèrent leur dévouement par l'érection d'un temple dédié à la Fortune des femmes. On le construisit dans le lieu même où Véturie avait vaincu et désarmé son fils.

Les années suivantes furent signalées par des guerres heureuses contre les Herniques, les Volsques et les Èques. Lorsque la paix les eut terminées, Rome vit lever dans son sein une semence de troubles que la sagesse du peuple et la modération du sénat cherchèrent d'abord à étouffer, mais qui, se développant dans la suite, devint la cause des grands troubles de la république.

Spurius Cassius et Proculus Virginius étaient consuls [1]. Le premier, plus audacieux qu'habile,

---

[1] An de Rome 268. — Avant Jésus-Christ 484.

n'avait dû qu'à ses intrigues les honneurs du triomphe qu'on lui avait décernés. Son ambition démesurée aspirait au pouvoir absolu. Cherchant à se rendre populaire, pour y parvenir il proposa au sénat de distribuer au peuple, par portions égales, les terres conquises. Selon l'antique usage, on en vendait une partie destinée à payer les frais de la guerre; on en réservait une autre pour augmenter le revenu public; le reste était donné aux pauvres.

Quelques patriciens avides avaient trouvé le moyen de se faire adjuger à bas prix les portions de terres vendues. Cassius, s'élevant contre cet abus, voulait les leur faire restituer.

Cette loi agraire, proposée au sénat, y répandit l'alarme; le consul Virginius s'opposa à son adoption, et le peuple, loin d'être aveuglé par une basse cupidité, partagea son opinion, jugeant d'ailleurs que la faveur qu'on lui offrait serait illusoire, puisque les Latins, extrêmement nombreux, devaient, d'après le traité d'union, être compris dans ce partage.

Cassius, déjoué par ce refus sans être découragé, eut recours à un autre moyen. Il proposa de faire rembourser aux pauvres, par le trésor, l'argent qu'ils avaient donné pour acheter les blés envoyés par Gélon, roi de Syracuse; mais, loin de gagner par cet avis l'affection du peuple, comme il l'espérait, il éveilla ses soupçons. Ce peuple clairvoyant s'aperçut que Cassius voulait acheter la tyrannie, et prouva par sa résistance qu'il savait préférer la pauvreté à la servitude.

Fort de l'opinion publique, le sénat, adoptant l'avis d'Appius, rejeta les deux projets, et ordonna qu'on nommerait dix magistrats consulaires, sous le nom de *décemvirs*, chargés de décider quelles seraient les portions de terres qu'on devait vendre, affermer, ou distribuer au peuple. Leur réglement devait être soumis à l'approbation des consuls.

L'année d'après, sous le consulat de Servius Cornélius et de Quintus Fabius, Cassius fut accusé de conspiration. On le convainquit d'avoir amassé des armes, d'avoir reçu de l'argent des Herniques, et d'avoir corrompu un grand nombre de citoyens qui l'accompagnaient toujours. L'adresse de ses réponses, le souvenir de ses services, trois consulats et deux triomphes ne purent le sauver. Il fut condamné à mort, et précipité du haut de la roche Tarpéienne.

Cet acte de justice, privant le parti démocratique d'un ferme appui, redoubla l'orgueil des patriciens. Moins sages que le peuple, ils différèrent la nomination des décemvirs et les distributions promises.

Ce manque de foi fit renaître des dissensions entre le sénat et les plébéiens. Plusieurs guerres entreprises contre les Volsques et les Eques suspendirent ces débats; car, dans tout pays libre, le danger commun rallie les esprits, et la tranquillité intérieure règne lorsque la paix extérieure est troublée.

Cependant, la nomination des décemvirs se retardant toujours, l'humeur des plébéiens s'accrut; et, lorsque les consuls Cæso Fabius et Spurius Furius voulurent les faire marcher de nouveau contre les Volsques et les Èques, ils refusèrent de s'enrôler avant l'adoption de la loi agraire, que le tribun Icilius voulait faire passer.

Appius Claudius tira le sénat d'embarras en lui conseillant de gagner quelques-uns des tribuns, l'opposition d'un seul suffisant pour arrêter toute résolution : cet adroit avis fut adopté. Quatre tribuns se déclarèrent contre Icilius, et l'on décida qu'il ne serait plus parlé de cette loi jusqu'à la fin de la guerre.

Elle fut heureuse pour Furius, qui remporta de grands avantages ; son collègue Fabius, aussi brave, mais plus faible, se vit moins heureux : son armée, indisciplinée, prit la fuite. Cette défaite et la division des esprits à Rome réveillèrent les espérances des vieux ennemis de la république. L'Étrurie arma tous ses habitants et même les esclaves.

Les consuls, effrayés par la défection récente de l'armée de Fabius, se renfermaient dans leur camp, et n'osaient combattre avant d'être plus sûrs des dispositions de leurs soldats. Les ennemis s'approchaient jusqu'aux portes du camp, insultaient les Romains, et les traitaient de femmes et de lâches.

Cependant deux passions opposées agitaient les soldats romains. La haine contre les patriciens les disposait à humilier leurs généraux, et la colère contre l'ennemi enflammait leur courage. Ce dernier sentiment l'emporta : ils pressèrent les consuls de combattre. Ceux-ci, dissimulant leur joie, répondirent qu'il n'était pas encore temps, et qu'ils puniraient ceux qui combattraient sans ordre. Ce refus, comme ils le prévoyaient, irrita les désirs de l'armée : tous les soldats demandèrent à grands cris la bataille. « Je sais, leur dit Fabius, que les Romains peuvent vaincre; mais je doute encore s'ils le veulent. Je ne donnerai point le signal qu'ils n'aient tous juré de ne rentrer à Rome que victorieux. Ils ont trompé leur consul, mais ils ne tromperont jamais les dieux. » Toute l'armée fit le serment et le tint.

Le combat fut long et sanglant; le consul Manlius, poursuivant l'aile gauche de l'ennemi, se vit enveloppé par les Étrusques. Son lieutenant, Quintus Fabius, tomba percé de coups; le consul M. Fabius, avec Cæso, son autre frère, charge l'ennemi, dégage les Romains, et reçoit les derniers soupirs de son frère. Cependant Manlius, blessé, ne peut soutenir le courage de sa troupe, qui commence à plier; mais Fabius accourt et la rallie. Manlius, reprenant ses forces et ses armes, se joint à lui, et tous deux font un grand carnage des Étrusques.

Pendant ce temps un corps ennemi détaché s'était emparé du camp romain. Manlius, informé de cette nouvelle, y revint, les trouva occupés à piller, et les y enferma. Le désespoir accrut leur courage; ils se précipitèrent sur les Romains, tuèrent le consul, forcèrent les portes du camp, et se firent jour; mais ils retombèrent ensuite dans les mains de Fabius, qui les tailla en pièces.

Jamais Rome n'avait remporté de victoire aussi sanglante et contre des ennemis si nombreux. On décerna le triomphe au consul Fabius; mais il refusa cet honneur, qui lui coûtait la perte de son frère.

Les Volsques et les Véiens continuaient toujours leurs attaques contre la république, et, malgré leurs défaites, ils ravageaient sans cesse le territoire romain. Le sénat, pour mettre un frein à leur brigandage, aurait voulu construire une forteresse et y placer une garnison; mais la république était épuisée d'hommes et d'argent.

Fabius Cæso, prenant alors la parole, demanda la permission de faire, seul avec sa famille, les dépenses de cette construction, et de fournir les guerriers qui devaient la défendre.

Le peuple, enthousiasmé de cette offre généreuse, dit que, s'il existait à Rome deux familles comme celle des Fabius, la nation pourrait se reposer sur elles de sa défense, et jouir pendant la guerre de la plus profonde paix.

La civique proposition de Cæso fut acceptée. Le lendemain on vit le consul avec trois cent six soldats, tous de sa famille, tous patriciens, tous dignes de commander une armée, sortir de Rome et marcher contre Véies, suivis d'une troupe nombreuse d'amis et de clients. Les vœux et les acclamations du peuple accompagnaient leur marche.

Ils ravagèrent le territoire des Véiens, et bâtirent sur une montagne une forteresse imposante. Cet exemple de patriotisme, enflammant les citoyens, favorisa les armes du consul Émilius, qui battit complétement les Èques et les Volsques; mais on lui refusa le triomphe, pour avoir accordé une paix trop avantageuse à l'ennemi.

Les peuples voisins de Rome, non moins belliqueux que les Romains, rompaient les traités aussi promptement qu'ils les avaient conclus. Les victoires ne donnaient que de la gloire et du butin; les forces restaient à peu près égales, et les traités de paix n'étaient que de courtes trèves.

Rome éprouva quelques revers sous le consulat de Servilius. Furius le vengea des Èques; quelque temps après, les Étrusques tendirent un piége à la vaillante famille de Fabius : ils dispersèrent un grand nombre de bestiaux dans les campagnes voisines de leur forteresse, et y placèrent une embuscade. La garnison, sortant du fort pour s'emparer de ces troupeaux, se trouve tout à coup environnée par l'armée étrusque. Les braves Fabius se forment en coin, se défendent avec un courage héroïque, percent la foule qui les entourait, et parviennent jusqu'à leur montagne; mais là ils trouvent une armée de Véiens qui les attendait, et qui les accable de traits. Les trois cents héros, aussi intrépides que les Spartiates des Thermopyles, combattent les deux armées avec le courage du désespoir, préférant la mort à la captivité. Aucun ne voulut se rendre; ils périrent tous.

Tite-Live prétend qu'il ne resta de cette famille qu'un enfant, nommé Quintus Fabius Vibulanus, souche de l'illustre famille des Fabius, qui opposa dans la suite au grand Annibal un rival digne de lui. Rome mit au nombre des jours *nefasti* le jour de leur mort.

Ce désastre fut suivi par une grande défaite des Romains. Les Étrusques battirent complétement le consul Ménénius, et s'avancèrent jusqu'aux portes de Rome. L'autre consul, Horatius, accourut et délivra la ville; mais il ne put empêcher les ennemis de se fortifier dans le Janicule, d'où ils sortaient pour ravager le territoire romain, comme le leur avait été dévasté par les Fabius.

L'année suivante, ils battirent encore Servilius, qui s'avança contre eux avec plus d'ardeur que de prudence. Son collègue Virginius le sauva du péril où il s'était engagé. Les tribuns du peuple citèrent Servilius en jugement. Il se défendit avec modestie, mais avec fermeté. Loin de s'abaisser à la prière, il reprocha au peuple son inconstance, son injustice, et aux tribuns l'abus qu'ils faisaient de leur autorité. Dans ces anciens temps on connaissait plus l'émulation que la rivalité. Virginius plaida la cause de son collègue, et le fit absoudre.

Ce mélange de revers et de succès, éprouvé par les Romains dans le premier âge de leur république, était une sorte d'éducation que la fortune leur donnait pour les aguerrir, pour les fortifier, et pour les préparer à la conquête du monde. Si ces premiers obstacles n'avaient point arrêté leur grandeur naissante, ils se seraient probablement amollis par des triomphes faciles. Leur puissance colossale fut le fruit des efforts laborieux de leur jeunesse.

Le consul Valérius dédommagea Rome des défaites de Servilius. Il triompha des Sabins et des Étrusques; il accorda aux Véiens, après les avoir battus, une trêve de quarante ans.

Les troubles reparurent à Rome avec la paix; on redemanda vivement la loi agraire et la nomination des décemvirs. Le tribun Génutius excitait le peuple, et voulait mettre en accusation les consuls de l'année précédente. Ceux-ci représentèrent alors au sénat que, si l'on souffrait cette indignité, ils ne voyaient pas pourquoi on élirait des consuls qui ne seraient destinés qu'à devenir les esclaves des tribuns.

Le jour de l'assignation arrivé, le peuple en foule attendait Génutius; il ne se présente point, l'impatience redouble : tout à coup on apprend qu'il a été trouvé mort dans son lit. A cette nouvelle, la joie du sénat éclate, et la frayeur saisit les tribuns.

Dans ce même moment un officier plébéien, nommé Voléron, et distingué par sa vaillance et par sa force prodigieuse, est arrêté par les consuls, parce qu'il refusait d'obéir à leurs ordres et de s'enrôler comme simple soldat. L'un des consuls commande qu'on le frappe de verges. « J'en appelle au » peuple, s'écrie Voléron, et non pas aux tribuns, » qui aiment mieux voir tranquillement un citoyen » battu de verges à leurs yeux que de s'exposer à se » faire tuer dans leur maison. » En prononçant ces mots, il renverse par terre les licteurs, et se jette au milieu de la foule, qui prend sa défense. On brise les faisceaux des licteurs; les consuls sont chassés de la place publique, et poursuivis jusqu'aux portes du sénat.

Des deux côtés la querelle s'échauffe; la cause de Voléron devient celle du peuple; cette affaire privée fait oublier toutes les affaires publiques, on ne s'occupe plus même de la loi agraire; et le peuple, obtenant, après de longues disputes, la liberté de Voléron, crut avoir pleinement triomphé du sénat.

L'année suivante, Voléron fut élu tribun. Voulant abaisser les patriciens, il proposa au peuple une loi pour faire élire ses magistrats par les tribus, qui se rassembleraient sans prendre d'auspices et sans attendre les ordres du sénat. L'élection des tribuns se faisait jusque-là par les curies, qui exigeaient ces formalités.

Le sénat, pour parer ce coup, mit dans ses intérêts deux tribuns, dont l'opposition prolongea la contestation sans la terminer.

Une peste terrible, qui se répandit dans Rome, calma le feu de ces dissensions; mais, sous le consulat d'Appius Claudius et de Titus Quintius, Voléron, élu de nouveau au tribunat, redoubla d'activité pour faire adopter sa loi.

Appius, irrité, conseillait au sénat des moyens violents; Titus penchait pour la douceur, et la modération de son caractère commençait à calmer l'ardeur du peuple, lorsque, tout à coup, Appius, se laissant emporter par la fougue de ses passions, prononça un discours si insultant contre le peuple et contre ses magistrats, qu'il porta au plus haut degré la fureur populaire.

L'assemblée du peuple annonçait la sédition : tous

voulaient se venger; mais, dans ce tumulte, aucun avis ne pouvait prévaloir ni réunir les suffrages.

Tout à coup le tribun Lætorius s'écrie : « A de-
» main, citoyens; j'agis mieux que je ne parle : de-
» main je périrai ou je ferai passer la loi, et je ven-
» gerai vos injures. »

Le jour suivant, une grande foule l'entoure : il ordonne de faire sortir de l'assemblée quelques jeunes patriciens, et de les arrêter. Le consul Appius s'y oppose; le tribun commande qu'on se saisisse du consul lui-même; le consul veut que les licteurs s'emparent du tribun; tout le peuple se déclare pour son magistrat, et les patriciens pour leur chef.

On était au moment de décider la querelle par un combat, lorsque Titus Quintius monte à la tribune, invite son collègue à se retirer, et calme peu à peu par la sagesse de son éloquence le courroux du peuple. Il lui représente tous les malheurs des troubles civils, la nécessité de l'union entre les ordres de l'état, l'obligation imposée à chacun d'eux de soutenir leurs droits par la raison, et non par la violence. Il assure les plébéiens qu'ils obtiendront tout du sénat, pourvu qu'ils respectent sa dignité, et il propose enfin au peuple de soumettre à l'approbation de ce corps la loi qu'il désire.

On se range unanimement de son avis; le sénat se rassemble, et, malgré la vive résistance d'Appius, la loi est adoptée et publiée du consentement des deux ordres.

Cette affaire terminée, on s'occupa de la guerre que les Volsques et les Èques venaient de renouveler. Appius, dur et inflexible à l'armée comme au sénat, était haï dans les camps comme à la ville : les soldats se plaisaient à irriter sa violence et à contrarier ses volontés. S'il voulait presser leur marche, ils s'arrêtaient; s'il leur ordonnait de se ralentir, ils précipitaient leurs pas; enfin l'armée porta la haine jusqu'à prendre la fuite devant l'ennemi pour faire battre le consul : et elle ne consentit à livrer bataille que pour défendre son camp.

Appius voulut sévir; on méprisa ses ordres; découragé par cette indiscipline, il ordonna la retraite; l'ennemi attaqua son arrière-garde et la mit en déroute. Rentré sur le territoire romain, le consul fit battre de verges et décapiter les centurions, et il condamna toute l'armée à être décimée. Ainsi la mort en frappa une partie, et la terreur tout le reste.

L'autre consul, aussi aimé des troupes que son collègue en était haï, porta l'effroi chez les Èques et ravagea leur pays. Les soldats, de retour à Rome, disaient que le sénat pouvait juger par ces événements combien il importait de donner aux armées un père, et non un tyran.

Sous le consulat de Lucius Valérius et de Tibérinus Émilius, les tribuns renouvelèrent la demande de la loi agraire. Émilius parla en faveur de la loi; Appius s'y opposa avec sa violence accoutumée, déclamant contre le tribunat, et déclarant que la république était perdue si on ne l'abolissait.

Les tribuns profitèrent de son imprudence, le citèrent et l'accusèrent devant le peuple. Jamais cause n'avait plus effrayé les patriciens et animé les plébéiens.

Le fier Appius rejette tous les conseils de la sagesse. Il paraît dans l'assemblée populaire avec le même orgueil qu'au sénat. Loin d'employer la prière, il se livre aux reproches : ce n'est point un coupable qui se défend, c'est un consul qui commande; et, loin de plaider comme un accusé, il tonne comme un accusateur.

L'audace plaît toujours, même celle d'un ennemi. L'intrépide témérité d'Appius saisit le peuple de crainte et d'étonnement, et les tribuns, voyant la colère publique suspendue par une sorte d'admiration, remettent la cause à un autre jour. Dans l'intervalle, Appius mourut, et le peuple permit à son fils de prononcer devant lui son éloge.

Pendant l'espace de huit années les Romains renouvelèrent, sans événements décisifs, leurs guerres accoutumées contre les états voisins. La division des deux ordres de l'état durait toujours; enfin le peuple irrité refusa de procéder à l'élection des consuls, de sorte que Titus Quintius et Quintius Servilius ne furent élus que par les patriciens et par leurs clients [1]. Ils n'en commandèrent pas moins les armées avec succès, et prirent même sur les Volsques la ville d'Antium.

Peu de temps après, les consuls Tibérinus Émilius et Quintus Fabius, le seul descendant des Fabius, firent accorder par le sénat au peuple les terres prises sur les Antiates; et comme peu de citoyens, même des plus pauvres, voulurent s'y établir, on y plaça des Latins et des Herniques. A cette époque le dénombrement produisit cent vingt-quatre mille deux cent quatorze citoyens en état de porter les armes.

La guerre contre les peuples voisins occupait Rome chaque année. Les plus fâcheux revers ne détruisaient pas les états, et les victoires les plus éclatantes augmentaient peu leur territoire. Le consul Spurius Furius, s'étant avancé imprudemment dans le pays des Èques, se trouva tout à coup entouré par l'ennemi et enfermé dans son camp. Le danger qu'il courait décida le sénat à prendre une mesure qui fut depuis employée dans les grands périls. Il rendit un décret qui chargeait les consuls de préserver la république de *tout détriment*. Cette formule leur donnait un pouvoir presque égal à celui de la dictature.

En vertu de ce décret, le consul C. Posthumius

---

[1] An de Rome 286. — Avant Jésus-Christ 466.

leva et organisa l'armée comme il le voulut, marcha au secours de son collègue, le dégagea, et défit complétement les ennemis.

Deux ans après, Rome fut ravagée par la peste. Ce fléau immola tant de victimes, que les chariots ne suffisaient pas pour les transporter ; on les jetait en foule dans le Tibre.

Les Volsques voulaient profiter de ce désastre pour attaquer les Romains ; mais ceux-ci les battirent et les forcèrent à demander la paix.

Dans ce temps les consuls, qui avaient hérité des attributions de la royauté, jugeaient arbitrairement. Il existait un très-petit nombre de lois, dont les patriciens conservaient seuls la connaissance. Un peuple, dans son enfance, peut se laisser ainsi gouverner ; sa morale supplée au défaut de législation ; mais, dès qu'il s'éclaire sur ses droits, tout pouvoir arbitraire lui devient insupportable ; il veut dépendre des lois, et non des hommes, exige la justice, et réclame une part dans son administration.

Le tribun Térentillus Arsa fut le premier qui engagea le peuple à s'affranchir de ce reste de servitude. Il proposa de nommer des commissaires qui seraient chargés de rédiger un code de lois, afin de donner des bornes légitimes à l'autorité consulaire.

Fabius se plaignit vivement de cette innovation, et prétendit que jamais on n'avait proposé une loi importante dans l'absence des consuls.

Plusieurs tribuns partagèrent son avis, et l'affaire fut ajournée.

Quelque temps après on renouvela vivement cette demande : le sénat s'opposait constamment à une mesure si contraire à ses droits; il soutenait qu'aucune loi ne pouvait être faite sans sa participation. Un jeune patricien, Cæso Quintius, fils de celui qu'on nomma depuis Cincinnatus, s'emporta, dans la chaleur de la discussion, jusqu'au point d'injurier le tribunat et tout l'ordre des plébéiens. Il fut cité en jugement par le peuple, et condamné à l'exil, malgré les larmes et les supplications de son père, que ce malheur affligea sans l'aigrir, et qui ne s'en montra pas moins ardent à défendre la gloire et l'indépendance de ce peuple sévère.

La punition de Cæso et la modération du sénat rétablirent momentanément la paix dans la ville. Les tribuns, dont la puissance augmentait dans les temps de dissensions, voyaient avec peine le retour de la tranquillité. Pour la troubler ils fabriquèrent des lettres, avec le dessein d'inquiéter le peuple, de rendre plusieurs patriciens suspects et de les accuser.

Mais au moment même où l'on s'occupait de cette fausse conspiration, il s'en formait une véritable. Herdonius, Sabin de naissance, riche, dévoré d'ambition, espérant profiter des querelles du peuple et du sénat, se composa un parti de bannis et d'esclaves, dont le nombre montait à près de cinq mille hommes. Il trouva le moyen de les rassembler et de les armer si secrètement que les consuls n'en eurent aucune connaissance. Tout à coup, au milieu de la nuit, marchant à leur tête, il s'empare du Capitole, et répand dans toute la ville des proclamations qui invitaient les esclaves à se réunir près de lui, voulant, disait-il, qu'on ne connût plus à Rome de servitude ni d'exil.

Les consuls, instruits de cet événement, ordonnent au peuple de s'armer; mais les tribuns, aveuglés par la haine, empêchent les citoyens d'obéir, et leur disent que cette prétendue conjuration n'est qu'un artifice du sénat.

Le consul Publius Valérius, indigné de cette imposture, atteste les dieux, représente l'imminence du péril, conjure le peuple de combattre ces vils esclaves qui veulent devenir ses maîtres: « Sé-
» nateurs, consuls, plébéiens, dit-il, nous devons
» tous marcher; toi, Romulus, conduis-nous en-
» core contre un Sabin; je te suivrai aussi rapide-
» ment qu'un mortel peut suivre un dieu. Citoyens,
» prenez vos armes, je vous l'ordonne : si les tri-
» buns s'opposent à mes ordres, j'oserai contre eux
» ce que mon aïeul osa contre les rois. »

Le peuple hésitait encore; les sénateurs, se répandant au milieu de la multitude, la pressent, l'exhortent, l'éclairent et l'entraînent enfin sur les pas de Valérius. Au même instant on voit arriver dans la ville des troupes étrangères, c'étaient des Tusculans ; la surprise redouble l'effroi ; on croit voir des ennemis nouveaux : heureusement on ne trouve en eux que des amis fidèles. On marche précipitamment, on attaque le Capitole. Dès le commencement du combat Valérius est tué : Volumnius, personnage consulaire, voulant prévenir le désordre que la mort du chef pouvait produire, fait couvrir son corps. Les troupes renversent les rebelles, en font un grand carnage, et, malgré leur opiniâtre résistance, reprennent, au bout de trois jours, la place qu'ils défendaient.

Herdonius périt dans la mêlée ; tous ses complices furent punis ; on décapita les hommes libres, on crucifia les esclaves, et la mémoire du consul fut honorée par de magnifiques funérailles.

Les tribuns continuaient cependant à agiter le peuple. Pour les humilier, le consul Claudius se fit élire un collègue par la classe des riches, sans appeler les autres centuries, l'unanimité des suffrages de la première rendant les autres inutiles. Ce nouveau consul fut Quintius Cincinnatus. La députation que lui envoyait le sénat le trouva dans son champ, en chemise, couvert d'un simple bonnet de laine, et conduisant sa charrue. A la vue du cortége, il arrête ses bœufs ; les licteurs baissent devant lui leurs faisceaux ; on le revêt de la pourpre consulaire, et les députés l'invitent à se rendre à Rome. Il obéit, charge sa femme des soins de son ménage, part tristement et dit en répandant des larmes: « Mon pauvre champ ne sera donc point » ensemencé cette année? »

Il arrive au sénat, remplit les formes accoutumées, et sans perdre de temps, convoque le peuple. Lorsqu'il le vit rassemblé, dédaignant de ménager aucun parti, il reprocha vivement au sénat sa mollesse et son orgueil, aux tribuns leur audace, au peuple sa licence.

« Votre tribun Virginius, dit-il, est aussi coupa-
» ble à mes yeux que le rebelle Herdonius. La dés-
» obéissance de ce magistrat factieux nous a fait
» douter quelque temps si les consuls pourraient
» délivrer Rome, ou si elle ne devrait son salut qu'à
» des étrangers et au général des Tusculans. On se
» flatte aujourd'hui d'arracher une loi nouvelle au
» sénat; il n'en sera rien, je périrai plutôt que d'y
» consentir. Nous avons résolu de faire la guerre
» aux Volsques et aux Èques; sacrifiez vos intérêts
» privés à la patrie; elle vous appelle, obéissez! »

La vigueur du consul ranima le courage du sénat et étonna le peuple. Les tribuns seuls osèrent le braver et dire qu'ils ne lui permettraient pas de faire des levées.

« Je n'en ai pas besoin, reprit Quintius; les ci-
» toyens ont prêté serment pour marcher au Capi-

» tole: en vertu de ce serment, dont les consuls ne
» les ont pas déliés, nous vous ordonnons à tous
» de vous trouver demain en armes au lac Régile.
» Prenez avec vous beaucoup de provisions; car
» mon dessein est de vous faire camper tout l'hi-
» ver. »

Les tribuns, effrayés de cette fermeté, se rendirent au sénat, accompagnés d'un grand nombre de citoyens, et implorèrent sa bienveillance. On exigea qu'ils se soumissent: ils le firent, et le sénat rendit un décret portant que les tribuns ne proposeraient point de loi cette année, et que l'armée ne sortirait pas de la ville.

Cincinnatus, aussi sage en administration que sévère dans le commandement, se concilia non-seulement l'estime, mais l'amour du peuple, par son assiduité, sa douceur et son impartialité. Il trouva le moyen, par sa justice, d'apaiser les partis, et de rétablir la concorde entre le peuple et les grands.

Lorsque le temps de sa magistrature fut expiré, le sénat, plein de confiance dans son habileté, voulut qu'il continuât de remplir ses fonctions: il refusa cette proposition, et, parlant plus vivement encore aux sénateurs qu'au peuple, il leur reprocha de violer les lois qu'ils devaient faire respecter. Après avoir ainsi rempli glorieusement tous ses devoirs, il retourna tranquillement à sa charrue.

La paix et la fortune de Rome semblèrent en sortir avec lui. La discorde éclata de nouveau; les Èques, les Volsques et les Sabins en profitèrent pour attaquer les Romains. Ils battirent le consul Minutius, et entourèrent son camp de retranchements.

Le sénat crut alors nécessaire d'élire un dictateur. Le consul Nautius nomma Cincinnatus, qu'on vint encore enlever à sa charrue. Arrivé à Rome, il harangue le peuple consterné, relève son courage, ranime ses espérances, nomme maître de la cavalerie L. Tarquitius, fait fermer les boutiques (signal d'un grand péril), et ordonne à tous les citoyens en état de porter les armes de se trouver le soir tout armés dans le Champ-de-Mars, avec du pain cuit pour cinq jours, et d'y porter chacun douze pieux.

On obéit, on se rassemble, on marche toute la nuit. L'armée, arrivée sans bruit près des ennemis, entoure leur camp. Chacun, suivant l'ordre du dictateur, creuse devant lui un fossé, plante des palissades, et jette de grands cris.

Le consul Minutius, que les ennemis tenaient assiégé, entend les cris des Romains, et fait une vive sortie contre les Èques. Pendant ce combat le dictateur, dont les retranchements venaient d'être achevés, se précipite sur les ennemis. Les Èques, enfermés et battus de tous les côtés, jettent leurs armes, se rendent et consentent à passer sous le joug, c'est-à-dire entre deux javelines plantées en terre et surmontées d'une troisième.

Après avoir subi cette honte, ils livrèrent au dictateur leur général Gracchus et leurs autres chefs enchaînés.

Le dictateur, rassemblant ensuite l'armée de Minutius, monta sur son tribunal, et, regardant les soldats d'un œil sévère : « Romains, dit-il, vous
» vous êtes laissé vaincre, vous ne partagerez pas les
» dépouilles de l'ennemi; et vous, Minutius, je vous
» déclare que vous n'êtes plus consul ni général.
» Vous servirez comme lieutenant, jusqu'à ce que
» vous ayez appris à commander. »

Cincinnatus ramena ses troupes à Rome; il y entra en triomphe, précédé des drapeaux ennemis, de leurs chefs captifs, et suivi de son armée chargée de butin. Les soldats chantaient sa gloire, et trouvaient devant toutes les maisons des tables que le peuple avait préparées pour eux.

Le dictateur, ayant découvert dans ce même temps des preuves de la calomnie dont son fils s'était vu la victime, fit condamner l'accusateur et rappeler l'exilé.

Sa dictature devait durer six mois; il l'abdiqua au bout de seize jours. Le sénat lui avait offert une partie des terres conquises; il la refusa, plus glorieux de sa pauvreté qu'un avare ne l'est de son trésor.

Quelque temps après, les peuples vaincus ayant encore fait une irruption sur les terres romaines, les tribuns recommencèrent leurs intrigues pour empêcher le peuple de s'armer. Cincinnatus, revenant à Rome, proposa aux patriciens de prendre seuls les armes avec leurs clients. On adopta son avis. La vue de cette troupe respectable de consuls, de sénateurs, de généraux et d'officiers qui se dévouaient seuls à la défense de la patrie émut vivement le peuple : les tribuns, prévoyant alors qu'ils seraient forcés de céder, promirent de ne point s'opposer aux ordres des consuls, pourvu qu'on permît au peuple d'augmenter le nombre des tribuns et de les porter à dix.

Appius Claudius s'opposait à cette demande; Cincinnatus la fit accueillir : le peuple s'arma, et la guerre se termina avec avantage.

Bientôt après, les troubles recommencèrent au sujet de la loi agraire. Ce qui anima le plus les plébéiens dans cette circonstance fut le discours d'un guerrier sexagénaire et d'une haute taille. On le nommait Siccius Dentatus. « J'ai, dit-il, servi
» quarante années; je suis officier depuis trente ans;
» j'ai vu cent vingt batailles; j'ai reçu quarante-cinq
» blessures, entre autres douze dans le combat livré
» contre Herdonius; on m'a décerné quatorze fois
» la couronne civique pour avoir sauvé la vie de
» mes compatriotes, et trois fois la couronne mu-

» rale, comme étant le premier monté à l'assaut.
» J'en possède huit autres, que les généraux m'ont
» données lorsque j'ai repris sur les ennemis les en-
» seignes de nos légions. J'ai conquis quatre-vingt-
» trois colliers, soixante bracelets d'or, dix-huit pi-
» ques, vingt-cinq harnais. Ce sont là les trophées
» qui attestent mon courage; cependant, pour prix
» de mes cicatrices et de mon sang, qui ont valu à
» Rome tant de terres enlevées à dix peuples enne-
» mis, je ne possède pas un demi-arpent de terre;
» et votre sort, mes braves compagnons d'armes,
» est semblable au mien. Tous ces champs fertiles,
» fruits de notre courage, restent dans les mains de
» ces fiers patriciens, qui n'ont d'autre mérite que
» leur noblesse. Ne souffrez pas qu'on abuse plus
» long-temps de votre patience, et prouvez enfin
» que vous savez récompenser ceux qui se sacrifient
» pour vous. »

La multitude, échauffée par ces paroles, demandait à grands cris la restitution des terres usurpées
et un nouveau partage des terres conquises.

Le sénat ne s'aveuglait pas sur la justice de ces
plaintes; mais il trouvait une grande difficulté à
réparer des abus si anciens, à distinguer les héritages des acquisitions, et les achats légitimes des
usurpations.

Cette grande discussion n'empêcha point les Romains de prendre encore les armes, selon leur cou-

tume, et de vaincre les Èques. L'ardent orateur Siccius se conduisit faiblement dans cette guerre, et fit croire au peuple que les consuls Romilius et Véturius l'avaient exposé sans nécessité, dans l'intention de le faire périr.

L'année suivante, étant parvenu au tribunat, il cita en jugement ces mêmes consuls et les fit condamner à l'amende. Les nouveaux tribuns, soutenus par les vœux du peuple, pressèrent vivement le sénat de mettre fin au régime arbitraire qui opprimait les citoyens, et de substituer enfin la justice des lois aux caprices des consuls. Le sénat ne crut pas pouvoir résister plus long-temps à l'opinion publique.

Sous le consulat de Spurius Tarpéius et de A. Altérius, il ordonna que des ambassadeurs se rendraient à Athènes, étudieraient les lois de cette contrée, rapporteraient celles qui leur paraîtraient les plus convenables à la république, et qu'ensuite on délibérerait sur la nomination des législateurs, ainsi que sur la durée et l'étendue de leurs pouvoirs.

Les députés nommés furent Spurius Posthumius, Servius Sulpicius et A. Manlius, tous consulaires [1]. Ils partirent sur trois galères magnifiques. Leur absence dura deux ans. Après leur retour, le consul

---

[1] An de Rome 300. — Avant Jésus-Christ 452.

Ménénius feignit d'être malade, dans l'espoir de différer la délibération qui devait amener de si grands changements; mais le peuple, échauffé par les tribuns, hâta les comices, et choisit pour consuls Appius Claudius et Titus Génutius.

Le sénat, ne pouvant plus retarder l'effet de ses promesses, décida que dix magistrats, pris parmi les sénateurs, seraient chargés de rédiger le nouveau code; que leurs fonctions dureraient un an; que, pendant ce temps, le consulat, le tribunat, ainsi que toutes les autres magistratures, seraient abrogés, et que les décemvirs connaîtraient de toutes les affaires, et jugeraient sans appel toutes les causes. Ce décret, fruit de la haine des patriciens contre les tribuns, fut adopté avec joie par les plébéiens, parce qu'il détruisait l'autorité des consuls; ainsi la jalousie des deux ordres donna naissance à une institution qui pouvait renverser la liberté de Rome, et changer son gouvernement mixte en oligarchie.

Les consuls, donnant l'exemple de l'obéissance à la loi, abdiquèrent les premiers, et les curies élurent pour decemvirs Appius Claudius, Titus Génutius, P. Cestus, Spurius Posthumius, Servius Sulpicius, A. Manlius, L. Romilius, C. Julius, L. Véturius et P. Horatius.

CHAPITRE V.

Gouvernement des décemvirs. — Rédaction d'un nouveau code. — Nomination de nouveaux décemvirs. — Leur tyrannie. — Nouvelle attaque des Èques et des Sabins. — Assassinat du tribun Siccius. — Violence exercée contre Virginie par l'ordre d'Appius. — Mort de Virginie. — Soulèvement parmi le peuple. — Révolte dans l'armée. — Décret du sénat pour l'abolition des décemvirs et la nomination des tribuns. — Jugement et mort d'Appius. — Nouvelles guerres et nouveaux triomphes. — Exaction envers des peuples voisins. — Nouvelles divisions dans les deux ordres de l'état. — Création des tribuns militaires.

Il était sage et nécessaire de substituer la règle à l'arbitraire et un code aux caprices des consuls; mais la rédaction des lois exige une méditation profonde et une grande impartialité. Le législateur, uniquement occupé de l'intérêt public, ne doit en être distrait par aucun soin, par aucun intérêt privé. Rome commit donc une grande faute en confiant le gouvernement aux décemvirs qu'elle chargeait de la rédaction de ses lois. C'était à la fois leur enlever le temps nécessaire pour un si grand travail, et opposer dans leur esprit l'ambition au civisme et l'intérêt à la raison. Mais les passions ont un flambeau qui aveugle au lieu d'éclairer. Conduit par elles, le sénat, en abrogeant toutes les magistratures, détruisait le tribunat, qu'il ne pouvait souffrir; et le peuple renversait le consulat, objet de sa jalousie.

Les sénateurs croyaient augmenter leur autorité en remettant la puissance aux mains de dix patriciens : ils ne voyaient pas que ces dix hommes, une fois nommés, cessaient de faire corps avec le sénat, et qu'ils auraient des intérêts opposés aux siens.

Conformément à la loi rendue, tous les magistrats sortirent de charge, et les décemvirs les remplacèrent. Ces nouveaux chefs de la république portaient tous les ornements consulaires. Celui qui les présidait se faisait seul précéder par des licteurs portant des faisceaux; les licteurs des autres n'étaient point armés. Son autorité ne durait qu'un jour; il convoquait le sénat, proposait les décrets et les faisait exécuter. Le tribunal des décemvirs s'assemblait tous les matins; on y jugeait les procès des particuliers et les contestations extérieures.

Pendant tout le cours de cette première année, les décemvirs, protecteurs des faibles, appui des pauvres, sages dans leur administration, justes dans leurs arrêts, montrèrent tant de vertus, de modération et d'équité, que l'ordre le plus parfait régna dans la ville. On n'y voyait plus de brigues, de dissensions ni d'intrigues, et le peuple, jouissant à la fois du repos et de la liberté, disait que sous un tel gouvernement on ne pouvait regretter ni les consuls ni les tribuns.

Appius trouva, plus que tous les autres, le moyen de s'attirer l'estime et la confiance publiques. Cet homme, qu'on avait vu si violent, se montrait doux, humain, affable. Ce fier ennemi des plébéiens ne s'occupait que des besoins du peuple, saluait les plus pauvres citoyens, les appelait par leur nom, et s'entretenait familièrement avec eux. La plus grande union régnait entre les décemvirs; ils travaillèrent de concert toute l'année, sous l'influence d'Appius, à rédiger le nouveau code, dans lequel ils placèrent ce qu'ils trouvèrent de plus sage dans les ordonnances des rois et dans les lois de la Grèce. Ils firent traduire ces lois grecques par un banni d'Éphèse, nommé Hermodore. Pour prix de son travail, on lui érigea à Rome une statue.

Le code étant achevé, on le grava sur dix tables d'airain que les décemvirs présentèrent au peuple pour le soumettre à son examen. Appius exhorta tous les citoyens à en méditer, à en discuter toutes les dispositions, et à communiquer ensuite aux décemvirs leurs observations, afin que le peuple romain pût avoir des lois, non pas seulement consenties, mais dictées par lui-même.

Les législateurs profitèrent ainsi des réflexions

des hommes les plus éclairés de la république; et, après avoir modifié ces lois sur leur avis, on les fit d'abord adopter par le sénat, ensuite par le peuple assemblé en centuries, et en présence des pontifes et des augures.

Ce code, si solennellement ratifié, fut de nouveau gravé sur des tables d'airain qu'on plaça sur une colonne élevée au milieu de la place publique.

Ces tables, dit Tite-Live, dominant ainsi la foule immense des lois qui les ont suivies, sont encore aujourd'hui la source de tout droit public et privé. Le plus savant et le plus éloquent des Romains, Cicéron, fait de ces lois un éloge magnifique.

Un an s'était écoulé depuis la nomination des décemvirs; leur pouvoir expirait : on délibéra dans le sénat sur la forme de gouvernement qu'on devait donner à la république; car les tables nouvelles étaient un code de lois, et non une constitution. Quelques sénateurs ayant fait remarquer que le code était encore incomplet, qu'on devait y ajouter deux tables et perfectionner cet ouvrage, le sénat crut qu'il serait utile de continuer encore pour un an cette magistrature suprême, dont tous les ordres de l'état avaient également paru satisfaits. Il ordonna donc qu'on nommerait de nouveaux décemvirs, et le peuple confirma avec joie cette décision.

Les comices se rassemblèrent pour l'élection : on vit alors les sénateurs les plus distingués briguer avec ardeur le choix du peuple. Le plus ambitieux de tous, Appius, cachant ses vues sous un feint désir de repos, parut s'éloigner de son but pour y être plus rapidement porté. Plus il affecta d'indifférence, plus la multitude montra d'empressement à le forcer de se mettre sur les rangs. Cédant enfin, il se mêle avec le peuple, se promène familièrement sur la place avec les plus fougueux plébéiens, les Duillius, les Icilius, les Siccius. Moins cette popularité était conforme à son caractère, plus il en chargeait les apparences. Rien ne s'agenouille si bas que l'orgueil qui veut s'élever.

Cette conduite, qui trompait le peuple, éclaira les sénateurs sur l'ambition d'Appius; et, n'osant pas s'opposer directement à ses vues, ils le choisirent pour présider les comices, espérant que, chargé par cet emploi de nommer les aspirants au décemvirat, un reste de pudeur l'empêcherait de s'inscrire lui-même sur la liste. Quelques tribuns factieux avaient seuls, jusque-là, donné de rares exemples d'une si scandaleuse audace, toujours punie par une désapprobation générale.

Ils connaissaient mal le fier Appius. Cet homme arrogant s'inscrivit le premier sur la liste, écarta du concours tous ceux dont il redoutait le talent et le caractère, et fit tomber le choix du peuple sur neuf sénateurs qui lui étaient dévoués. Le deuxième élu après lui fut Quintus Fabius, trois fois consul, homme jusque-là irréprochable, mais séduit par ses intrigues. Les autres, M. Cornélius, M. Servilius, L. Minutius, T. Antonius et Manius Rabuléius, patriciens, n'avaient d'autre mérite qu'une soumission entière à ses volontés. Cessant enfin ouvertement de ménager le sénat, il proposa et fit élire trois plébéiens : Q. Pétilius, Cæso Duellius et Spurius Opius, dont les menées lui avaient valu les suffrages du peuple.

L'élection faite, les nouveaux décemvirs prirent possession de leur charge le jour des ides de mai [1].

Arrivé à son but, Appius leva hardiment le masque qui le couvrait; rassemblant ses collègues, il leur fait jurer de partager tous également l'autorité, de n'avoir que rarement recours au sénat et au peuple, de se soutenir mutuellement, et de se perpétuer dans leurs charges.

Il avait cru sa popularité nécessaire pour parvenir à l'autorité; la terreur lui parut le seul moyen de la conserver. Dès le premier jour les décemvirs se montrèrent dans la place publique, précédés chacun de douze licteurs armés de haches, annonçant aux citoyens, par ce signe effrayant, qu'ils s'arrogeaient sur eux le droit de vie et de mort.

Dès-lors, ces nouveaux tyrans se rendent inabordables, rejettent les prières, repoussent les

[1] An de Rome 304. — Avant Jésus-Christ 448.

plaintes, punissent les murmures, écoutent avec dédain, répondent avec dureté, concertent les jugements avant d'entendre les plaidoyers, et aggravent les châtiments dont on ose appeler.

Le peuple, s'apercevant qu'il s'est donné des maîtres, implore le sénat, qui, dans ces premiers moments, au lieu de le plaindre, jouit de ses souffrances et de son humiliation.

Les décemvirs corrompent les jeunes patriciens, favorisent leurs vices, et en font des ministres complaisants de leurs caprices. Se livrant sans frein à leurs passions, ils enlèvent aux citoyens leurs richesses, aux femmes leur pudeur; ils font frapper de verges ou périr sous la hache tous ceux qui se permettent la résistance ou la menace. Sous cette tyrannie, l'opulence devient un crime, la plainte une conspiration, la beauté un malheur; la liberté mène à la mort, et la vertu ne se fait entendre que dans les prisons et sur l'échafaud.

Tous les Romains, gémissant de cette servitude, attendaient avec impatience les ides de mai qui devaient les délivrer de leurs tyrans. Enfin, ce jour arriva; mais Appius et ses collègues, au mépris des coutumes et des lois mêmes qu'ils venaient de publier, rendirent, de leur propre autorité, sans consulter le peuple ni le sénat, un décret qui les continuait dans leurs charges; et ils ajoutèrent à leurs tables une nouvelle loi qui défendait expressément tout mariage entre les plébéiens et les patriciens.

Ce peuple romain, déjà vainqueur de tant de nations, tremblait devant dix magistrats, à la vue de cent vingt licteurs. Ces superbes ennemis des rois n'osaient plus défendre la liberté ; ils ne voyaient aucune ressource pour le présent, aucun espoir dans l'avenir : Rome n'était plus Rome ; elle n'offrait aux regards surpris qu'un lieu de débauches, un théâtre de crimes, un repaire de tyrans qui s'enrichissaient des dépouilles de l'opulence et de la vertu. Les décemvirs partagèrent les fruits de leurs rapines avec leurs nobles satellites, dont ils favorisaient les désordres, protégeant ainsi la licence de quelques-uns, afin d'opprimer la liberté de tous.

La terreur exilait de la ville tous les plébéiens qui avaient à conserver quelque honneur et quelque fortune. La plupart des sénateurs s'étaient retirés à la campagne ou dans les villes voisines. Il ne restait à Rome que les coupables amis des décemvirs, et cette tourbe funeste d'hommes dont l'intérêt est la seule loi, dont l'obscurité fait la sûreté, et dont la servile indifférence grossit toujours le parti dominant.

L'asservissement des Romains inspira aux Èques et aux Sabins un juste mépris. Ils espéraient se venger facilement d'un peuple mécontent, humilié, qui devait plus craindre son gouvernement que ses ennemis.

Leurs troupes ravagèrent le territoire de Rome, et campèrent à six lieues de la ville. Les décemvirs furent saisis d'effroi ; car la tyrannie ne s'aperçoit de ses erreurs qu'au moment où elle sent le besoin de l'esprit public qu'elle a détruit. Ils se virent enfin forcés de convoquer le sénat : le peuple disait hautement que c'était une grande obligation qu'on avait aux ennemis. Les sénateurs étant assemblés, le président des décemvirs leur exposa la triste situation de la république et le danger dont une invasion étrangère la menaçait. Lucius Valérius Potitus prit alors précipitamment la parole, sans attendre son tour. En vain, Appius, voulut lui imposer silence : « Je ne parle pas pour vous
» répondre, dit Valérius ; un soin plus important
» m'occupe : je vous accuse de conspiration con-
» tre l'état ; souvenez-vous que je suis sénateur, et
» que je m'appelle Valérius. C'est à vous seul que
» je m'adresse, Fabius Vibulanus ! Nous vous avons
» nommé trois fois consul ; si vous avez encore ce
» zèle pour la république et ces vertus qui vous
» ont valu notre estime et nos suffrages, secondez-
» moi, levez-vous, et délivrez-nous de l'insuppor-
» table tyrannie de vos collègues ; tout le sénat
» jette les yeux sur vous, et vous regarde comme
» son unique appui. »

Fabius, déconcerté, hésitait; et, comme on l'avait plutôt entraîné que perverti, il flottait entre ses nouveaux engagements et ses anciens devoirs. Ses collègues, craignant sa faiblesse, l'entourent et l'empêchent de répondre. L'assemblée devient tumultueuse. M. Horatius Barbatus, descendant du fameux Horace, s'écrie : « On nous parle de
» guerre étrangère! est-elle plus dangereuse que
» celle qu'on nous fait ici? connaissons-nous des
» ennemis plus cruels que ces dix tyrans qui ont
» violé notre loi et détruit notre liberté? Ont-ils
» oublié que ce sont des Valérius et des Horaces
» qui ont chassé les rois, ou pensent-ils que notre
» haine ne s'attachait qu'à un vain titre? Ils se
» trompent : ce nom de roi, nous le donnons en-
» core à Romulus et à Jupiter; nous en décorons
» encore le premier de nos sacrificateurs : ce que
» nous haïssions, c'étaient leur orgueil, leurs vio-
» lences et l'abus d'une autorité légitime. J'en at-
» teste les dieux! ce que nous n'avons pas supporté
» de nos rois, nous ne le souffrirons pas de quel-
» ques citoyens dont le pouvoir précaire est expiré,
» et qui n'exercent une autorité illégale qu'au dé-
» triment de la république. »

Appius, déguisant sa fureur, ne répondit point aux attaques d'Horace et de Valère : feignant de sacrifier tout intérêt privé à l'intérêt public, il ne parla que des dangers de la patrie et de la nécessité de se préparer à la guerre. Mais Appius Claudius, son oncle, dont il demandait d'abord l'avis, espérant le trouver plus favorable, appuya l'opinion d'Horace, et conjura les décemvirs, par les mânes de ses aïeux, de renoncer à la tyrannie, et de prendre volontairement un parti auquel on les réduirait bientôt par la force. Enfin, il conclut en disant que le sénat, illégalement convoqué, ne devait rendre aucun décret.

Cette opinion semblait entraîner les suffrages, lorsque Cornélius, frère de l'un des décemvirs, et gagné par eux, représenta au sénat que l'usage de Rome était de combattre au lieu de discuter, et de suspendre toutes querelles intérieures lorsqu'un ennemi étranger menaçait l'indépendance publique. « Chassons, dit-il, d'abord les Sabins : sau-
» vons l'existence de Rome avant de défendre sa
» liberté; nous examinerons, après la campagne,
» la conduite des décemvirs, et nous discuterons
» les opinions d'Horace et de Valère. »

Dans les grandes crises, la faiblesse penche toujours pour les avis mitoyens : la majorité des sénateurs rendit un décret conforme à l'opinion de Cornélius. Les décemvirs, ayant ainsi obtenu ce qu'ils voulaient, firent promptement des levées, et partirent à la tête de deux armées, les uns contre les Sabins, et les autres contre les Èques. Appius et Opius restèrent à Rome.

Les légions, ne voulant point faire triompher leurs chefs qu'elles détestaient, se laissèrent vaincre; et les ennemis s'emparèrent du camp romain. Cette nouvelle répandit l'alarme à Rome. Appius leva de nouvelles troupes, et leur ordonna de prendre l'offensive; mais deux nouveaux actes de violence, l'un dans le camp, l'autre dans la ville, accrurent la haine, et hâtèrent la révolution qui devait détruire la tyrannie.

La longue patience des peuples trompe les gouvernements injustes; le silence cache le danger; mais quand la fermentation est mûre, une étincelle fait l'explosion.

Les décemvirs, qui commandaient les armées, redoutaient l'ancien tribun Siccius, dont l'audace s'exprimait librement contre leur autorité. Ils lui confièrent une expédition, et le mirent à la tête d'un détachement composé de soldats gagnés, et chargés secrètement de l'assassiner. Siccius vendit cher sa vie, et périt après avoir tué plusieurs de ses meurtriers. Leurs compagnons, de retour au camp, racontèrent que les ennemis les avaient entourés, battus, et que leur chef était mort dans le combat.

La perte d'un si brave guerrier répandit la douleur dans l'armée. Une cohorte, partie dans le dessein d'ensevelir les morts, vit avec surprise qu'ils n'étaient pas dépouillés; elle n'aperçut aucune trace de troupes ennemies, et ne trouva que des cadavres romains. Le crime n'était plus douteux : le corps de Siccius fut porté dans le camp; les légions indignées demandaient justice des assassins; les décemvirs les avaient fait disparaître : dès ce moment l'armée se montra disposée à la révolte.

Dans ce même temps, un plus grand crime se commettait à Rome. Lucius Virginius, plébéien, avait une fille âgée de quinze ans, remarquable par sa beauté. Elle devait épouser Icilius, un des derniers tribuns du peuple. Cette jeune fille, ayant perdu sa mère, vivait sous la conduite des femmes chargées de son éducation. Tous les jours, pour se rendre aux écoles publiques, elle passait sur la place devant le tribunal d'Appius. Le fier décemvir ne put voir tant de charmes sans s'enflammer.

Une loi rendue par lui-même, lui défendait d'épouser une fille plébéienne. Il tenta tous les moyens de séduction pour satisfaire ses coupables désirs : la vertu de Virginie et l'incorruptibilité des femmes qui la gardaient détruisirent l'espoir sans éteindre la passion de cet homme, qui ne connaissait plus de frein à ses volontés; et, l'adresse devenant inutile, il eut recours à la violence.

Un de ses vils clients, suborné par lui, Marcus Claudius, intrigant effronté, et ministre habituel de ses débauches, rencontre Virginie accompagnée de sa nourrice, l'arrête, la revendique comme une esclave qui lui appartient, et veut l'emmener de force dans sa maison. La nourrice appelle du secours, et réclame l'appui du peuple pour la fille de Virginius et l'amante d'Icilius. Leurs amis accourent; on s'attroupe; on la défend : Claudius, faible contre le courage, comme le sont tous les hommes vils, prend un langage plus doux, proteste qu'il ne veut pas user de violence, et appelle la jeune fille en jugement devant le décemvir.

Arrivé au tribunal d'Appius, Claudius déclare que Virginie est fille d'un de ses esclaves, qui, l'ayant enlevée de sa maison, l'avait portée chez Virginius, et que la femme de celui-ci, étant stérile, la faisait passer pour sa fille. Il prétendait fournir des preuves de ce fait, telles que Virginius n'y pourrait rien opposer, et, comme il n'était pas possible de juger définitivement ce procès pendant l'absence de Virginius, il concluait par demander qu'on ordonnât provisoirement à l'esclave de suivre son maître.

L'oncle de Virginie, Numitorius, répondit qu'une loi portée par le décemvir voulait que toute personne dont l'état serait contesté, jouît provisoirement de sa liberté; il réclama en conséquence un sursis jusqu'au moment où Virginius pourrait venir défendre sa fille.

Appius dit que la loi citée existait en effet, et que, si le père était présent, sa fille prétendue

devrait lui être remise; mais que son absence rendait la loi inapplicable; qu'à son retour il pourrait réclamer Virginie, et qu'en attendant Claudius devait l'emmener, sous condition de la représenter sur la demande de Virginius. Les cris et les pleurs de Virginie et de ses femmes éclatèrent en entendant cet injuste arrêt : il excitait l'indignation générale, mais elle n'osait éclater; la terreur forçait la fureur au silence. On allait exécuter l'ordre du décemvir; tout à coup l'ardent Icilius perce la foule; il accourt pour défendre Virginie : le licteur veut en vain le repousser. « Perfide Appius, s'écrie
» cet amant furieux, ce n'est point par un décret,
» c'est par le fer seul qu'il faut que tu m'éloignes
» d'ici, si tu veux envelopper dans le silence le
» secret de tes desseins criminels. Je dois épouser
» cette jeune fille, et je dois la trouver chaste et
» vierge : rassemble tous tes licteurs et ceux de tes
» collègues, lève tes faisceaux et tes haches, je jure
» par les dieux que l'épouse d'Icilius ne demeurera
» pas un seul instant hors de la maison de son père.
» Tu nous a ravi, je le sais, le secours des tribuns
» et l'appel au peuple, ces deux remparts de la
» liberté; mais, quelque absolue que soit ton autorité, ne crois pas qu'elle livre impunément à tes
» débauches nos femmes et nos enfants! Que tes
» bourreaux se contentent de déchirer notre sein
» et de briser nos têtes; mais que leur violence res-

» pecte au moins la pudeur de nos vierges. Je dé-
» fends ma femme et ma liberté, et la vie me man-
» quera plutôt que la fidélité et le courage. »

Ces paroles émurent tout le peuple : Appius, le voyant éclater, se crut forcé de céder à l'orage : « Je m'aperçois, dit-il, qu'Icilius, nourri dans la » fierté tribunitienne, cherche à exciter des trou- » bles. Je ne veux pas lui en donner le prétexte; » je consens donc, en faveur de Virginius, et par » respect pour la liberté, à remettre le jugement à » demain ; mais, si Virginius ne comparaît pas, je » déclare à Icilius et à ses turbulents amis que je » maintiendrai mon arrêt. Pour comprimer les fac- » tieux, je n'aurai point recours aux licteurs de » mes collègues, les miens seuls suffiront. »

Dissimulant alors son ressentiment, il s'occupa quelque temps d'autres affaires, et, personne ne se présentant plus au tribunal, il rentra dans sa maison, transporté de fureur et dévoré d'inquiétudes.

Son premier soin fut d'envoyer un courrier à ses collègues pour leur recommander d'arrêter Virginius; mais l'amour, plus prompt que la haine, l'avait prévenu. Virginius, informé du danger de sa fille, partit du camp avant l'arrivée des ordres d'Appius, prit une route détournée, et rassura, par son retour, l'ardent Icilius et la craintive Virginie.

Le lendemain, il se rend avec elle sur la place publique. La pâleur de cette jeune fille, sa beauté qui brillait à travers ses larmes, la grave douleur de son père tendant aux citoyens ses mains guerrières, et réclamant leur secours, attendrissaient tous les cœurs. Son infortune avertissait chaque famille des dangers dont elle était menacée par la tyrannie. Appius monte à son tribunal avec un maintien menaçant; les troupes descendent du Capitole, et garnissent la place. Le peuple, dans un profond silence, semblait attendre sa propre condamnation.

L'insolent Claudius reproche à Appius la lenteur du jugement : sa bassesse prend les formes du courage; il se plaint d'un déni de justice, et renouvelle son accusation. Virginius prouve avec évidence l'absurdité de ses assertions calomnieuses. Sa femme, loin d'être stérile, avait été mère de plusieurs enfants; elle avait même nourri Virginie de son lait : ses parents et ses amis nombreux attestent la vérité de ses déclarations. Toute réplique devenait impossible.

La conviction qui pénétrait tous les esprits, rend le juge furieux : aveuglé par la violence de sa passion, il ne veut plus entendre les défenseurs de Virginie, et prononce qu'elle appartient à Claudius.

Les assistants lèvent les mains au ciel; l'air retentit de leurs clameurs; Appius, ne se possédant

LA MORT DE VIRGINIE.

plus, dit que, si les factieux ne font silence, les troupes sauront bien les punir. Il ordonne enfin aux licteurs d'écarter le peuple et de livrer l'esclave à son maître. La multitude, effrayée, se retire, et l'infortunée Virginie se voit la proie du crime qui l'entraîne.

Virginius, n'écoutant alors que son désespoir, demande pour unique grace à Appius qu'il lui permette de donner une dernière consolation à sa fille, d'approfondir la vérité, et d'interroger devant elle en particulier l'esclave qui a soigné son enfance. Appius y consent.

Virginius conduit sa fille à l'écart, près de l'étal d'un boucher, et, saisissant un couteau : « Voilà, » dit-il, ma chère fille, l'unique arme qui me reste » pour défendre ton honneur et ta liberté. » A ces mots, il lui plonge le couteau dans le sein, et le retirant tout ensanglanté : « Appius, s'écria-t-il, » par ce sang innocent, je dévoue ta tête aux dieux » infernaux. »

Cet horrible spectacle excite un affreux tumulte ; le décemvir, immobile sur son siége, reste glacé d'horreur et d'effroi ; Virginius, couvert du sang de sa fille, lève son poignard fumant, parcourt la place, appelle avec fureur les citoyens à la liberté, s'ouvre sans obstacle un chemin jusqu'aux portes de la ville, monte à cheval, et vole vers le camp, suivi de près de quatre cents plébéiens.

Icilius et Numitorius sont prosternés aux pieds de Virginie; ses femmes éplorées l'entourent et s'écrient en gémissant: « Tel est donc le prix ré- » servé à la chasteté! nous ne devons plus mettre » au jour des enfants que pour les voir victimes de » ces tyrans infâmes! » Bientôt la douleur fait place à la rage; Icilius et ses amis font entendre les cris de *vengeance* et de *liberté*: la foule les répète; Appius ordonne d'arrêter Icilius; une partie du peuple le défend; Valère et Horace s'y joignent. Le décemvir, suivi d'une troupe de jeunes patriciens, vient lui-même animer ses licteurs; on brise leurs faisceaux, on les frappe, on les disperse. Appius s'éloigne et convoque imprudemment l'assemblée du peuple. Horace et Valère le suivent; ils placent sur une estrade le corps de Virginie, accusent les décemvirs et leur reprochent leur usurpation et leurs attentats.

En vain Appius veut calmer l'émeute: la vue de Virginie, de ce témoin irrécusable, soulève tout le peuple contre lui. Il ne peut se faire entendre; son parti même l'abandonne; et, se croyant perdu, il se couvre de son manteau, et court dans une maison voisine cacher sa honte, sa frayeur et son désespoir.

Le peuple, qui aurait dû défendre Virginie, s'empresse de rendre les derniers honneurs à sa mémoire. On lui fait de magnifiques funérailles; les dames romaines la couvrent de fleurs, de couronnes, et on la porte en triomphe au tombeau.

Tandis qu'on la pleurait à Rome, Virginius cherchait à la venger. A la nouvelle de son malheur, toute l'armée accourt autour de lui : « Compa-
» gnons, dit-il, ne me regardez pas comme un cou-
» pable, comme un meurtrier; ma fille ne pouvait
» conserver à la fois l'existence et l'honneur; et
» quoique sa vie me fût plus chère que la mienne,
» j'ai tranché ses jours. La pitié m'a rendu cruel;
» j'aime mieux perdre mes enfants par la mort que
» par l'infamie. Mais je n'ai survécu à ma fille que
» pour vous inviter à la venger. Vous avez des
» sœurs, des femmes, des filles; la passion d'Appius
» n'est pas morte avec Virginie : si vous la laissez
» impunie, elle n'aura plus de frein. Armez-vous
» donc, et défendez ce que vous avez de plus sa-
» cré, votre liberté, votre honneur et celui de vos
» enfants. »

Une acclamation universelle répond à ses paroles; on jure de le venger. Les nouvelles de Rome arrivent dans le moment; on crie au armes, on prend les enseignes; on se précipite sur le chemin de la ville. Les décemvirs veulent en vain apaiser la sédition; les soldats bravent leurs ordres, et disent qu'ils sauront faire un noble usage de leurs épées. L'armée traverse Rome en appelant les citoyens à la liberté, et elle établit son camp sur le mont Aventin.

Au milieu de ces troubles, le décemvir Opius convoque le sénat, qui envoie à l'armée trois députés choisis dans son corps pour la calmer et pour négocier un accommodement. Les légions déclarent qu'elles ne répondront qu'à Valère et à Horace. Elles n'avaient point de chefs; Virginius leur conseille d'élire dix tribuns militaires; on les choisit, et Virginius est nommé le premier. Il refuse cet honneur, incompatible avec le deuil de son ame. La seconde armée romaine, suivant l'exemple de la première, vint la rejoindre sur le mont Aventin.

Dans cette déplorable circonstance, où le peuple était en sédition, l'armée en révolte et la magistrature sans pouvoir, le sénat s'assemblait tous les jours vainement, et ne pouvait obtenir des décemvirs qu'ils se démissent de leurs charges avant d'avoir achevé la rédaction complète des lois. Horace et Valère refusaient de négocier avec les légions, tant que le décemvirat subsisterait. Cette incertitude augmentait le désordre et le danger. Les deux armées, mécontentes de ces lenteurs, se retirèrent sur le Mont Sacré; la plus grande partie du peuple les y suivit, et Rome ne fut plus qu'une vaste solitude.

Alors on demande aux décemvirs s'ils veulent commander à des murailles. « Quel est, leur dit-on, » votre aveugle espoir? le nombre de vos licteurs

» passe celui des citoyens qui sont restés dans la
» ville; attendrez-vous que le peuple et l'armée se
» précipitent sur nous et nous égorgent? »

L'opiniâtreté des tyrans cède enfin à la nécessité. Ils promettent de se démettre de leur magistrature, pourvu qu'on les garantisse de la vengeance du peuple. Horace et Valère, satisfaits, vont trouver l'armée, qui leur demande le rétablissement du tribunat, celui du droit d'appel et le châtiment des décemvirs.

Horace et Valère acceptent leurs deux premières propositions; ils les pressent en même temps de renoncer à la vengeance, et de mettre fin aux troubles qui désolent la république.

Le peuple et l'armée, vaincus par leur sage éloquence, déclarèrent qu'ils s'en rapporteraient sur tous les points à la sagesse du sénat. Lorsque les députés rendirent compte de leur mission, Appius dit : « Je prévois mon sort; on ne diffère la ven-
» geance que pour la rendre plus sûre; mais, puis-
» que l'intérêt public le veut, je consens à donner
» ma démission. »

Le décret du sénat ordonna aux décemvirs d'abdiquer, au grand pontife Furius de nommer des tribuns du peuple, et défendit de faire aucune recherche contre les auteurs de la révolte de l'armée.

Ce décret fit succéder la joie à l'abattement, et

rétablit la tranquillité. Le peuple revint dans la ville; on nomma tribuns Virginius, Icilius, Numitorius, Sicinius et Duillius. Horace et Valère furent élus consuls.

La révolution qui renversait les décemvirs était le triomphe du peuple; il ne se borna pas à détruire la tyrannie, il en profita pour demander et pour obtenir de nouveaux droits au détriment des patriciens.

Horace et Valère se croyaient obligés par leurs noms à se montrer populaires; ils donnèrent une arme terrible au tribunat, en établissant que les décisions des tribuns seraient aussi obligatoires que celles des centuries. Un autre décret défendit, sous peine de mort, de créer aucune magistrature dont on ne pût appeler au peuple. On appliqua la même peine à tout homme qui maltraiterait un tribun. Enfin le dépôt des décrets du sénat, placé dans le temple de Cérès, fut confié à la garde du peuple. Le sénat se vit forcé d'accepter toutes ces lois, qui l'affaiblirent sans le rendre plus populaire. Ce qu'on cède par crainte est un échec qu'on reçoit, et non un bienfait qu'on accorde. Tout sacrifice arraché inspire la méfiance et nourrit la haine.

Les tribuns appelèrent Appius en jugement; la présence des jeunes patriciens qui l'entouraient rappelait le souvenir de ses vices et de ses attentats. La vertu seule est courageuse : Appius, aussi bas dans le malheur qu'insolent dans la prospérité, employa vainement la prière pour fléchir un peuple offensé : il vanta la justice de son code, et prétendit que son amour pour ses concitoyens lui avait seul attiré l'inimitié des patriciens. Virginius, ne le laissant pas plus long-temps s'écarter du fait de l'accusation, lui dit : « Appius, avez-vous ordonné, » contre le texte de la loi, de livrer provisoire- » ment à Claudius Virginie qui était en possession » de sa liberté? Répondez sans évasion à cette » question directe; sinon, je vous fais conduire en » prison. »

L'aveu condamnait l'accusé; la dénégation était impossible. Le silence lui ravissait la liberté; il se borna à dire : « *J'en appelle au peuple.* » Les assistants virent dans ces paroles son premier châtiment : l'appel qu'il avait aboli devenait son seul recours, et il n'invoquait d'autre protecteur que ce même peuple, qu'il avait opprimé.

Le tribun lui assigna un jour pour être jugé par le peuple, comme il le demandait; mais, en attendant, il le fit mettre en prison, sous prétexte qu'il ne pouvait jouir du privilége d'une loi violée par lui. Cette rigueur parut vengeance et non justice. Il faut suivre les formes légales, même quand elles protégent un ennemi.

Le vénérable oncle d'Appius l'avait hardiment attaqué lorsqu'il était puissant; il prit généreusement, mais vainement, sa défense lorsqu'il le vit accusé. Il produisit cependant quelque impression en rappelant les services d'Appius, ses exploits, les triomphes de sa famille et la sagesse de ses lois; mais Virginius, évoquant l'ombre de sa fille, réveilla les passions; et le décemvir, perdant tout espoir d'échapper à la vengeance publique, se tua dans sa prison. Opius imita ce courage ou cette faiblesse, qu'un faux honneur conseille quelquefois, et que la vertu défend toujours.

Les autres décemvirs furent exilés; on confisqua leurs biens. Claudius était condamné à mort; Virginius fit commuer sa peine en bannissement.

Tout faisait craindre une réaction aussi redoutable que la tyrannie. Le tribunat, comme tout parti qui se relève, passait les règles de la justice. La sagesse de Duillius mit enfin des bornes aux fureurs de ses collègues. « Nous avons, dit-il, assez vengé la » liberté, assez puni nos ennemis; je ne souffrirai » pas que, pendant tout le reste de l'année on arrête » un seul citoyen. Oublions le passé; et, pour l'avenir, » reposons-nous sur le zèle de deux consuls amis » de la liberté. » Cette déclaration ferme et modérée rétablit la paix dans la ville.

Les douze tables, gravées de nouveau, furent soumises à l'approbation du peuple. Cicéron rend à ce code un immortel honneur; il l'appelle la *raison écrite*.

Les ennemis de Rome, enhardis par les dissensions de la république, continuaient leurs courses et leurs pillages. Les consuls, forts de l'union rétablie, les battirent et s'emparèrent de leurs camps. Ils méritaient le triomphe; le sénat le refusa à leurs victoires; le peuple l'accorda à leur popularité. Ainsi l'on vit, pour la première fois, deux généraux triompher dans Rome sans le consentement du sénat et par un décret populaire.

Si les patriciens étaient égarés par leur orgueil, celui des tribuns ne se montrait pas plus traitable. Ils voulurent se faire continuer dans leurs charges; mais Duillius, qui présidait le jour de l'élection, déclara qu'il ne souffrirait pas que le choix tombât sur aucun de ceux qui étaient en place. On nomma d'autres tribuns et d'autres consuls, et l'estime universelle récompensa Duillius de son désintéressement.

Quelque temps après, de nouveaux troubles, excités par la jalousie des deux ordres de l'état, inspirèrent tant de confiance aux Volsques, qu'ils poussèrent leurs dégâts jusqu'aux portes de Rome. Les plébéiens, animés par leurs tribuns, refusaient de prendre les armes; Quintius Capitolinus convoqua le peuple, et lui représenta vivement la honte dont il se couvrait. « Est-ce nous, dit-il, est-ce vos » consuls que l'ennemi méprise? alors prononcez » notre exil. Mais si vos erreurs seules l'enhardis-

» sent, repentez-vous et punissez son audace. Ne
» vous y trompez pas, ce n'est point notre manque
» de courage que les Volsques dédaignent, ils con-
» naissent notre vaillance : c'est sur nos dissensions
» qu'ils comptent. Quand finiront-elles? Vous vou-
» liez établir l'égalité; elle existe. Vos prétentions
» s'accroissent chaque jour; vous avez violé tous
» nos droits, et nous l'avons souffert. L'ennemi
» pille aujourd'hui vos terres; les discours de vos
» tribuns répareront-ils vos pertes? Leurs éternel-
» les accusations contre nous rempliront-elles vo-
» tre trésor? Souvenez-vous de votre gloire; cessez
» d'épouvanter vos sénateurs, et faites trembler vos
» ennemis. Je pourrais vous adresser des paroles
» plus flatteuses; mais j'aime mieux vous sauver
» que vous plaire. Si vous ouvrez vos yeux que fer-
» ment vos tribuns, si vous revenez à vos anciens
» principes de justice et de sagesse, je réponds sur
» ma tête que je chasserai vos ennemis, et que je
» porterai dans leurs villes la terreur qu'ils répan-
» dent chez vous. »

Jamais harangue populaire n'eut un succès pareil à celui de ce discours sévère. Quand la vérité ne choque pas, elle excite l'admiration, et la porte jusqu'à l'enthousiasme.

Toute la jeunesse prit les armes, et le sénat chargea, par un décret, les consuls de veiller à la sûreté de la république. Ils devaient tous deux partager cette autorité absolue; mais Agrippa voulut la laisser toute entière à l'habile Quintius, dont sa modestie reconnaissait la supériorité.

On livra une grande bataille aux ennemis; leur résistance rendit long-temps le succès incertain. Agrippa, voyant son aile plier, tandis que celle de Quintius avait l'avantage, saisit une enseigne, et la jeta dans les rangs des Volsques. Les Romains se précipitèrent avec fureur pour la reprendre : la victoire fut complète.

Les consuls ne demandèrent pas le triomphe, refusé à Valère et à Horace, craignant, s'ils l'obtenaient, qu'on ne le crût donné à la faveur plutôt qu'au mérite.

A peu d'exceptions près, tout portait alors dans Rome l'empreinte de la grandeur et de la vertu; cependant cette vertu se ternit à cette époque par un jugement intéressé et contraire aux mœurs de la république.

Les habitants d'Aricie et ceux d'Ardée se faisaient la guerre pour la possession d'un territoire dont ces deux villes réclamaient la propriété. Le respect qu'inspirait dans ce temps la sévère équité du peuple romain décida les deux partis à se soumettre à son arbitrage. Les députés d'Aricie et d'Ardée plaidèrent leur cause devant lui. On allait prononcer, lorsqu'un Romain octogénaire, prenant vivement la parole, dit qu'ayant assisté autrefois au siége de Corioles, il pouvait assurer que le territoire en question dépendait de cette ville, qui, depuis, avait passé sous la domination des Romains, et qu'ainsi c'était à Rome qu'il appartenait.

Les consuls combattirent en vain cette honteuse opinion, dont l'effet était de substituer l'intérêt à la justice; de transformer le juge en plaideur, et de tromper la noble confiance des peuples qui comptaient sur l'impartialité de leurs arbitres. Les tribuns n'appuyèrent pas avec plus de succès ces sages remontrances; le peuple, échauffé par le discours du vieux guerrier, et aveuglé par la cupidité, adjugea à Rome le territoire en litige, se faisant ainsi sans pudeur juge et partie. Cette décision inique, et surtout honteuse, souilla la gloire de Rome, et grossit le nombre de ses ennemis.

Les Ardéates se joignirent aux Volsques et aux Èques pour s'emparer de la forteresse de Verrugo, bâtie par les Romains sur leurs frontières. Loin de s'unir pour dissiper cet orage, les patriciens et les plébéiens se montraient plus divisés que jamais.

Il était presque impossible de mettre fin à ces troubles; on avait élevé entre le sénat et le peuple une barrière à la fois trop haute et trop faible : les lois humiliaient trop les plébéiens, en leur accordant en même temps trop de pouvoir; et Rome, après avoir remplacé l'autorité monarchique par la puissance aristocratique, marchait à grands pas, sans pouvoir s'en défendre, vers la démocratie, qui, au milieu d'une population nombreuse, mène tôt ou tard à la tyrannie.

Le sénat n'avait pour lui qu'un antique respect, les triomphes et les vertus de ses membres. La force était du côté du peuple; son refus seul de prendre les armes contraignait ses adversaires à des sacrifices continuels; et le droit qu'il s'était attribué de juger par appel toutes les causes, d'approuver ou d'improuver toutes les lois, et de mettre en accusation les généraux, les magistrats, les consuls, plaçait réellement la puissance dans les mains de la classe qu'on irritait constamment en l'écartant de tous les honneurs. Il était donc évident qu'après avoir conquis le partage du pouvoir, les plébéiens exigeraient celui des dignités, et c'est ce qui ne tarda pas à arriver.

Sous le consulat de M. Génutius et de C. Curtius, le tribun Canuléius proposa deux lois : l'une avait pour objet de permettre les mariages entre les plébéiens et les patriciens; l'autre voulait que les plébéiens pussent parvenir au consulat.

Ces deux propositions répandirent l'alarme dans le sénat; les vrais ennemis de Rome, disait-on, sont les tribuns du peuple : ils attaquent successivement toutes les institutions; chacun de nos sacrifices encourage les séditieux, chaque révolte a sa récompense. Le mélange des races qu'on nous propose enlèvera au sénat toute sa majesté ; la confusion remplacera l'ordre, et le consulat sera réservé aux plus factieux : on ne devrait répondre que les armes à la main à ces tribuns turbulents, qui préfèrent l'invasion de l'ennemi au joug des lois.

D'un autre côté, les partisans du peuple répondaient : Que voulons-nous ? être traités en citoyens. Le sénat ne nous regarde que comme des esclaves ; il refuse à des Romains les liens du mariage qu'il accorde à des étrangers. Ces fiers patriciens croient que notre approche les souille ; ils pensent que le consulat serait déshonoré par nous comme il pourrait l'être par des affranchis. La naissance seule leur paraît un titre à cette dignité ; aucune vertu, aucun mérite ne peuvent nous y donner des droits ; les grands nous regardent à peine comme des hommes ; ils nous accordent à regret la forme et la parole humaine ; ils s'indignent de respirer le même air que nous. Beaucoup d'étrangers sont devenus patriciens et sénateurs ; mais cet honneur est interdit aux citoyens romains ! Le peuple est la force de l'état ; on ne l'avoue que pour lui en faire porter les charges. Ce peuple a le droit de faire les lois, et on lui défend d'en proposer qui lui soient favorables ! On convient que sans lui il n'existerait point d'armées, et on ne veut pas qu'un homme sorti de son sein puisse les commander. Puisque les patriciens veulent être seuls maîtres de Rome, qu'ils la défendent donc seuls. Nous ne prendrons point les armes tant qu'on refusera de nous rendre justice.

Le sénat, à la fois pressé par la violence du peuple et par l'approche de l'ennemi, adopta la loi des mariages. Les tribuns insistaient toujours sur celle du consulat; et le sénat, éludant la difficulté, décida qu'on élirait au lieu de consuls des tribuns militaires, choisis indifféremment dans les deux ordres de l'état. L'élection eut lieu [1]; et le peuple, se montrant généreux, parce qu'il était vainqueur, choisit trois patriciens, Sempronius, Attilius et Cœcilius.

[1] An de Rome 310. — Avant Jésus-Christ 442.

CHAPTRE VI.

Création de la censure. — Guerre d'Ardée. — Famine à Rome. — Conspiration de Spurius Mélius. — Son arrestation et sa mort. — Guerre avec les Véiens, les Fidénates et les Falisques. — Dictature de Mamercus Emilius. — Trophée de Cossus. — Dictatures de Servilius et de Posthumius. — Origine du nom de Capoue. — Création de la questure. — Conspiration des esclaves. — Victoires des Èques sur les Romains. — Dictature de Servilius Priscus pendant huit jours. — Sa victoire sur les Èques. — Révolte dans l'armée. — Mort de Posthumius, lapidé par ses soldats. — Nouvelle guerre avec les Èques et les Volsques. — Dictature de Publius Cornélius. — Établissement de la solde des troupes. — Siége et blocus de la ville de Véies. — Débordement du lac d'Albe. — Dictature de Camille. — Prise de la ville de Véies. — Abdication de Camille. — Sa nomination de tribun militaire. — Sa victoire sur les Falisques. — Trahison du maître des enfants falisques. — Sa punition. — Élection de consuls. — Exil de Camille. — Guerre avec les Gaulois. — Siége de Clusium par les Gaulois. — Ambassade de Rome à Brennus, chef des Gaulois. — Témérité imprudente de Fabius. — Marche des Gaulois sur Rome. — Rencontre des deux armées. — Défaite des Romains. — Désordre à Rome. — Déférence de Lucius Albinus pour les vestales. — Prise de Rome. — Siége et blocus du Capitole. — Commandement de Camille chez les Ardéates. — Dévouement de Pontius Cominius. — Dictature de Camille. — Le Capitole sauvé par les oies sacrées. — Traité entre les Romains et les Gaulois rompu par l'arrivée de Camille. — Défaite complète des Gaulois. — Délivrance de Rome.

La tranquillité, rétablie momentanément à Rome, permit de songer à sa défense. La guerre ne produisit aucun événement décisif; mais les levées qu'elle nécessita découvrirent un nouveau désordre qui s'était introduit dans l'état.

Depuis dix-sept ans, on avait négligé de faire le dénombrement des biens et des personnes, et, dans cet intervalle, un grand nombre de citoyens, n'étant inscrits sur aucun registre, pouvaient facilement se soustraire aux charges militaires et civiles. Pour remédier à cet abus, on résolut de confier le soin du dénombrement des personnes et des biens, c'est-à-dire, du *cens*, à deux magistrats qu'on nomma *censeurs*.

Le peuple, ne prévoyant pas l'extension que devait avoir cette magistrature, l'abandonna aux patriciens. Une loi si importante passa sans difficulté; elle avait été proposée par Géganius Massérinus et Quintius Capitolinus, que le peuple venait de nommer consuls après la démission des tribuns militaires.

Les censeurs obtinrent bientôt de nouvelles attributions : chargés de la surveillance des mœurs et du maintien de la discipline, ils reçurent le droit de punir l'inconduite par la dégradation. On les vit dans la suite rayer des sénateurs, priver des chevaliers de leurs titres, et faire passer des citoyens de la première centurie dans la dernière. On leur confia depuis l'entretien des édifices, des routes, et l'intendance des revenus publics. Excepté les licteurs, on leur accorda toutes les marques de la dignité consulaire, et cette magistrature égala presque la puissance du consulat.

La durée du pouvoir des censeurs varia : elle fut tantôt de dix-huit mois, tantôt de cinq années. Il fallait avoir été consul pour parvenir à la censure. Les premiers qui exercèrent cette charge, furent Papirius et Sempronius. Montesquieu regarde avec raison l'institution de la censure comme la digue qui arrêta le plus long-temps les progrès de la corruption et de la décadence de la république.

Les mêmes consuls, qui créèrent un si fort obstacle aux innovations, une barrière si puissante contre l'immoralité, réparèrent les premiers l'injustice commise par les Romains contre Ardée. Le peuple de cette ville, révolté contre les nobles, s'était joint aux Volsques pour piller leurs terres. Ils assiégèrent les patriciens dans Ardée. Géganius battit complétement les Volsques, et les contraignit à capituler et à passer sous le joug. Il rétablit la tranquillité parmi les Ardéates, en faisant décapiter les chefs des factieux, et il rentra en triomphe dans Rome, précédé des riches dépouilles de l'ennemi, et traînant, enchaîné devant son char, Cluilius, général des Volsques.

Les vertus et la sage fermeté de son collègue Quintius lui valurent une gloire brillante, mais plus rare; réprimant l'orgueil patricien et la licence plébéienne, il maintint la paix intérieure, et se concilia le respect du peuple et l'affection du sénat.

Sous l'influence de ces sages consuls, Rome se lava totalement de la tache que lui imprimait un arrêt injuste : elle rendit aux Ardéates les terres enlevées, et leur envoya une colonie pour réparer les pertes que leur population venait d'éprouver par les discordes civiles.

L'état continuel de guerre des Romains et leur mépris pour le commerce les exposaient à des disettes fréquentes. Rome se vit désolée par une famine si affreuse, qu'un grand nombre de citoyens se précipitèrent dans le Tibre. Spurius Mélius, chevalier romain, crut pouvoir profiter de cette calamité pour aspirer à la tyrannie. Il acheta en Étrurie une grande quantité de blé qu'il distribua aux pauvres et aux prolétaires, dans le dessein de se faire des partisans.

Lucius Minutius était alors préfet des vivres : ses agents découvrirent les intrigues de Mélius; il en informa le sénat, lui apprenant en même temps qu'on tenait des assemblées nocturnes dans la maison de ce conspirateur, qu'on y rassemblait des armes, que son parti voulait le faire roi, et que plusieurs tribuns, corrompus par lui, étaient entrés dans la conjuration.

Le danger semblait imminent ; le consul Quintius proposa de nommer un dictateur ; et, conformément à son avis, le sénat revêtit de cette autorité Cincinnatus, qui nomma général de la cavalerie Servilius Ahala.

Le lendemain, le peuple fut aussi surpris qu'effrayé de voir paraître sur la place le dictateur, précédé de ses haches et de ses licteurs. On se demandait quel péril imprévu, au milieu de la paix, pouvait menacer la république. Mélius, seul, connaissait l'ennemi qu'on voulait combattre. Cincinnatus le somme de comparaître devant lui : le coupable, incertain du parti qu'il devait prendre, différait d'obéir, et cherchait à s'éloigner. Servilius ordonne aux licteurs de l'arrêter ; Mélius implore le secours du peuple, qui, trompé par ses prodigalités, s'émeut, et l'arrache aux mains des licteurs. Il fuit à travers la foule ; le général de la cavalerie le poursuit, l'atteint, lui plonge son glaive dans le corps, et, couvert de son sang, revient près du dictateur : « Je vous approuve et vous loue, dit » Cincinnatus ; vous avez délivré Rome d'un tyran » qui voulait la rendre esclave. »

Cependant, ce meurtre excitait une grande agitation dans le peuple ; toute la ville était en tumulte ; l'air retentissait de murmures et de clameurs. Le dictateur convoque l'assemblée : « Citoyens, dit-il, » quand Mélius ne serait pas coupable, on l'aurait

» tué légitimement, puisqu'il m'a désobéi. J'étais
» assis sur mon tribunal pour le juger; sa résistance
» à la justice est une rébellion. Cet homme, né
» sous vos lois, allait les renverser; il voulait se
» faire tyran de la ville qui a chassé les rois. Le
» fils du fondateur de votre liberté a subi la mort
» pour le même crime; Cassius, convaincu d'un
» semblable délit, a éprouvé le même sort; vous
» avez puni Appius et les décemvirs, parce qu'ils
» usurpaient l'autorité; et cependant tous ces hom-
» mes pouvaient fonder leur ambition sur des con-
» sulats et des triomphes. Ce que vous n'avez pas
» souffert de si grands personnages, l'auriez-vous
» supporté d'un Mélius qui devait à peine oser pré-
» tendre au tribunat, et qui croyait insolemment
» acheter de vous un trône pour quelques livres de
» pain? Son sang n'a pas assez expié son crime;
» j'ordonne que la maison dans laquelle il conspi-
» rait soit rasée, et que ses biens soient vendus au
» profit du trésor public. »

L'ordre du dictateur fut exécuté; mais on ne rechercha pas les complices de Mélius. Cette rigueur austère, cette condamnation sans formalités, excitèrent la fureur des tribuns qui menaçaient d'appeler en jugement Servilius Ahala après la fin de la dictature. La plus grande partie du peuple les appuyait; le sénat les apaisa en décrétant qu'on nommerait six tribuns militaires au lieu de consuls.

Leur ambition se flattait d'obtenir une de ces places ; mais leur espoir fut déçu, et le peuple, habitué à respecter le sénat lorsqu'on n'irritait pas ses passions, ne voulut élire que trois tribuns militaires, et les choisit parmi les patriciens.

Peu de temps après, les Véiens commirent des hostilités, et entraînèrent dans leur parti Fidènes, colonie romaine. Le sénat leur envoya des ambassadeurs pour se plaindre de l'infraction des traités. Tolumnius, roi des Véiens, fit massacrer ces ambassadeurs.

La nécessité de se venger d'une si grave offense contint l'esprit turbulent des tribuns du peuple. Ils laissèrent sans opposition élire des consuls. Sergius, l'un d'eux, gagna une bataille qui lui valut le surnom de Fidénate ; mais cette victoire n'était pas décisive, et elle coûtait tant de sang, qu'elle fit répandre dans Rome plus de larmes qu'elle n'y causa de joie.

Les Falisques grossirent le nombre des ennemis ; l'imminence du danger décida le sénat à nommer dictateur Mamercus Émilius. Une nouvelle bataille eut lieu ; l'infanterie étrusque plia d'abord sous l'effort des Romains ; mais la cavalerie, commandée par le roi Tolumnius, combattait avec avantage celle du dictateur. Dans cet instant, un guerrier romain, Cornélius Cossus, voyant que Tolumnius répandait partout la mort et l'effroi : « Voilà donc,

» dit-il, ce perfide infracteur du droit des gens!
» S'il existe des dieux vengeurs du crime, ils per-
» mettront à mon bras d'immoler ce parjure aux
» mânes de nos ambassadeurs! »

A ces mots, il court sur le roi, et le renverse d'un coup de lance. Le prince se relève; Cossus saute à terre, l'attaque de nouveau, le renverse encore, et, le perçant d'outre en outre, le tient attaché à la terre. Alors, il le dépouille de son armure, lui coupe la tête, et la place au bout de sa lance. Ce trophée sanglant ranime le courage des Romains, et frappe de terreur les ennemis, qui prennent la fuite. On en fit un affreux carnage; la victoire fut complète. Le dictateur obtint la pompe, et Cossus l'honneur réel du triomphe. Depuis la fondation de Rome, il fut le second qui plaça des dépouilles opimes dans le temple de Jupiter Férétrien.

La peste s'unit aux maux de la guerre pour atténuer les forces de Rome. Ce fléau n'empêcha pas cependant un nouveau dictateur, Servilius, de combattre les Véiens et de s'emparer de Fidènes [1]. Aucune paix ne termina cette guerre acharnée: on eut encore recours à la dictature; et, malgré l'opposition des consuls, le peuple, d'accord avec le sénat, les força d'élire Posthumius, qui rem-

---

[1] An de Rome 318. — Avant Jésus-Christ 434.

porta une victoire signalée sur les Volsques, s'empara de leur camp, vendit un grand nombre de prisonniers, et abdiqua après avoir triomphé.

Ce fut dans ce temps qu'un peuple, alors peu connu, mais qui devint depuis fort redoutable aux Romains, accrut sa puissance par un crime. Les Samnites, après avoir fait la guerre contre les Étrusques pour la possession du territoire de Vulturne, obtinrent, par un traité, la permission d'établir une colonie dans une partie de ce territoire; mais, à peine arrivés, ils entrèrent la nuit dans la ville, surprirent les habitants au milieu des désordres d'une fête, les massacrèrent; et leur chef Capis donna le nom de Capoue à cette sanglante conquête.

Pendant l'espace de plusieurs années, la guerre qui continua entre Rome, les Véiens et les Volsques ne put amener aucun résultat, et ne valut que des triomphes sans fruit, tantôt à des consuls, tantôt à des tribuns militaires. Le consul Sempronius, combattant contre les Volsques, se vit abandonné par ses légions, qu'une terreur panique mit en fuite. Le courage intrépide d'un seul décurion, nommé Tympanius, sauva l'armée. Quelques cavaliers qui le suivaient mirent par ses ordres pied à terre, défendirent héroïquement un défilé, et arrêtèrent l'ennemi, qui, se croyant attaqué de nouveau, se retira; de sorte que les deux armées se crurent vaincues, tandis que Tympanius resta seul maître du champ de bataille.

Les fuyards avaient répandu l'alarme dans Rome; déjà les sénateurs armés couraient aux portes pour les défendre, lorsqu'on apprit que le danger n'existait plus.

Les tribuns jugèrent l'occasion favorable pour accuser les consuls : ils comptaient sur le témoignage de Tympanius; mais ce guerrier, aussi généreux que brave, justifia Sempronius, loua le courage de ses chefs, ne parla pas du sien, et s'acquit encore plus d'honneur par sa modestie que par sa vaillance.

Ce fut dans ce temps qu'on établit auprès de l'armée des questeurs chargés de la caisse militaire, de la fourniture des vivres et du partage du butin. Ils exercèrent depuis les mêmes fonctions dans les pays conquis et réduits en provinces romaines; et cette magistrature devint le premier degré pour arriver aux grandes charges de la république.

On découvrit, à cette époque, une conspiration des esclaves qui voulaient incendier Rome. Le supplice des chefs étouffa la révolte. Les tribuns, qui ne pouvaient laisser le peuple jouir de la paix intérieure, parce que les troubles seuls favorisaient leur ambition, recommencèrent leurs plaintes et leurs déclamations sur l'inégalité du partage des terres. La discorde qu'ils excitaient dans la ville passa dans les camps. Les tribuns militaires, divisés, se laissèrent envelopper par les Èques ; une partie de l'armée romaine fut taillée en pièces, l'autre prit la fuite. Les généraux et leurs lieutenants se sauvèrent à Tusculum.

Servilius Priscus, nommé dictateur, répara cet échec. Les ennemis, au lieu de profiter de la victoire, se livraient à la débauche ; Servilius les surprit dans ce désordre, s'empara de leur camp, prit une de leurs villes, fit un riche butin, et abdiqua une dictature qui n'avait duré que huit jours.

Le partage des terres excita bientôt dans l'armée une nouvelle révolte. Posthumius, tribun militaire, qui s'était emparé de la ville de Voles, avait promis à ses soldats de leur en partager le territoire. Cet homme léger et violent manqua de parole ; on se souleva ; et, comme il voulait opposer la rigueur à la sédition, il fut lapidé par son armée. Le sénat, consterné de cet événement, n'osait punir des soldats soutenus par le peuple, et ne pouvait absoudre des hommes coupables d'une telle violation des lois de la discipline. Les consuls proposèrent de renvoyer l'information de cette affaire au peuple ; le peuple la renvoya aux consuls : de part et d'autre on voulait la justice et on craignait l'armée.

Cornélius Cossus et Furius Médullinus, consuls, condamnèrent au supplice quelques soldats. Cette modération n'apaisa pas les esprits, et la discorde continua de régner dans le camp ainsi que dans la ville. La guerre, la peste et la famine ne purent calmer l'esprit de faction, et le malheur même n'était pas capable de réunir ses victimes.

Profitant de ces dissensions, les Èques et les Volsques s'emparèrent d'une ville et d'une garnison romaines. Les consuls ne pouvaient obtenir du tribunat les moyens de lever une armée ; le sénat se vit encore obligé de céder au peuple, et de nommer des tribuns militaires ; mais, comme le nombre et l'audace des ennemis croissaient, on sentit la nécessité d'élire un dictateur. Au milieu de ce désordre qui pouvait, en se prolongeant, exposer Rome au plus grand danger, l'un des tribuns militaires, Servilius Ahala, se sépara de ses collègues, obéit au sénat, et nomma dictateur Publius Cornélius, qui chassa les ennemis, porta le ravage sur leurs terres, et abdiqua.

Trois nouveaux tribuns militaires battirent les Volsques, et se rendirent maîtres d'Anxur, nommée depuis Terracine. Les généraux se concilièrent la bienveillance du peuple, en accordant à l'armée le pillage de cette ville.

Si une lutte continuelle des Romains avec les nations belliqueuses qui les entouraient leur donna cet esprit guerrier, cette habitude des périls et des armes et cette force invincible qui les destinait à la conquête de la terre, les intrigues des tribuns, la fréquence des séditions, la crainte des jugements populaires et la fière ambition des plébéiens obligeaient le sénat à faire une étude constante de la politique, à se placer par l'habitude et par la vertu au-dessus des reproches et de l'accusation, à joindre l'adresse à la force pour diriger des esprits si remuants, et à se préparer ainsi au gouvernement du monde.

Cette habile compagnie s'aperçut du vice radical qui minait sa grandeur, qui favorisait les factions, et qui rendait inutiles les efforts des plus braves guerriers et des généraux les plus expérimentés. Le soldat n'était point payé; les citoyens, servant à leurs frais, voyaient souvent leurs héritages ruinés et leurs terres en friche. Ces malheurs les forçaient aux emprunts, les livraient aux usuriers, et les disposaient aux séditions. On prenait les armes à regret; on était pressé de les quitter. Les guerres n'étaient que des courses; les campagnes ne duraient qu'un mois, et un prompt licenciement faisait perdre le fruit des plus brillantes victoires.

Le sénat, par un décret, commença une grande révolution, et posa le plus solide fondement de la puissance romaine. Il accorda une solde à l'infanterie. Jamais loi ne parut plus agréable au peuple : il accourait en foule, baisait les mains des sénateurs, les appelait ses pères, et jurait de verser tout son sang pour défendre une patrie si bienfaisante.

Les armées soldées, dans d'autres pays, arment l'autorité d'une force destructive de la liberté; mais à Rome, où le peuple surveillait les dépenses publiques par les questeurs, effrayait l'ambition par ses jugements, participait à la législation par ses votes, et au gouvernement par ses élections, on pouvait fortifier l'armée sans menacer l'indépendance.

Les tribuns seuls, loin de partager la joie publique, désapprouvaient une innovation qui leur enlevait leurs plus grands moyens d'intrigues. Ils représentèrent au peuple qu'on ne lui donnait que son propre bien, et qu'on achetait son obéissance, en le payant avec le produit des impôts levés sur lui.

Beaucoup de citoyens, égarés par ces discours, se montraient disposés à refuser la contribution exigée; mais les patriciens commencèrent à l'acquitter. La vue de leur argent, porté sur des chariots, excita l'amour-propre des plébéiens; ils imitèrent cet exemple, et les prolétaires mêmes voulurent y contribuer.

Le sénat, disposant alors de troupes régulières, forma de plus vastes projets; et, aspirant à la conquête de l'Italie, il résolut d'assiéger une de ses plus fortes villes, Véies, presque égale à Rome en population, en richesse et en courage [1].

---

[1] An de Rome 351. — Avant Jésus-Christ 401.

Les tribuns militaires partagèrent leurs forces; les uns combattirent les Volsques, les défirent et prirent Arténa, une de leurs villes; les autres attaquèrent Véies et l'investirent. Le siége dura plus de dix ans; après beaucoup de tentatives inutiles pour prendre cette ville d'assaut, on se vit obligé de changer le siége en blocus.

Des Véiens, craignant que les troubles intérieurs n'accrussent le danger qui les menaçait, élurent un roi. Cette mesure leur devint fatale: l'assemblée générale des Étrusques décida qu'on ne donnerait aucun secours à Véies, si elle n'abolissait la royauté. Personne n'osa s'exposer au ressentiment du roi en répandant cette nouvelle dans la ville; de sorte qu'elle resta sans appui, livrée à ses propres forces.

Le blocus de Véies obligeait les soldats romains à passer tout l'hiver dans le camp, ce qui ne leur était jamais arrivé. Le mécontentement que leur absence répandait dans la ville fit croire aux tribuns du peuple que le moment était favorable pour recommencer leurs déclamations contre le sénat. «Son » secret est enfin découvert, disaient-ils aux plé- » béiens; son masque est levé; il ne solde la jeu- » nesse que pour l'enchaîner. Ce ne sont plus des ci- » toyens qu'ils appellent, mais des esclaves qu'ils » paient. Si vous ne revenez à vos anciens usages, » c'en est fait de votre liberté. »

Ces paroles artificieuses faisaient impression : elles opposaient à la loi tous les sentiments blessés et la force des habitudes.

Appius, tribun militaire, resté à Rome, craignait que ces intrigues ne renversassent le nouvel édifice élevé par la sagesse du sénat. S'adressant alors vivement au peuple : « Si l'on avait jamais
» douté, dit-il, de l'esprit séditieux de vos tribuns,
» il n'y aurait plus à présent d'incertitude. Jamais
» acte de rigueur ne les a autant affligés que cette
» libéralité du sénat. L'union des deux ordres de
» l'état est ce qu'ils redoutent le plus; ils ne fondent
» leur autorité que sur vos troubles, et ne cherchent
» qu'à rompre cette bonne intelligence qui seule
» peut nous rendre le plus puissant des peuples. Si
» les soldats qu'on affecte de plaindre entendaient
» mes paroles, ils les applaudiraient. S'ils n'étaient
» que des mercenaires, je leur dirais qu'on proportionne
» le travail qu'on exige d'eux aux récompenses
» qu'ils reçoivent, et que, soldés toute l'année,
» ils doivent servir toute l'année. Mais ce sont des
» Romains : l'intérêt de Rome doit seul les persuader.
» Les Véiens ont enfreint sept fois nos traités;
» ils ont ravagé nos terres, soulevé les Fidénates,
» égorgé une de nos colonies, assassiné nos ambassadeurs;
» ils veulent enfin armer toute l'Étrurie
» contre nous. Est-ce avec de tels ennemis qu'on
» doit agir mollement? Abandonnerons-nous nos

» travaux et nos retranchements pour laisser le
» champ libre à de nouveaux brigandages? Mais
» quand tous ces motifs n'exigeraient pas la conti-
» nuation du siége, croyez que rien ne nous im-
» porte plus que d'établir la discipline dans nos
» armées. Jusqu'à présent nous avons su vaincre,
» et non profiter de la victoire. Nous quittons nos
» camps au milieu de l'automne, comme ces oi-
» seaux de passage qui disparaissent avec l'été. Ap-
» prenons, quand la guerre tourne en longueur, à
» en attendre courageusement l'issue. Bravons les
» frimas pour la gloire, comme nous les affrontons
» pour les vains plaisirs de la chasse. Que vos enne-
» mis sachent enfin que Rome, aussi constante qu'im-
» pétueuse, ne finit un siége que par la prise d'une
» ville, et ne termine une guerre que par la victoire.
» Déclarez à vos tribuns que vous ne les avez pas
» élus pour être les défenseurs de la mollesse et de
» la lâcheté, et défendez-leur de tromper les soldats
» en leur présentant la désobéissance sous les traits
» du courage, et la licence sous ceux de la liberté. »
La fermeté de cette harangue imposa aux factieux.

Peu de temps après, on apprit que les Véiens, ayant fait une sortie pendant la nuit, avaient renversé les travaux des Romains et incendié leurs machines. Cette nouvelle, répandue à Rome, enflamma le peuple de colère. Les plébéiens qui jouissaient de quelque aisance offrirent de combattre à cheval, s'engageant volontairement à servir jusqu'à ce que Véies fût prise.

Le sénat, profitant de leur zèle pour compléter son système, accorda à la cavalerie une solde de vingt sous, triple de celle de l'infanterie. Quelque temps après, les généraux patriciens s'étant laissé battre par les Volsques, les vœux du peuple furent comblés par la nomination de tribuns militaires pris dans la classe plébéienne.

Sur ces entrefaites, un phénomène, très-naturel sans doute, mais dont on ne peut expliquer les causes, excita une grande inquiétude à Rome. Le lac d'Albe grossit tout à coup d'une manière effrayante, quoique aucune pluie n'eût précédé ce débordement. La crédulité prit cet événement pour un prodige. On vantait beaucoup alors la science d'un vieillard de Véies, qui passait pour devin. Les Romains s'étant emparés de sa personne, il leur dit, sur la foi d'une ancienne prédiction, que Rome était menacée d'un grand désastre si l'eau du lac débordait jusqu'à la mer; mais que, si elle s'arrêtait avant d'y arriver, ce serait le signal de la ruine de Véies.

Le sénat envoya à Delphes des députés qui consultèrent l'oracle, et rapportèrent une réponse conforme à celle du vieillard.

On creusa des canaux qui éloignèrent de la mer les eaux du lac, et la politique profita ainsi de la superstition pour augmenter le courage des assiégeants et la crainte des assiégés.

Deux nouveaux tribuns militaires s'étant encore laissé vaincre par les Capénates et par les Falisques, la terreur se répandit dans l'armée et dans la ville : on disait au camp de Véies que les ennemis marchaient sur Rome; à Rome, on répandait le bruit d'une victoire complète des Véiens. La consternation devint générale.

Dans de grands périls, toute intrigue cesse, toute ambition se tait, et l'envie même invoque le génie. On nomma Camille dictateur; il prit Cornélius Scipion pour général de la cavalerie.

Les vertus et les exploits de Camille lui avaient déjà acquis l'estime universelle. Il appelle la jeunesse romaine à la défense de la patrie; elle répond à sa voix avec ardeur et confiance. Celle des Latins et des Herniques accourt lui offrir ses services. Le dictateur promet aux dieux que, s'il termine heureusement la guerre, il célébrera les grands jeux du cirque, et qu'il rebâtira le temple de la déesse Ino, nommée par les Romains la mère Matuta.

Camille, après avoir battu les Falisques et les Capénates, se rendit au camp de Véies, qui n'avait point été attaqué comme on le croyait, mais dans lequel régnait un désordre plus dangereux souvent que les défaites. Il y rétablit d'abord la discipline,

Convaincu que la force ne pouvait triompher d'une ville aussi populeuse, il eut recours à la ruse, et fit ouvrir secrètement une mine qu'il conduisit jusque sous la citadelle. Cet ouvrage étant achevé sans que les assiégeants en eussent la moindre connaissance, il écrivit au sénat pour lui demander quel usage il devait faire du riche butin que la victoire lui promettait. Le sénat décida qu'on le livrerait au peuple, et qu'il serait distribué à tous les citoyens qui voudraient se rendre au camp. La moitié de Rome y courut.

Le dictateur, se conformant aux anciens usages qui exigeaient qu'on se rendît favorables à la fois les dieux de Rome et les dieux de Véies, prit les auspices, et dit : « Apollon Pythien, c'est par vos » ordres que je vais ruiner cette ville ennemie : je » vous consacre la dixième partie de ses richesses; » et vous, reine Junon, qui aujourd'hui habitez » Véies, je vous conjure, après la victoire, de nous » suivre dans notre ville de Rome, qui va devenir » la vôtre : vous y trouverez un temple digne de vous.

Camille, afin de détourner l'attention des assiégés du péril réel qui les menaçait, ordonna un assaut général; et, tandis que les légions s'avançaient contre les murailles en jetant de grands cris, un corps d'élite, marchant sous la terre, perce la mine, et sort, avec un grand bruit, dans le temple même où le roi des Véiens sacrifiait aux dieux, et au moment où le devin, consultant les entrailles des victimes, déclarait vainqueur celui qui consommerait ce sacrifice. Les Romains, entendant ces paroles, se précipitent sur les Véiens, et accomplissent l'oracle en offrant l'holocauste au ciel. Tite-Live, en rapportant ce fait, que sa raison n'osait ni croire ni réfuter, convient qu'il est plus propre au théâtre qu'à l'histoire.

Les Romains, maîtres de la citadelle, se répandirent dans la ville et embrasèrent les maisons, tandis que les légions franchissaient les remparts. Le carnage fut épouvantable; Camille parvint enfin à le faire cesser. Il ordonna d'épargner les vaincus désarmés, et, dès qu'ils furent soumis, on donna le signal du pillage.

Le dictateur, se voyant maître d'une si grande cité, s'écria : « Si ma fortune, ou celle de Rome, » paraît trop éclatante aux hommes et aux dieux, » et si elle doit être compensée par quelques dis- » grâces, je demande au sort de les faire tomber » sur moi plutôt que sur la république. » En disant ces mots, il se heurta contre une pierre, tomba, et, dans la suite, la superstition regarda cette chute comme un présage de l'exil de Camille et de la prise de Rome par les Gaulois.

Le dictateur fit vendre à l'encan tous les prisonniers. Le produit de cette vente fut la seule part du trésor public dans le butin.

L'élite des Romains, revêtue de robes blanches, conduisit en pompe, à Rome, la statue de Junon[1]. La crédulité racontait que, Camille ayant demandé à la déesse si elle voulait s'y laisser transporter, elle marqua son consentement par un signe de tête.

Le siége avait duré dix ans. Véies, résistant à toutes les forces romaines, fut surprise plutôt que vaincue.

Jamais une victoire ne causa dans Rome une joie plus vive, et jamais dictateur n'obtint un triomphe plus magnifique. Camille se montra le premier avec quatre chevaux blancs attelés à son char, tel qu'on représentait Jupiter et Apollon. Cet orgueil déplut. Quel grand homme en est exempt! Mithridate sut se rendre inaccessible à tous les poisons; mais il est plus difficile de résister à ceux de la fortune et de la gloire.

Camille, après avoir donné les ordres nécessaires pour l'érection du temple de Junon, fit la dédicace de celui de Matuta, et se démit de la dictature.

Le sénat accorda la paix aux Èques et aux Volsques; mais il se vit dans un grand embarras pour trouver la quantité d'or qu'exigeait le présent promis par Camille à l'Apollon de Delphes.

---

[1] An de Rome 359. — Avant Jésus-Christ 393.

Les dames romaines, qui savaient faire à leur patrie le sacrifice de leur vanité, comme les Romains celui de leur vie, offrirent au sénat leurs ornements et leurs bijoux. Ils servirent à fabriquer une coupe d'or de quatre-vingt mille écus. Un honneur immortel les dédommagea de la perte d'un vain luxe. On leur permit de se rendre aux jeux publics dans des chars suspendus, et le sénat leur accorda le privilége dont jusque-là les hommes les plus distingués jouissaient exclusivement, celui d'être louées publiquement après leur mort.

Les Falisques n'avaient pas voulu se soumettre : Camille, élu tribun militaire, les battit, s'empara de leur camp, et y fit un riche butin qu'il réserva tout entier pour le trésor. Sous tout autre général, cette mesure aurait peut-être porté les soldats à la révolte; mais ils craignaient sa sévérité, et admiraient sa vertu. Le respect contint les murmures.

Camille forma le siége de Falérie. Les enfants des familles les plus distinguées de cette ville vivaient sous la discipline d'un seul maître, qui conçut le vil projet de fonder sa fortune sur une infâme trahison. Il avait l'habitude de conduire tous les jours ses élèves hors de la ville pour les exercer. Prolongeant peu à peu ses promenades, il finit par les conduire à Camille, et lui dit : « En remettant en-
» tre vos mains les enfants des hommes les plus
» puissants de Falérie, c'est la ville même que je

» vous livre. » « Vil scélérat! lui répondit le héros
» d'un air menaçant, tu offres un présent odieux
» à un général et à un peuple qui n'ont aucune
» ressemblance avec toi! Il est vrai que nul traité
» fondé sur des conventions humaines ne nous lie
» aux Falisques; mais il existe, et il existera entre
» eux et nous, un lien sacré formé par la nature.
» La guerre a ses droits comme la paix, et nous
» avons appris à les respecter également. Nous pre-
» nons les armes, non contre les êtres faibles dont
» on épargne la jeunesse, même dans les cités con-
» quises, mais contre les hommes, qui, sans être
» offensés, se sont armés contre nous, et ont atta-
» qué notre camp près de Véies. Tu veux les vaincre
» par un crime jusqu'à présent inconnu; moi, je
» les vaincrai par les seuls moyens dignes des Ro-
» mains, la vertu, le travail et les armes. »

Après ce discours, Camille fit dépouiller le perfide maître de ses vêtements, lui fit attacher les
mains derrière le dos, et, donnant des verges à ses
jeunes disciples, il leur ordonna de le ramener
dans la ville en le frappant.

Les Falisques pleuraient la perte de leurs enfants : ce retour imprévu changea leur désespoir
en joie et leur haine en admiration. Décidés jusque-là, comme les Véiens, à vaincre ou à périr,
ils demandèrent la paix à Rome. Leurs députés
dirent au sénat : « Pères conscrits, nous sommes

» vaincus par vous et par votre général; mais c'est
» une victoire dont vous pouvez jouir sans exciter
» la jalousie des dieux ni des hommes, et que nous
» pouvons avouer sans honte. Nous nous rendons
» à vous, persuadés que nous serons plus heureux
» sous votre empire que sous nos propres lois.
» Nous donnons dans cette guerre deux grands
» exemples au genre humain : vous, celui de la
» bonne foi, qui préfère des dangers honorables
» à un triomphe certain, mais criminel; et nous,
» celui de la générosité, qui cède volontairement
» la victoire aux vertus. Nous nous soumettons
» donc à votre discrétion. Envoyez des commis-
» saires; qu'ils s'emparent de nos armes, reçoivent
» des otages, et prennent possession de la ville,
» dont les portes leur seront ouvertes. Vous n'au-
» rez point à vous plaindre de notre fidélité, ni
» nous de votre domination. »

Ainsi, la vertu d'un homme valut aux Romains une importante conquête.

Le vaisseau qui portait à Delphes la coupe d'or envoyée par le sénat, fut pris par les pirates de Lipari. Timasithée, leur chef, digne d'être Romain par sa générosité et par son respect pour les dieux, rendit le vaisseau, la coupe, et voulut lui-même escorter les députés jusqu'à Delphes, et les ramener à Rome.

Le sénat, croyant que la situation prospère de

la république lui permettait de revenir sans danger aux anciens usages, fit élire des consuls. On n'en avait pas nommé depuis quinze ans. Le peuple procéda sans résistance à l'élection; mais cette inconstante multitude donna bientôt aux consuls et aux sénateurs un nouveau sujet de crainte. Elle voulut quitter Rome et s'établir à Véies. Camille, s'opposant à ce projet, s'attira sa haine. Il parvint cependant à faire renoncer le peuple à une résolution si funeste. Le sénat, satisfait, accorda, sur le territoire de Véies, sept arpents à chaque enfant mâle romain, ce qui multiplia les mariages, et accrut la population.

L'envie est l'ombre de la gloire, et la suit toujours. Le peuple, ingrat, oubliait les exploits de Camille, et s'irritait de son opposition constante aux intrigues et aux déclamations des tribuns. La haine est si aveugle, qu'elle ne cherche pas même des prétextes vraisemblables pour se satisfaire. On accusa sans fondement Camille de s'être approprié une part du butin de Véies; et, comme il vit qu'il ne pouvait attendre aucune justice de cette multitude passionnée, il prévint son arrêt, se condamna lui-même à l'exil, et se retira dans Ardée. Avant de sortir de la ville, moins grand qu'Aristide, il pria les dieux de mettre bientôt ses ingrats concitoyens dans la nécessité de le regretter. Son vœu coupable ne fut que trop accompli.

L'orage qui devait fondre sur Rome sortit d'une contrée dont elle savait à peine le nom; la Gaule, si long-temps redoutable pour les Romains, et qui depuis devint une de leurs plus brillantes conquêtes, était divisée en trois parties : l'Aquitaine, la Celtique et la Belgique; l'Océan, le Rhin, les Alpes et les Pyrénées marquaient ses limites; limites irrégulièrement étendues et variées par les guerres continuelles que se livraient toutes les hordes sauvages dont la population belliqueuse habitait, dans ces temps reculés, les Gaules, la Germanie et toute cette partie de l'Europe, devenue depuis le centre de la civilisation et des lumières.

Sous le règne de Tarquin, Ambigate était roi de la Gaule celtique. Son peuple, trop nombreux, fut obligé d'envoyer dans d'autres contrées des colonies qui cherchèrent, les armes à la main, une nouvelle patrie. Sigovèse parcourut l'Allemagne, la Bohême et la Hongrie. Bellovèse, à la tête d'une partie des peuples de Sens, d'Autun, de Chartres, du Mans et de Bourges, franchit les Alpes, conquit quelques provinces, et fonda les villes de Milan, de Brescia et de Vérone. Les Gaulois, recevant dans la suite de nouveaux renforts de leur pays, étendirent leurs possessions, et la contrée dont ils s'étaient rendus maîtres, prit le nom de Gaule cisalpine.

Peu de temps après l'exil de Camille, un habitant

de Clusium, nommé Aruns, voulant se venger de ses compatriotes, qui l'avaient injustement maltraité, se retira chez les Gaulois établis près des Alpes, et leur vanta la fertilité de son pays et l'excellence de ses vins. Ses récits tentèrent la cupidité de ces hommes belliqueux et intempérants. Guidés par le perfide Aruns, ils portèrent leurs armes en Étrurie, et assiégèrent Clusium.

La haute taille, la longue chevelure, les glaives larges et tranchants, et les mœurs sauvages de ces nouveaux ennemis répandaient l'effroi sur leur passage. Clusium invoqua le secours des Romains. Le sénat fit partir comme ambassadeurs les trois fils de Fabius Ambustus. Ils se rendirent au camp des Gaulois, et les invitèrent à cesser leurs hostilités contre les Clusiens, dont Rome devait, en cas de guerre, embrasser la défense.

Brennus, chef des Gaulois, reçut les ambassadeurs en présence de son peuple assemblé, et leur répondit : « Nous ne connaissons point les Romains ; » mais nous devons les croire courageux, puisque » c'est leur appui que les Clusiens invoquent au » moment du danger. Nous consentirons volon- » tiers à la paix, si les Clusiens, qui possèdent plus » de terres qu'ils n'en cultivent, veulent nous en » céder une partie. Ils en ont trop, et nous en » manquons : mais, si nous éprouvons un refus, » nous voulons les combattre devant vous, afin

» que vous puissiez attester à Rome que les Gaulois
» l'emportent en vaillance sur tous les autres peu-
» ples de la terre. » « Mais, reprit l'aîné des Fabius,
» s'emparer d'un pays qui ne vous appartient pas,
» et enlever une terre à celui qui la possède, c'est
» déclarer la guerre; et quel droit les Gaulois ont-
» ils sur la Toscane? » « Les mêmes, répliqua Bren-
» nus, les mêmes que vous sur tant de contrées
» que vous avez envahies. Nos droits sont écrits sur
» nos glaives; tout appartient aux braves. »

Les Fabius, trop jeunes et trop ardents pour écouter la prudence, sortent en courroux de l'assemblée; oubliant la modération qui convient à des médiateurs, non-seulement ils poussent les Clusiens à la guerre, mais ils prennent eux-mêmes les armes, et se placent à la tête des habitants, qui font une sortie contre les Barbares.

Le sort, pour hâter la ruine de Rome, voulut que Quintus Fabius, perçant de sa lance un chef gaulois, fût reconnu par les ennemis lorsqu'il enlevait l'armure du vaincu. Tout à coup cette nouvelle se répand dans l'armée; elle excite la fureur, et change les projets de Brennus. Tout son peuple partage ses ressentiments; on lève le siége, on abandonne Clusium. Rome devient le seul objet de la haine et de la vengeance. La jeunesse gauloise voulait y marcher sur-le-champ; mais ses chefs, respectant le droit des gens violé par les Romains, décidèrent qu'on enverrait d'abord des députés à Rome pour demander justice et pour exiger le châtiment de Fabius.

Ils partirent; le sénat, après les avoir écoutés, délibéra sur leur demande. Ne pouvant nier l'infraction dont on se plaignait, et craignant d'infliger une peine méritée à de jeunes patriciens illustres par leurs exploits, et soutenus par le crédit de leur famille, il renvoya au peuple le jugement de cette affaire. Le peuple romain, imprudent admirateur d'une vaillance déplacée et d'une témérité coupable, refusa toute satisfaction aux députés, et porta même à l'excès l'oubli de tout égard et de toute convenance; car il élut tribuns militaires, pour l'année suivante, les trois Fabius avec Q. Sulpicius Longus, Q. Servilius, et S. Cornélius Maluginensis.

Rome, exposée à de moindres dangers, avait souvent créé un dictateur. Son aveuglement fut tel, que, dans cette circonstance critique, elle n'en nomma pas; et pourtant la terreur, grossie par la superstition, précédait ce nouvel ennemi; car on prétendait que, long-temps avant, une voix inconnue avait annoncé l'arrivée de ces Barbares.

Cependant les Gaulois, furieux, marchaient rapidement; ils répandaient l'effroi sur leur route, quoiqu'ils ne commissent aucune violence, et que même ils fissent retentir l'air de ce cri mille fois répété : « Nous allons à Rome, nous n'en voulons qu'aux Romains. »

Le sénat ne leur opposa qu'une levée de quarante mille hommes faite à la hâte, sans ordre et sans choix. Les deux armées se rencontrèrent à quatre lieues de Rome, au confluent du Tibre et de l'Allia. L'armée gauloise se composait de soixante-dix mille guerriers, dont les hurlements, répétés par les montagnes, répandaient une épouvante jusque-là inconnue.

Le téméraire Quintus Fabius, qui commandait les Romains, oublia de consulter les auspices, n'offrit point de sacrifices aux dieux, et crut inutile de retrancher son camp : appuyant sa gauche à la rivière, sa droite à une montagne, et plaçant sa réserve sur une hauteur, il étendit trop ses ailes dans la crainte d'être débordé, et affaiblit ainsi son corps de bataille.

Brennus, après avoir culbuté la cavalerie qui se trouvait devant lui, commença très-habilement par l'attaque de la colline sur laquelle était placée la réserve. Ce fut là seulement qu'il éprouva une vive résistance. Le reste de l'armée romaine, saisi d'épouvante, ne put soutenir la vue des longs sabres des Gaulois, l'aspect de leurs chevelures flottantes et le bruit effrayant de leurs cris. Les généraux manquèrent d'habileté, et les soldats de courage.

L'aile gauche voulait se sauver du côté de Véies;

une grande partie se noya dans le Tibre. Un combat si court aurait coûté peu de sang, mais le désordre de la fuite occasiona un affreux carnage. Rome apprit cette défaite par les fuyards de l'aile droite. Les Gaulois pouvaient sans obstacle y entrer avec eux; le pillage du camp et la débauche leur firent perdre trois jours.

Les Romains, d'abord consternés, mais reprenant enfin leur ancien courage, font passer dans le Capitole et dans la citadelle les dernières ressources de la république, la fleur de la jeunesse, l'élite du sénat, le trésor, les armes et les vivres. Le prêtre de Quirinus et les vestales emportèrent loin de Rome les images des dieux, les ornements, les vases et les livres sacrés.

On était décidé à ne sauver que ce qui pouvait défendre la patrie, et à livrer à la mort une population sans armes. On ne laissa dans la ville que des vieillards et tous ceux qui se trouvaient hors d'état de combattre. Les anciens dictateurs, les consulaires, les sénateurs les plus vénérables par leurs triomphes, par leur âge et par leurs dignités déclarèrent qu'ils ne consumeraient pas sans nécessité les vivres de la citadelle, et qu'ils mourraient dans la ville avec les citoyens que leur faiblesse rendait inutiles à la patrie. Ils recommandèrent au courage de la jeunesse le sort d'une république illustrée par quatre siècles de victoires.

Quel sublime et déchirant spectacle Rome offrait alors! D'un côté on voyait avec admiration ces jeunes guerriers qui emportaient dans le Capitole le dernier espoir de la liberté; de l'autre, on contemplait avec douleur ces vieillards courageux, résolus à s'ensevelir sous les ruines de leur patrie. Les femmes en pleurs ne savaient si elles devaient suivre leurs époux et leurs enfants, ou s'arracher de leurs bras pour servir de dernier appui à leurs pères. L'amour et la nature déchiraient leurs cœurs.

La foule des pauvres se dispersa dans les campagnes; on enterra dans les souterrains d'une chapelle tout ce qu'on put enlever des temples.

Le respect pour la religion était alors gravé si profondément dans les esprits, qu'au milieu de ce grand désastre, un plébéien, Lucius Albinus, qui emmenait sa famille sur un chariot chargé de ses richesses, rencontrant sur la route du Janicule les vestales qui se traînaient à pied péniblement, portant les vases sacrés, s'arrête à la vue de ces vierges, descend avec sa femme et ses enfants, jette sur la terre ses trésors, et abandonne son char aux prêtresses.

Le Capitole seul est armé, les temples sont vides, la ville est déserte. Les vieillards, les sénateurs et consulaires sont les seules ombres qui l'habitent encore: préférant la mort à la fuite, ils se revêtent de leurs robes de pourpre, s'asseyent dans les vestibules de leurs maisons, sur leurs chaises d'ivoire. Dans cet instant Brennus avance; il trouve les murs sans défense, les portes ouvertes; il s'arrête : cet abandon lui fait soupçonner un stratagême, mais un long calme, un profond silence le rassure. Il entre dans Rome comme dans un vaste tombeau.

Les Gaulois, arrivés sur la place publique, ne voient d'apparence de vie et de guerre que sur les remparts de la citadelle et du Capitole. Après avoir placé des gardes, ils se répandent et se dispersent dans les rues. Toutes les maisons du peuple sont fermées; celles des grands seuls étaient ouvertes. Les Barbares y pénètrent, et regardent avec étonnement ces nobles vieillards, qui, suivant la croyance du temps, avaient dévoué leurs têtes aux dieux infernaux pour attirer leur courroux sur celles de l'ennemi. Ils admirent ces vénérables consulaires, assis sur leurs siéges, parés des marques de leurs dignités, silencieux, immobiles, appuyés sur leurs bâtons d'ivoire, et ne donnant aucune marque de surprise ni d'effroi. Leur aspect enchaînait l'audace, leur noble gravité inspirait une vénération religieuse; et ces guerriers féroces, saisis de crainte, les prirent d'abord pour des dieux. Enfin un Gaulois plus téméraire, s'approchant de Marcus Papirius, lui passa légèrement la main le long de la barbe. Papirius, ne pouvant supporter l'outrage, le frappe de son bâton : le Barbare irrité lui enfonce son glaive dans le sein. Dès-lors le carnage commence ; les Gaulois massacrent sur leurs siéges tous ces illustres patriciens. Ils égorgent le peu de citoyens qui n'avaient pu échapper à leurs coups, livrent la ville au pillage, et embrasent les maisons, dans l'espoir que la crainte, se répandant avec les flammes, porterait les défenseurs du Capitole à se rendre.

Les Romains, renfermés dans leur dernière forteresse, voyaient avec désespoir l'incendie qui dévorait leurs pères et leurs foyers. Les cris des ennemis, les gémissements des victimes déchiraient leurs ames. L'horreur de cette fatale journée se renouvela et s'accrut encore dans les ténèbres de la nuit. Chaque instant ajoutait un nouveau poids à leur douleur ; mais plus l'excès du désespoir pénétrait leur cœur, plus il y gravait profondément la résolution de défendre jusqu'au dernier soupir le seul asile de la liberté de Rome.

Les Gaulois, perdant l'espérance de les effrayer, veulent s'emparer de vive force du Capitole. Ils y montent avec ardeur, couverts de leurs boucliers, et jetant de grands cris, selon leur coutume. Mais, lorsqu'ils sont arrivés au milieu de la colline, les Romains sortent de leurs murs, se précipitent avec fureur sur eux, les renversent et les mettent en pleine déroute.

Brennus, découragé par l'inutilité de cette attaque, convertit le siége en blocus, attendant la victoire du temps et de la famine; et, comme l'incendie de la ville privait son armée de tous moyens de subsistance, il ne laissa qu'une partie de ses troupes à Rome, et envoya le reste dans les campagnes voisines pour y chercher des vivres.

Le hasard conduisit un de ces corps près d'Ardée. Camille y vivait dans l'exil, pleurant les malheurs de sa patrie, et ne pouvant concevoir comment la terreur s'était emparée de ces braves Romains, tant de fois victorieux sous ses ordres. Tout à coup il apprend que les Gaulois s'approchent, et que les Ardéates consternés délibèrent timidement sur les moyens d'échapper aux périls qui les menacent.

Camille n'avait jamais paru dans leurs assemblées; il y court: « Ardéates, dit-il, autrefois mes
» amis, aujourd'hui mes concitoyens, ne croyez
» pas que j'aie oublié la loi qui m'exile; mais, dans
» un si grand danger, chacun peut et doit contri-
» buer au salut public. Je ne saurais mieux vous
» prouver ma reconnaissance qu'en combattant
» pour vous. La fortune ne m'a trahi que pendant
» la paix; pendant la guerre, elle a toujours cou-
» ronné mes armes. Accordez quelque confiance à
» mes conseils; profitez de l'occasion qui se pré-
» sente pour prouver votre amitié aux Romains, et
» pour acquérir une gloire immortelle.

» Les Gaulois s'avancent: croyez-moi, ces hom-
» mes sont plus effrayants par leur haute stature

» que redoutables par leur courage. Ce n'est point
» eux, c'est la fortune qui nous a vaincus. Qu'ont-
» ils fait depuis la bataille d'Allia? Ils se sont empa-
» rés d'une ville déserte; ils ont massacré des vieil-
» lards sans défense, et quelques soldats romains
» ont suffi pour les chasser du Capitole. A présent
» ils se dispersent dans les campagnes comme des
» animaux voraces, sans ordre, sans discipline, sans
» gardes. Ils consacrent le jour au pillage et la nuit
» à la débauche. Ne souffez pas que toute l'Italie
» perde son nom, et prenne honteusement celui de
» Gaule. Saisissez vos armes cette nuit, et suivez-
» moi. Je vous promets, non un combat, mais un
» carnage certain. Si je ne vous livre pas les Gaulois
» comme des victimes, je consens qu'Ardée me chasse
» comme Rome m'a banni. »

Les Ardéates, entraînés par ces nobles paroles, se confient à son génie et exécutent ses conseils. Camille, ayant fait reconnaître les ennemis qui campaient en désordre, les surprend au milieu de la nuit, les effraie par de grands cris et par le son des trompettes, et les égorge à demi endormis. Ceux qui cherchaient à se sauver à Antium furent poursuivis et taillés en pièces.

Dans ce même temps les Toscans voulurent perfidement profiter de la chute de Rome pour attaquer Véies; mais les Romains retirés dans cette ville les battirent et en firent un grand carnage.

Le siége du Capitole continuait cependant toujours, et ses braves défenseurs étonnaient fréquemment leurs ennemis par des traits d'une rare intrédité. Un jour Caïus Fabius Dorso, voulant accomplir un sacrifice imposé par un ancien usage à sa famille, descend du Capitole, portant les vases sacrés, traverse le camp ennemi, accomplit son vœu sur le mont Quirinal, et retourne à son poste avec une gravité si imposante, que les Gaulois, soit par respect religieux, soit par admiration pour sa témérité, n'opposèrent aucun obstacle à sa marche.

La victoire de Camille avait fait renaître l'espoir et le courage dans le cœur des Romains qui habitaient Véies et les villes voisines. Ils s'arment tous, se rassemblent et défèrent à Camille le commandement de leurs forces. Ce généreux guerrier, fidèle aux lois de sa patrie, même après sa ruine, refuse l'autorité qu'on lui accorde tant qu'elle ne sera pas confirmée par le sénat.

Pontius Cominius, jeune soldat chargé des dépêches de l'armée, descend le Tibre sur une écorce de liége, franchit, à la faveur de la nuit, le rocher du Capitole, apprend la victoire de Camille au sénat, qui le nomme dictateur, et revient à Véies avec la même audace et le même succès.

Les traces des pas de cet intrépide jeune homme furent aperçues par les Gaulois, et leur apprirent que ce rocher n'était pas impraticable comme ils le croyaient. Au milieu d'une nuit profonde, ils veulent profiter de cette découverte ; s'accrochant aux herbes et aux broussailles, ils parviennent au pied des murs, et, se soutenant mutuellement, échappent par leur silence à la vigilance des sentinelles, et même à celle des chiens fidèles. Les Romains, dépourvus de vivres, n'avaient point osé, par respect pour Junon, se nourrir des oies qui lui étaient consacrées. Ce srupule religieux sauva Rome.

A l'approche de l'ennemi, les oies effrayées jettent des cris et battent des ailes. Marcus Manlius, consulaire, réveillé par ce bruit, sonne l'alarme, et, en attendant que les troupes soient armées, il court rapidement à la muraille et renverse dans le précipice un Barbare qui embrassait déjà les créneaux. Sa chute entraîne plusieurs de ses compagnons; les Romains arrivent en foule, culbutent les assaillants, et sauvent ainsi le Capitole.

Manlius fut comblé d'honneurs et d'éloges; au milieu d'une affreuse disette, chacun lui céda une portion considérable de ses vivres : un décret condamna toutes les sentinelles à la mort; mais la clémence adoucit l'arrêt, et le trépas seul du commandant de la garde expia la négligence de tous. Camille, nommé dictateur, grossissait journellement ses forces, détruisait tous les détachements ennemis, occupait les environs de Rome, fermait tous les passages, et affamait ainsi l'armée gauloise, que désolait en même temps une peste cruelle.

On ignorait au Capitole les progrès de Camille, et la garnison était épuisée par le manque absolu de subsistances. Cependant, pour déguiser sa détresse, elle jetait de temps en temps des pains dans le camp des ennemis.

Également fatigués, les assiégeants et les assiégés avaient conclu une trêve; mais enfin les soldats romains, succombant au besoin, forcèrent le sénat à capituler. Sulpicius, tribun militaire, chargé de pleins pouvoirs, eut une entrevue avec Brennus, et l'on y convint que les Romains paieraient un tribut de mille livres d'or, et que les Gaulois évacueraient le pays.

Le traité conclu, on commençait à peser l'or; le perfide Gaulois employa sans pudeur de faux poids : le tribun se plaignait vivement de cette fraude; Brennus alors, posant sa lourde épée dans la balance, lui dit avec une raillerie amère : « Malheur » aux vaincus! »

Dans cet instant, Camille, dont l'armée s'était approchée de Rome, s'avance suivi de ses principaux officiers; on lui rend compte de la négociation, de l'artifice et de l'insolence du Gaulois : « Ro- » mains, dit Camille, remportez votre or; et vous, » Gaulois, vos balances : ce n'est qu'avec le fer que » nous recouvrerons notre liberté. » Brennus, surpris de sa fierté, lui reproche de rompre un traité conclu : « Tout traité conclu sans la participation

» du dictateur, répond Camille, est nul. Gaulois, » je déclare la trêve rompue; préparez-vous au » combat. »

Terminant la conférence par ces mots, il retourne à ses troupes, les range en bataille avec habileté sur les débris de Rome, et leur rappelle qu'ils combattent pour tout ce qu'ils ont de plus cher et de plus sacré, leurs dieux, leur patrie, leurs foyers et leur liberté.

Les Gaulois prennent les armes; la fureur les guide; le génie conduit les Romains. La fortune avait changé : malgré leur opiniâtre résistance, les Gaulois furent vaincus et mis en déroute. Camille, ardent à la poursuite, les atteignit à huit milles de Rome, les défit complétement, et pilla leur camp. La fuite ne put les dérober à la vengeance du vainqueur; on les passa tous au fil de l'épée, et il n'en resta pas un seul qui pût porter dans les Gaules la nouvelle de leur défaite.

Ainsi Rome, envahie depuis sept mois, se vit délivrée aussi rapidement qu'elle avait été conquise.

Les vainqueurs des Gaulois et les défenseurs du Capitole, réunis, mêlèrent leurs larmes et leur joie sur les débris de leurs temples, sur les tombeaux de leurs pères; et Camille reçut les honneurs du triomphe, au milieu des ruines d'une ville dont il devint le second fondateur.

CHAPITRE VII.

Proposition des tribuns. — Reconstruction de Rome. — Dictature de Camille. — Sa victoire sur les Èques, les Étruriens et les Volsques. — Conspiration de Manlius. — Son jugement. — Sa condamnation et sa mort. — Victoire de Camille sur les Volsques. — Dictature de Quintius Cincinnatus. — Nomination de consuls plébéiens proposée. — Dictature de Manlius Capitolinus. — Guerre avec les Gaulois. — Dictature de Camille. — Sa victoire sur les Gaulois. — Nomination de consuls plébéiens décrétée. — Création de préteurs. — Peste à Rome. — Mort de Camille. — Dévouement de Marcius Curtius. — Victoire du dictateur Claudius Crassinus sur les Herniques. — Nouvelle guerre avec les Gaulois. — Défi d'un géant gaulois tué par Titus Manlius. — Dictature de Marcus Rutilus, plébéien. — Combat d'un Gaulois et du tribun Valérius, surnommé Corvus. — Alliance avec Carthage. — Guerre avec les Samnites. — Victoire du consul Valérius près de Capoue. — Imprudence du consul Cornélius. — Courage de Décius. — Victoire de Cornélius. — Rebellion dans l'armée. — Paix avec les Samnites. — Vision des consuls Manlius Torquatus et Décius. — Dévouement de Décius. — Sa mort. — Sévérité de Manlius envers son fils. — Dictature de Publius Philo, plébéien. — Condamnation et mort de soixante-dix Romaines. — Prise de Palépolis, aujourd'hui Naples. — Piété filiale de Papirius. — Dictature de Papirius Cursor. — Sa sévérité pour la discipline militaire. — Nouvelle guerre avec les Samnites. — Stratagème de Pontius, général des Samnites. — Les Fourches-Caudines. — Défaite des Romains. — Humiliation des consuls et de l'armée. — Nouvelle guerre avec les Samnites. — La *via Appia* établie par le dictateur Junius Babulus. — Victoires des dictateurs Papirius et Valérius Maximus sur les Étrusques. — Guerre avec les Tarentins. — Invasion de Pyrrhus. — Bataille d'Héraclée. — Défaite des Romains. — Ambassade de Cynéas à Rome. — Ambassade de Fabricius. — Son désintéressement et son intrépidité. — Bataille d'Asculum, aujourd'hui Ascoli. — Trahison du médecin de Pyrrhus. — Magnanimité de Fabricius. — Mort du médecin de Pyrrhus. Évacuation de l'Italie par Pyrrhus. — Retour de Pyrrhus en Italie. — Bataille de Bénévent. — Victoire des Romains. — Fuite de Pyrrhus. — Siége et prise de Tarente par les Romains. — Première monnaie d'argent à Rome. — Domination de la république sur toute l'Italie. — Jalousie et haine de Carthage contre Rome.

Les tribuns oubliaient sans cesse les grands intérêts de la république, et ne pensaient qu'à augmenter leur crédit en favorisant les passions du peuple. Ils renouvelèrent leurs intrigues, afin d'obtenir que la moitié des citoyens et du sénat fût transportée à Véies. Camille s'opposa fortement à ce projet : « Romains, dit-il, les dissensions qu'ex-
» cite l'esprit factieux de vos tribuns me sont deve-
» nues si insupportables, que ce qui me consolait
» dans mon exil, c'était de me voir éloigné d'eux.
» Je n'ai pas changé d'opinion, et je vivrais dans la
» retraite et dans le silence, si l'intérêt de mon pays
» ne me forçait à revenir parmi vous et à prendre
» la parole. Quels funestes conseils vous donnent
» vos tribuns! Ils veulent vous faire abjurer votre
» amour pour votre patrie; ils vous demandent d'a-
» bandonner votre ville natale; ils vous exhor-
» tent à outrager les dieux, ces dieux qui vous ont
» seuls défendus et sauvés. Rappelez-vous votre
» propre histoire et celle de vos aïeux, et vous se-
» rez convaincus que tout nous a réussi tant que

» nous avons été fidèles à leur culte. Leur vo-
» lonté seule a bâti Rome; elle s'est accrue sous
» leurs auspices; il n'est pas un jour dans l'an-
» née, pas un lieu dans la ville, qui ne leur soit
» consacré par quelque cérémonie. Pouvez-vous
» transporter dans une autre cité tout ce que
» cette ville a de divin? Aurez-vous la lâcheté de
» fuir vos temples, au lieu d'imiter le courage de ce
» Fabius qui traversa l'armée gauloise pour rem-
» plir ses serments au pied de nos autels? Vous
» trouverez, dit-on, l'abondance dans Véies : ainsi,
» pour un vil intérêt, vous allez devenir Véiens; et
» prendre le nom des vaincus? Souffrirez-vous en-
» core que les Èques et les Volsques vous rempla-
» cent ici, et prennent le titre glorieux de Romains?
» Ne vaut-il pas mieux habiter des cabanes près de
» vos pénates, que de vous condamner vous-mêmes
» à l'exil? Je veux croire qu'ailleurs vous porterez
» votre vertu et votre bravoure; mais y porterez-
» vous la protection des dieux, qui ont fait tant de
» magnifiques promesses à la ville de Rome? C'est
» ici qu'une tête humaine, trouvée dans les fonde-
» ments du Capitole, a prédit que cette ville serait
» la capitale du monde. C'est ici qu'on garde le bou-
» clier descendu du ciel et le feu éternel de Vesta,
» présage de l'éternité de Rome. C'est de ce terri-
» toire sacré que la déité de la jeunesse et le dieu
» Terme ont refusé de sortir, pour prouver qu'ils y
» fixaient le siége d'un empire sans fin. En un mot,

» c'est à Rome, et à Rome seule, que les oracles ont
» attaché votre bonheur, votre puissance et votre
» gloire. »

Ces paroles religieuses touchaient le peuple; cependant il se montrait encore incertain, lorsqu'un centurion qui commandait la garde, passant par hasard dans cet instant sur la place publique, cria au porte-enseigne de s'arrêter là et d'y planter son drapeau; *car*, ajouta-t-il, *c'est ici que nous devons rester!* Cette parole, prononcée fortuitement, fit plus d'impression que l'éloquence de Camille. Le sénat et le peuple s'écrièrent : *Nous acceptons l'augure!* et l'on ne pensa plus à Véies.

Camille, qui regardait la religion comme l'appui le plus utile pour la politique chez un peuple superstitieux, voulut faire expier la faute qu'on avait commise long-temps avant l'irruption des Gaulois en négligeant l'avis d'un citoyen nommé Céditius, qui assurait avoir entendu une voix divine annonçant l'arrivée des Barbares; et l'on érigea un temple au dieu *Aius Locutius*. « Ce dieu, dit Cicéron (phi-
» losophe, quoique augure), ce dieu parlait quand
» il était inconnu; depuis qu'il est célèbre et qu'il a
» un temple, il est devenu muet. »

Les mêmes motifs de religion firent établir une procession annuelle où l'on portait une oie, et le souvenir de la délivrance du Capitole fit accorder une pension aux oies sacrées.

Camille avait gagné sa cause, mais perdu sa popularité; cependant le peuple, décidé à rester à Rome, travailla avec ardeur à la rebâtir; mais on ne mit aucune régularité dans ces travaux, et on ne prit aucune précaution pour l'écoulement des eaux, ce qui rendit l'air plus malsain et les contagions plus fréquentes.

Les Èques, les Étruriens et les Volsques ayant repris les armes, Camille, élu de nouveau dictateur, marcha contre eux avec Servilius Ahala, qu'il avait nommé général de la cavalerie: il les défit, et les soumit à la république.

L'accroissement de la population fit augmenter le nombre des tribus, que l'on porta de vingt et un à vingt-cinq. Tandis que Camille se signalait chaque jour par de nouveaux efforts et par de nouveaux succès, Manlius, défenseur du Capitole, fier de cet exploit, jaloux de la gloire du dictateur, et irrité contre le sénat qui, selon lui, ne récompensait pas assez ses services, se forma par ses libéralités un grand parti dans le peuple, et conçut le projet et l'espoir de renverser le gouvernement. Il se donnait trop de complices pour que son secret fût gardé. Le sénat, informé de la conspiration, et alarmé en même temps par le bruit de la révolte des Volsques, confia la dictature à Cornélius Cossus, qui choisit pour général de cavalerie Quintius Capitolinus.

Le dictateur, après avoir vaincu les ennemis et reçu les honneurs du triomphe, cita Manlius en jugement, et le fit arrêter; mais le peuple, qui le regardait comme son sauveur et son appui, s'émut tout entier en sa faveur, prit le deuil comme dans les calamités publiques, et soutint l'accusé si obstinément, malgré la faiblesse de sa défense et la force de l'accusation, qu'il fut absous et remis en liberté.

Ce succès accrut son audace: il conspira plus ouvertement, persuadé que désormais il pouvait braver toute loi et toute autorité; mais Camille, toujours destiné à sauver Rome, étant sur ces entrefaites nommé tribun militaire, fait de nouveau citer le conspirateur à son tribunal. L'aspect du Capitole, qu'on voyait de la place du jugement, était d'un grand secours pour l'accusé. Son éloquence en tira parti : au lieu de réfuter les arguments de son accusateur, il excitait les passions des assistants, et demandait, en versant des larmes, si les Romains voulaient abattre sa tête à la vue du Capitole que son bras avait sauvé. Le peuple, qui se laisse plus entraîner par ses sentiments que diriger par sa raison, s'agitait et paraissait prêt à délivrer encore le coupable; mais Camille, qui s'en aperçut, le fit transporter au bois de Pételin, loin des murs sacrés, qui ne le protégèrent plus alors, comme il les avait autrefois défendus. Là il fut condamné et précipité du haut de la roche Tarpéienne. Le même arrêt, pour flétrir sa mémoire, défendit à tous les Manlius de porter le prénom de Marcus.

Après cet acte de sévérité, rigoureux mais nécessaire, Camille marcha contre les Volsques révoltés. Une maladie l'arrêta dans sa route ; son collègue, méprisant ses sages avis, attaqua l'ennemi dans une forte position, et, malgré sa vaillance, fut battu et mis en déroute. Camille, informé de ce désordre, sort de son lit, monte à cheval, rallie les soldats, ranime leur confiance par ses paroles, leur courage par son exemple, rétablit le combat, et remporte la victoire.

La trop grande inégalité des rangs et des fortunes était un germe de dissensions que Rome voyait toujours se renouveler. Les pauvres, opprimés par l'usure, y causèrent de nouveaux troubles. Les Prénestins, peuple latin, profitant de cette discorde, firent des courses jusqu'aux portes de la ville.

Contre ces maux intérieurs et extérieurs, le sénat eut recours au remède ordinaire.

Quintius Cincinnatus, nommé à la dictature, contint les factieux, leva une armée, vainquit les ennemis, leur prit huit villes, força Préneste à se rendre, emporta hors de ses murs la statue de Jupiter impérator, qu'il déposa au Capitole ; et, après ces rapides succès, il abdiqua.

On remarque avec étonnement l'influence des femmes sur un peuple aussi grave et aussi belliqueux que le peuple romain. Elles contribuèrent dans tous les temps aux grands changements arrivés dans le gouvernement de Rome. Les Sabines lui donnèrent la paix et deux rois; Lucrèce lui fit abolir la royauté; Virginie fut la cause de la destruction des décemvirs; Véturie sauva Rome des vengeances de Coriolan. Nous allons voir une femme terminer la longue lutte des patriciens contre les plébéiens: et, dans la suite, Octavie et Cléopâtre, armant Auguste contre Antoine, auront encore une grande part à la révolution qui changea les destinées du monde, et soumit à un maître les maîtres de la terre.

Fabius Ambustus avait deux filles; l'une mariée à un patricien, et l'autre à un plébéien nommé Licinius Stolo. La femme du dernier, étant un jour chez sa sœur, entendit frapper à la porte avec une force qui l'effraya; sa peur fit rire la patricienne. Bientôt le maître de la maison, qui était consul, entra précédé de ses licteurs, et suivi d'un noble et brillant cortége. Cet éclat, ces honneurs excitèrent la jalousie de la femme de Licinius. Depuis ce moment, tourmentée par cette passion, elle répandait ses larmes dans le sein de son père, et le conjurait de se servir de tout son crédit pour faire disparaître une si humiliante inégalité entre ses deux filles. Elle employait d'autres moyens et les mêmes efforts pour enflammer l'orgueil de son époux. Elle réussit à toucher l'un et à irriter l'autre. Tous deux réunis parvinrent à se faire nommer tribuns. Réchauffant alors les anciennes querelles, et haranguant le peuple, tantôt avec adresse, tantôt avec véhémence, ils le portèrent à voter un projet de loi qui ordonna qu'à l'avenir un des deux consuls serait pris parmi les plébéiens.

Cette décision, qui ranimait la haine, excita une grande agitation dans le sénat. Les patriciens s'opposèrent avec opiniâtreté à une innovation qui leur enlevait la plus belle de leurs prérogatives et détruisait toute distinction entre les deux ordres de l'état.

Le sénat ne voulait pas céder ses droits, le peuple persistait dans ses prétentions. Ne pouvant ni vaincre ni s'accorder, on passa cinq années en disputes continuelles, sans créer de consuls, les sénateurs espérant toujours éluder la demande des tribuns du peuple en ne nommant que des tribuns militaires. On crut enfin décider ces différends par le poids et par l'autorité de Camille élu dictateur. Il fit de vains efforts pour apaiser les esprits de la multitude : loin de respecter sa dignité, le peuple en vint aux menaces, et, voyant toutes ses démarches inutiles, il abdiqua.

Manlius Capitolinus, qui lui succéda, suivit une autre route, et se montra très-populaire. Il nomma général de cavalerie Licinius Stolo. C'était la première fois qu'on voyait un plébéien parvenir à un si haut emploi. Celui-ci, par haine pour la noblesse, fit rendre un décret qui défendait à tout citoyen de posséder plus de cinq cents acres de terre; et comme il ne se conforma pas lui-même à cette défense, il devint la première victime de sa loi, et fut condamné à une forte amende.

Toutes les concessions faites au peuple irritaient son ardeur au lieu de la calmer. La querelle entre les deux ordres devenait plus vive que jamais, lorsque l'on apprit tout à coup que les Gaulois menaçaient la république d'une nouvelle invasion, et s'avançaient le long de l'Adriatique. La peur, plus persuasive que la raison, suspendit les haines. A la nouvelle de l'approche de cet ennemi formidable, tous les citoyens s'enrôlent; les pontifes mêmes prennent les armes, et une loi unanimement approuvée déclare qu'en cas de guerre contre les Gaulois, ni l'âge ni les fonctions ne dispenseront du service militaire.

Camille fut nommé dictateur : en vain voulut-il attester les dieux que son âge et sa santé ne lui permettaient plus de commander, le sénat lui répondit : « Nous n'avons pas besoin de votre bras, » mais de votre tête. » Il obéit et nomma pour lieutenant Quintius Cincinnatus. Ces deux choix présageaient la victoire : Camille la prépare par sa prudence avant de la conquérir par son courage. Il exerce les Romains à espadonner et à se défendre contre les longs sabres de leurs adversaires; il donne aux soldats des casques de fer et des boucliers garnis de cuivre. Marchant ensuite au devant des Gaulois, il les rencontre près de l'Anio, aujourd'hui le Teverone, les attaque, les bat complétement, les disperse et se rend maître par surprise de la ville de Vélitre.

De retour à Rome, il y trouve le sénat en alarmes, le peuple en sédition. On prolonge sa dictature; il veut opposer la fermeté aux flots de la multitude, elle l'insulte; un édile factieux lève sa main sur le libérateur de Rome; les tribuns ordonnent d'arrêter Camille: le dictateur résiste avec ses licteurs, le peuple se précipite sur lui pour le jeter à bas de son tribunal; enfin Camille, invincible contre ses ennemis, mais vaincu par ses concitoyens, se retire, entre au sénat, conseille de sacrifier la vanité à la paix publique; et, d'après son avis, on décide qu'il n'y aura plus de tribuns militaires, et qu'on choisira toujours l'un des consuls dans l'ordre plébéien.

Ce décret, qui détruisit de fait l'aristocratie à Rome, en ne lui laissant que la puissance des souvenirs, substitua l'avidité des richesses à l'orgueil de la naissance, et fit naître la corruption, dont la tyrannie est toujours la suite.

Ce grand changement eut lieu cent quarante-trois ans après l'établissement du consulat, et vingt-quatre ans depuis l'incendie de Rome. L'égalité qu'il introduisit n'aurait pas été dangereuse, si un troisième pouvoir, indépendant du peuple et du sénat, les avait balancés et contenus; mais, le peuple ayant à la fois le droit de législation et celui d'élection, le patriciat n'était plus qu'un objet d'envie sans autorité, et la force des mœurs retarda seule la décadence de la république.

Cependant Rome, dans les premiers moments, jouit avec plénitude des fruits de cette victoire populaire. La paix revint dans ses murs; le peuple se réconcilia avec la noblesse, et on accomplit le vœu de Camille, en élevant un temple à la Concorde.

Le sénat créa un préteur qui, dans ses assemblées et dans les comices, devait remplacer les consuls en cas d'absence. Il fut chargé de rendre la justice dans la ville; on lui accorda la robe prétexte ou consulaire, la chaise d'ivoire, et six licteurs; une lance et une épée étaient posées à côté de son tribunal. Dans la suite on créa un deuxième préteur pour juger les étrangers et les provinciaux: le premier s'appelait *prætor urbanus*, le second *prætor peregrinus*. Les patriciens obtinrent de la bienveillance passagère du peuple que les préteurs ne seraient choisis que dans leur ordre.

Pour solenniser la réconciliation du peuple et du sénat, on ajouta une férie aux trois féries latines, et le peuple consentit qu'on nommât chaque année deux édiles patriciens pour célébrer les jeux. On les nomma *édiles curules*, parce qu'ils avaient la chaise d'ivoire.

Lorsque Rome se reposait des agitations de la politique, elle se voyait tourmentée par les fléaux de la nature. La peste la ravagea encore en 390, et lui enleva un grand homme. Camille en mourut. Peu de héros jouirent d'une gloire plus pure et plus brillante. Sa seule faiblesse avait été de former en s'exilant des vœux contre sa patrie.

La contagion dura deux années : la superstition romaine crut qu'on apaiserait les dieux par des jeux de théâtre. On envoya chercher en Étrurie des comédiens qu'on appelait *histères* : de là est venu le nom d'*histrion*. Le théâtre, dans sa naissance, n'offrit aux spectateurs que des danses villageoises. La flûte était le seul instrument qui les animait. Un acteur récitait ensuite des vers satiriques et grossiers. Le premier spectacle qu'on vit à Rome eut lieu quarante ans après la mort de Sophocle et d'Euripide.

La comédie ne fit point cesser la peste ; le débordement du Tibre vint aggraver les malheurs publics ; et comme on se souvint qu'autrefois la peste avait cessé après qu'un dictateur eut attaché un clou à la muraille du temple de Jupiter, le sénat donna la dictature à Manlius Capitolinus, uniquement pour renouveler cette cérémonie puérile. Lorsqu'il se fut acquitté de ce devoir, il abdiqua.

Dans le même temps, un gouffre profond s'ouvrit tout à coup sur la place publique. L'effroi régnait dans la ville : un citoyen, Marcus Curtius, se présente tout armé; il dit que les dieux annonçaient évidemment qu'ils voulaient une victime humaine, et qu'il allait se dévouer pour le salut de sa patrie. Après ces mots, il se précipite dans l'abîme; et comme le gouffre se referma, dit-on, peu de temps après, les crédules Romains se persuadèrent qu'ils devaient leur conservation au dévouement de Curtius.

Les Herniques, croyant la république affaiblie par une si longue contagion, se révoltèrent, prirent les armes, défirent et tuèrent le consul Génutius. Claudius Crassinus, nommé dictateur, le vengea par une victoire complète; mais comme elle n'était remportée que sur des sujets rebelles, il n'obtint que l'ovation au lieu du triomphe.

Il fallait que le peuple romain fût plus fécond en grands talents que tout autre pour que sa fortune demeurât si constante, en changeant sans cesse de consuls, de dictateurs et de généraux.

Une nouvelle irruption des Gaulois frappa de terreur Rome à peine rebâtie. Ils s'avancèrent jusqu'à une lieue de la ville. Quintius Pennus, revêtu de la dictature, et Cornélius Maluginensis, son lieutenant, marchèrent à la rencontre des ennemis. On allait donner le signal du combat, lorsqu'un Gaulois d'une taille gigantesque s'avance, et défie le plus vaillant des Romains. Le jeune Titus Manlius reçoit la permission de punir son audace. A la vue des deux camps, il perce de sa lance le Barbare, lui enlève une chaîne d'or qu'il place à son cou, et obtient, des suffrages unanimes de l'armée, le surnom de Torquatus.

Cet exploit, présage de la victoire, redouble l'ardeur des Romains et intimide les Gaulois. Le dictateur porte le désordre dans leurs rangs, les enfonce et les force à se retirer. Mais, pendant une année entière, soutenus par les Tiburtins et par les Herniques, ils ravagent le Latium. La fortune de Rome profita de ce malheur. Leurs brigandages décidèrent les Latins à s'unir plus étroitement aux Romains, et à ne plus former qu'une nation avec eux : ce qui fit porter les tribus au nombre de vingt-sept.

Sous la dictature de Servilius Ahala, plusieurs révoltes furent réprimées; et son successeur, Sulpicius Petitus, délivra Rome de toute crainte par une victoire sanglante remportée sur les Gaulois.

Rome s'accroissait toujours, quoiqu'elle eût à surmonter des obstacles sans cesse renaissants. Les nations italiennes prévoyaient sa domination, et défendaient pied à pied leur indépendance. Les douze peuples d'Étrurie réunis se joignirent aux Falisques, et déclarèrent la guerre à la république. Pour la première fois, on vit alors un plébéien,

Marcus Rutilus, revêtu de la dictature. Il choisit dans le même ordre un général de cavalerie, Plancius Proculus. Les patriciens, irrités, sacrifiant le bien public à leur ressentiment, s'efforcèrent vainement de faire manquer les opérations du dictateur; malgré leurs intrigues, il défit les ennemis, mérita, et obtint le triomphe.

Le sénat, blessé par ce succès, comme si l'ennemi eût triomphé, viola ses promesses, et fit élire deux consuls patriciens. La discorde reparut dans Rome, et les Étrusques en profitèrent pour renouveler leurs attaques; mais Manlius Torquatus, élu dictateur, les battit, et les poursuivit si vivement, qu'ils se virent contraints de demander la paix.

Le sénat, revenant à la justice, remplit enfin ses engagements, et laissa élire un consul plébéien. Malgré cet acte de sagesse, les malheurs occasionnés par l'usure prolongeaient le mécontentement du peuple. Les consuls, pour remédier à ces maux, firent acquitter aux dépens du fisc toutes les dettes des indigents.

Si les patriciens étaient trop orgueilleux, les plébéiens se montraient toujours insatiables. Ils demandèrent qu'on nommât un censeur plébéien. La noblesse s'opposait vivement à cette prétention nouvelle, qui ranimait les anciennes haines. Fabius, élevé à la dictature, ne put arrêter le torrent, et, après de longues contestations, le sénat donna la censure à un plébéien.

Peu de temps après, la guerre se renouvela contre les Gaulois; on la commença avec succès; mais, l'un des consuls étant blessé et l'autre malade, on créa un dictateur pour présider les comices, qui élurent consul Furius Camille. Le collègue qu'on lui donna mourut, et ne fut pas remplacé. Camille, exerçant seul l'autorité, marcha contre les Gaulois. Un de leurs guerriers osa encore défier le plus brave des Romains. Un jeune tribun, nommé Valérius, accepta comme Manlius le défi, et combattit avec le même succès. Les Romains, ajoutant toujours le merveilleux au vrai dans le récit de leurs exploits, prétendirent que, pendant le combat, un corbeau, perché sur le casque de Valère, l'avait défendu en effrayant le Gaulois avec son bec et par le mouvement de ses ailes. Ce qui semble certain, c'est que, pour donner créance à cette fable, il prit le surnom de *Corvus*, qu'il transmit à sa postérité.

Camille remporta une victoire sanglante sur les Gaulois; on nomma ensuite Manlius dictateur pour présider les comices, et quoique Valérius Corvus n'eût que vingt-trois ans, on l'élut consul avec Camille.

Le consulat fut paisible; les six peuples du Latium s'étant ensuite révoltés, Camille, nommé de nouveau dictateur, les fit rentrer dans le devoir.

Les progrès de la puissance de Rome étendaient sa renommée comme ses possessions. En 405, Carthage rechercha son alliance et conclut un traité avec elle.

La république avait soumis les Latins, les Volsques, les Éques, les Rutules, les Herniques, les Aruntiens, une partie de l'Étrurie et du pays des Sabins. Vengée de l'invasion des Gaulois, elle se voyait élevée à un assez haut degré de puissance, lorsqu'elle eut à soutenir une nouvelle guerre contre les Samnites, les plus opiniâtres ennemis qu'elle eût encore rencontrés. Cette guerre célèbre, qui dura un demi-siècle, et valut trente triomphes aux généraux romains, commença l'an du monde 3660, trois cent trente-quatre ans avant Jésus-Christ, quatre cent dix depuis la fondation de Rome, et quatorze ans avant la conquête de l'Asie par Alexandre.

Les Samnites, Sabins d'origine, occupaient la partie de l'Italie appelée aujourd'hui l'Abruzze. Rome en avait été long-temps séparée par les peuples qu'elle venait enfin de subjuguer. Les Picentins, les Vestins, les Marucciens, les Marses, les Hirpins, les Pellignes vivaient sous leur dépendance. Les Samnites se montraient aussi belliqueux que les Romains : chez eux l'amour et l'hymen couronnaient la gloire, et le plus brave avait le droit de choisir la plus belle pour son épouse.

Le peuple samnite attaqua les Sidicins; ceux-ci, malgré le secours des Campaniens, furent battus. Capoue, menacée par le vainqueur, implora le secours de Rome.

Nous avons déjà remarqué que, dans ces anciens temps, le sénat romain, religieux observateur des traités, n'entreprenait jamais de guerres injustes, mais qu'une fois attaqué il se montrait excessif dans ses vengeances. Un traité d'alliance existait alors entre lui et les Samnites, et le sénat répondit aux ambassadeurs de Capoue qu'il lui était impossible de la défendre contre un allié.

Les Campaniens, convaincus qu'ils ne pouvaient plus conserver leur indépendance, et préférant le joug des Romains à celui des Samnites, déclarèrent solennellement qu'ils se donnaient à Rome. Le sénat informa de cette nouvelle le gouvernement des Samnites, et leur fit dire que, la Campanie étant devenue une possession romaine, il les invitait à ne plus la traiter en ennemie, mais en alliée. Ce message excita la fureur des Samnites, qui rompirent avec les Romains, et exercèrent d'affreux ravages dans la Campanie.

Les deux consuls, Valérius et Cornélius, marchèrent contre eux à la tête de deux armées. Valérius livra bataille près de Capoue.

Jamais les Romains n'avaient trouvé d'adversaires plus braves et plus dignes d'eux. La victoire resta long-temps indécise; cette résistance changea enfin l'ardeur des Romains en furie; ils se précipitèrent tous sur les ennemis, enfoncèrent leurs rangs et les mirent en fuite. Tite-Live, adoptant tout ce qui pouvait flatter la vanité romaine, raconte qu'après le combat un guerrier de cette nation, montrant aux prisonniers samnites son étonnement de ce qu'avec tant de valeur ils s'étaient laissé vaincre, ceux-ci répondirent qu'ils avaient été vaincus moins par les armes que par les regards des Romains, et qu'ils n'avaient pu soutenir la flamme qui semblait sortir de leurs yeux.

L'autre consul, Cornélius, portant ses forces sur le territoire de Samnium, s'engagea imprudemment dans un défilé où il se vit au moment d'être détruit: mais un brave tribun, nommé Décius, s'emparant avec un corps d'élite d'une hauteur qui dominait le défilé, attira sur lui seul toutes les forces des ennemis, et donna au consul le temps de se dégager. Après ce succès obtenu, Décius descendit intrépidement de son poste, chargea les ennemis, traversa leurs légions et rejoignit l'armée romaine qui pleurait sa perte et le croyait victime de son dévouement.

Cornélius marcha ensuite contre les Samnites, les défit et en tua trente mille. On décerna le triomphe aux deux consuls, et Décius partagea leur gloire.

Une partie de l'armée romaine passa l'hiver à Capoue. Les soldats, séduits par la douceur du climat, et tentés par les richesses de la ville, formèrent le projet de s'emparer du pays et de s'y rendre indépendants de Rome. Le jour de l'exécution du complot était déjà fixé, lorsqu'il fut découvert. On donna l'ordre de changer les garnisons : les troupes, pour ne point se livrer au châtiment qu'elles méritaient, se révoltèrent ouvertement, et forcèrent un ancien consulaire, Titus Quintus, de quitter la campagne où il vivait, et de se mettre à leur tête. Ils s'avancèrent ensuite vers Rome.

Valérius Corvus, nommé dictateur par le sénat conduisit contre les rebelles une armée qui leur était fort supérieure en nombre : mais, préférant la douceur à la force, il négocia au lieu de combattre. Titus Quintus seconda ses efforts. Leur modération et leur éloquence firent rentrer les révoltés dans le devoir ; le grand nombre des coupables assura leur impunité, et l'union fut rétablie par une amnistie générale.

On ne s'occupa plus que de la guerre contre les Samnites, et on la poussa si vivement qu'ils demandèrent et obtinrent la paix. En signant ce traité, les Samnites écrivirent à Rome pour demander qu'on défendît aux Latins et aux Campaniens de secourir les Sidicins. Le sénat donna une réponse équivoque ; elle satisfit les Samnites, et mécontenta les Latins et les Campaniens qui se révoltèrent. Manlius Torquatus et Décius Mus, consuls, commandaient l'armée qu'on envoya contre eux.

Le peuple était inquiet du succès de cette guerre; les pronostics semblaient fâcheux; les auspices se montraient défavorables. On raconte que les consul avaient tous deux vu, au milieu de la nuit, un spectre effrayant qui les avertit qu'un général romain et un général latin devaient périr cette année, et que les dieux accorderaient la victoire à l'armée dont le chef se dévouerait pour elle.

Les consuls, troublés par cette apparition, convinrent, dit-on, mutuellement que celui des deux qui verrait l'ennemi triompher de ses efforts se sacrifierait au salut public.

Les armées se rencontrèrent bientôt et se livrèrent bataille. Les Latins, confondus depuis longtemps avec les Romains, étaient armés comme eux et suivaient les mêmes réglements militaires. On voyait des deux côtés le même courage, la même tactique, la même expérience : c'était Rome qui se battait contre Rome, et les plus hardis pouvaient douter du succès.

Manlius eut d'abord quelque avantage, mais les Latins firent plier l'aile commandée par son collègue. Décius alors, fidèle à son vœu, se décida à l'accomplir. Appelant à haute voix le pontife Valérius :

« Nous avons besoin, dit-il, du secours des dieux;
» dictez-moi ce que je dois faire et les paroles qu'il
» faut que je prononce en me dévouant pour les
» légions. »

Le pontife lui ordonne de se revêtir d'une robe bordée de pourpre, de se couvrir la tête d'un voile, de tenir sa main droite élevée sur sa robe, de placer un javelot sous ses pieds et de prononcer ces paroles : « Jupiter, Mars notre père, Quirinus, Bel-
» lone, dieux Lares; divinités qui avez un pouvoir
» spécial sur nous et sur nos ennemis, dieux Mâ-
» nes! je vous invoque avec confiance. Je vous sup-
» plie de donner au peuple romain le courage et la
» victoire, et de répandre parmi ses ennemis l'épou-
» vante et la mort. Conformément à cette prière, je
» me dévoue pour la république, pour l'armée, pour
» nos alliés, et je dévoue avec moi aux dieux Mânes
» et à la terre les légions ennemies et leurs troupes
» auxiliaires. »

Après avoir prononcé cette imprécation, il prend ses armes, s'élance sur son cheval, et se précipite au milieu des ennemis.

Sa vue menaçante, son ardeur héroïque, son voile, ses armes, son intrépidité répandaient en lui quelque chose de divin. Les deux armées, saisies d'étonnement, le regardaient comme un envoyé des dieux détournant leur colère du camp romain, et la versant sur celui de leurs adversaires. La terreur volait devant lui; les Latins effrayés tombaient sous ses coups comme frappés de la foudre. Les plus éloignés lui lançaient des traits; et lorsque, percée de toutes parts, cette noble victime tomba expirante sur la terre, le désordre se mit dans les légions latines; et les Romains, convaincus que les dieux combattraient dorénavant pour eux, sentirent redoubler leur ardeur, et se précipitèrent en masse contre les ennemis. Ceux-ci résistèrent longtemps; mais enfin, après un horrible carnage qui en détruisit les trois quarts, ils prirent la fuite.

Malgré leur superstition, les Romains jugèrent équitablement les deux consuls : ils attribuèrent leur triomphe autant à l'habileté de l'un qu'au dévouement de l'autre; et même la plupart des historiens disent que, de quelque côté que se fût trouvé Manlius, son talent et son courage auraient décidé la victoire.

Si le consul mérita de justes hommages pour sa valeur, il s'acquit une funeste immortalité par sa rigueur barbare. Depuis que Camille avait rétabli la discipline dans l'armée romaine, il était défendu, sous peine de la vie, de combattre sans en avoir reçu l'ordre. Avant la bataille, le jeune Manlius, fils du consul, marchant à la tête de sa légion, se vit provoqué en combat singulier par Métius, chef des Tusculans. Rebelle à la loi pour obéir à l'honneur, il accepte le défi, attaque, perce, terrasse; et

tue son adversaire. Fier de sa victoire, il court près de son père, dans l'espoir de voir ses éloges et ses embrassements récompenser son triomphe; mais le consul, fixant sur lui un œil sévère : « Vous avez
» combattu sans ordre, lui dit-il, et vous avez
» donné l'exemple de la désobéissance : vous m'êtes
» bien cher, mais ma patrie me l'est encore plus;
» son salut dépend de la discipline; je dois la main-
» tenir, et faire exécuter les lois que vous avez
» violées. A quels malheurs me réduisez-vous! je
» dois oublier les devoirs de père ou ceux de juge;
» mais Rome doit l'emporter. Donnons tous deux
» un grand exemple de fermeté, moi, en vous
» condamnant à la mort, et vous en mourant
» avec autant de courage que vous avez com-
» battu. »

Après avoir prononcé ces mots, il lui donna une couronne, noble prix de sa valeur, et lui fit trancher la tête en présence de l'armée, qui vit ce supplice avec horreur. La postérité tacha du nom de *Manliana* tous les arrêts qu'on trouvait trop durs ou trop injustes.

Manlius, plus citoyen que père, et dont le cœur ouvert à la gloire seule était fermé pour la nature, accepta les honneurs du triomphe, dont son deuil n'aurait pas dû lui permettre de jouir. Les sénateurs, endurcis par l'âge, et les partisans des maximes rigides, allèrent, selon l'usage, au-devant de lui; la jeunesse, plus sensible, ne parut point dans le cortége.

La paix suivit la défaite des Latins. Peu de temps après, ils se révoltèrent encore, et furent de nouveau vaincus par les consuls Émilius et Publius. Ce dernier mérita, et obtint seul les honneurs du triomphe. Émilius en devint jaloux; leur discorde fit décider la nomination d'un dictateur. Émilius, chargé de le choisir, surprit étrangement le sénat qui le haïssait: il donna la dictature à ce même collègue, objet de sa jalousie, à Publius Philo. Son mérite, à ses yeux, fut d'être de l'ordre plébéien. Publius choisit aussi dans son ordre son lieutenant Junius Brutus.

La nomination d'un dictateur plébéien était la plus forte atteinte qu'on eût portée jusque-là à l'autorité du sénat. Ce corps en redoutait avec raison les conséquences. Le nouveau dictateur fit adopter trois lois très-démocratiques. La première dit que les patriciens seraient, comme les plébéiens, soumis aux décrets du peuple; la deuxième, que les décisions des comices assemblés en centuries, après avoir été approuvées par le sénat, seraient présentées à l'approbation du peuple; et la troisième, que la censure serait exercée par les plébéiens comme par les patriciens.

Dans ce même temps, les Romains se virent obligés de prendre les armes pour réprimer les révoltes d'Antium et de quelques autres peuples. Sous le consulat de Furius et de Mœlius, on brûla vive, à Rome, la vestale Minucia, coupable d'impureté. L'exécution eut lieu dans un champ qui prit le nom de *Scélérat*, parce qu'on y mettait à mort les personnes convaincues d'inceste.

Publius Philo, après sa dictature, obtint la préture, charge jusque-là réservée aux seuls patriciens. Ainsi, toute barrière réelle cessa d'exister entre eux et les plébéiens. Il n'y eut plus qu'une distinction de corps entre le sénat et le peuple : ce fut une séparation d'autorité; mais la différence de naissance ne resta que dans l'opinion.

La vertu des dames romaines, si vantée dans les premiers temps de la république, fut ternie, l'an 422 de Rome, par une horrible accusation. Cent soixante-dix d'entre elles furent convaincues d'empoisonnement, et condamnées à mort. Cette contagion morale paraissait un fléau aussi redoutable que la peste; la superstition y appliqua le même remède, et Quintius Varus, nommé dictateur, attacha un clou au temple de Jupiter.

Pendant quelque temps, les armes romaines ne furent employées qu'à punir les Aruntiens et les Privernates de leurs hostilités et de leurs pillages. La révolte de Palépolis eut des suites plus importantes. Les habitants de cette ville, qu'on appelle Naples aujourd'hui, loin d'être découragés par les victoires des Romains, crurent, à l'instigation des Samnites et avec l'appui des Tarentins, qu'ils pouvaient attaquer Rome que ravageait alors la peste. Ils savaient d'ailleurs que ses armées étaient occupées à réprimer quelques rébellions dans les pays de Cumes et de Falérie. Les Romains se vengèrent de cette injuste agression par une victoire, et s'emparèrent de Palépolis. Les Tarentins, secourus secrètement par les Samnites, continuèrent seuls la guerre.

L'an 424 de Rome, un crime particulier, qui excita un grand scandale, produisit dans la législation un changement très-favorable au peuple. L'usure exerçait toujours sa tyrannie à Rome, et les malheureux débiteurs se voyaient livrés sans défense à la cruauté de leurs avides créanciers. Un jeune citoyen, nommé Papirius, désespéré de voir son père opprimé par Publius, le plus impitoyable des usuriers, se condamna volontairement à la servitude, et se livra au créancier pour délivrer l'auteur de ses jours de la persécution qu'il éprouvait. Publius, loin d'être touché de ce dévouement, accabla d'outrages son jeune esclave, et le fit fouetter avec inhumanité. Papirius, s'échappant de ses mains, invoqua le secours du peuple, dont il excitait à la fois la pitié et l'indignation en lui montrant son corps déchiré. Les centuries rassemblées rendirent deux lois qu'approuva le sénat : l'une déclarait que l'on ne pouvait engager aux créanciers que les biens et non la personne du débiteur, et l'autre défendait de frapper de verges tout citoyen qui ne serait pas convaincu d'un crime. Ainsi, le malheur d'un particulier tourna au profit du bonheur public, et la cruauté d'un usurier ouvrit les prisons à tous ceux que l'usure y renfermait. C'est presque toujours l'injustice publique ou privée qui fait faire les plus grands pas à la liberté, et l'indépendance dut souvent sa naissance à la tyrannie.

Les Samnites, dont les forces étaient réparées, ne tardèrent pas à reprendre les armes et à se joindre ouvertement aux Vestins et aux Tarentins contre Rome. Tandis que Brutus Scéva battait les Vestins, Furius Camille, son collègue, tombé malade dans le pays des Samnites, nomma dictateur Papirius Cursor. Le nouveau dictateur, religieux comme l'étaient alors tous les Romains, ne voulut pas combattre avant d'aller, suivant l'usage, prendre les auspices à Rome. Il laissa l'armée aux ordres de Fabius Rullianus, qu'il venait de nommer son lieutenant; et, quoiqu'on fût en vue des Samnites, il lui défendit de sortir de ses retranchements et de livrer bataille, quand même il y serait provoqué par l'ennemi.

Après son départ, Fabius, apprenant que les Samnites occupaient une mauvaise position, et se gardaient avec négligence, sort de son camp, les attaque, les met en fuite, et en fait un grand carnage. Le dictateur, à son retour, ne trouve plus d'ennemis, et ne voit que le vainqueur coupable. Sans égard pour le succès, il condamne Fabius à la mort.

L'armée, complice de la victoire, se révolta contre l'arrêt, et força le dictateur à en suspendre l'exécution. Papirius se plaignit vivement devant le sénat et devant le peuple de la violation des lois militaires; il les pressait de ne pas donner un exemple dangereux, en laissant impunie une telle infraction de la discipline. Le sénat et les tribuns du peuple, trouvant qu'après un si grand succès la sévérité ressemblait à l'ingratitude, déclarèrent l'accusé innocent et même louable.

L'extrême rigueur de Papirius lui avait tellement fait perdre l'affection des soldats, qu'il se vit au moment d'être abandonné par eux, et de céder la victoire aux ennemis. Mais, se relâchant peu à peu de sa sévérité, il regagna l'esprit des troupes; et, sûr de leur affection, il attaqua, battit les Samnites, et les contraignit à demander la paix.

Les guerres ordinaires se terminent par des traités; mais la paix n'est jamais qu'une trève entre deux peuples animés de profonds ressentiments. Les Samnites ne se reposaient que pour panser leurs blessures. Ils réunirent bientôt toutes leurs forces, et rentrèrent dans l'arène des combats avec le courage du désespoir.

La fortune de Rome triompha de leurs efforts. Cornélius Arvina, dictateur, marcha contre eux, et, après une bataille disputée avec acharnement, il en fit un si horrible carnage, que, perdant toute espérance, et redoutant la vengeance du vainqueur s'ils continuaient de résister, ils se soumirent, envoyèrent à Rome tout le butin qu'ils avaient fait depuis vingt ans, tous les prisonniers tombés en leur pouvoir, et, pour comble d'humiliation, livrèrent le corps même de leur général qui s'était tué de chagrin, parce qu'il avait conseillé cette guerre désastreuse; ils ne demandèrent d'autre grace que la cessation des hostilités. L'abaissement encourage l'orgueil plus qu'il ne le fléchit, et ce n'est pas en montrant sa faiblesse qu'on sauve son pays. Le sénat reçut les prisonniers, accepta les dons, et refusa la paix. Cette injuste dureté coûta cher aux Romains, et leur attira bientôt une grande honte et un grand désastre.

L'outrage releva le courage des Samnites abattus. Un de leurs plus braves guerriers, Pontius, profitant de l'indignation générale, les détermina tous à périr avec honneur, ou à se venger de l'affront reçu. Revêtu du commandement, il rassemble un corps de troupes, faible par le nombre, mais redoutable par la passion qui l'animait. S'avançant ensuite jusqu'à Claudium, nommée aujourd'hui Arpaja, entre Capoue et Bénévent, il fait déguiser dix soldats en bergers, leur ordonne d'aller vers Calacia, où les deux consuls Véturius Calvinus et Posthumius Aldinus campaient, de se laisser prendre par les avant-postes romains, et de dire, quand on les interrogerait, que la ville de Lucérie, dans la Pouille, était assiégée par l'armée samnite, et se voyait au moment d'être prise.

Ce stratagème réussit complètement. Les consuls, dupes des faux bergers, prirent la résolution de marcher promptement au secours d'une ville qui n'était point attaquée. Il n'y avait que deux chemins pour aller à Lucérie: l'un n'offrait point d'obstacles et traversait la plaine ; l'autre, beaucoup plus court, passait entre des montagnes escarpées, qui formaient deux défilés étroits séparés par une petite plaine. Les consuls, ne voulant pas perdre de temps pour délivrer Lucérie, choisirent cette dernière route. Dès qu'ils furent engagés dans le défilé, les Samnites en fermèrent les deux gorges par des retranchements[1]. Ils y placèrent leurs meilleures troupes, et occupèrent toutes les hauteurs, d'où ils accablaient les Romains de pierres et de traits.

[1] An de Rome 433. — Avant Jésus-Christ 419.

L'armée romaine, surprise et consternée, tenta vainement de forcer les deux issues. Jamais on ne vit de position plus déplorable. Ces braves guerriers, ne pouvant ni gravir les rocs, ni attaquer, ni se défendre, fortifièrent tristement leur camp, qui semblait devoir être leur tombeau.

Du haut de la montagne les Samnites les insultaient, en les raillant sur leurs inutiles travaux. Les consuls, les officiers, les soldats se demandaient tous en vain quels moyens ils pourraient prendre pour vendre chèrement leur vie, au lieu de périr dans un piége comme de vils animaux. Les Samnites délibéraient aussi, mais c'était pour décider comment ils profiteraient d'une victoire certaine que les dieux seuls auraient pu leur enlever.

Comme les avis étaient partagés, ils envoyèrent consulter, à Samnium, le plus considéré de leurs concitoyens, Hérennius, père de leur général, aussi respectable par son expérience et par ses vertus que par son âge. Ce vieillard leur fit conseiller de conclure une paix honorable avec Rome, et de laisser à l'armée romaine la liberté de se retirer. Envoyant ensuite un second courrier, il leur écrivit qu'un autre parti à prendre était de se délivrer des ennemis en les faisant tous périr.

La contradiction de ces deux avis surprit étrangement Pontius et les chefs des Samnites. Hérennius, pressé par eux de s'expliquer, sortit de sa retraite,

se rendit au camp, et, entrant dans le conseil, dit à son fils : « Les Romains sont en votre pouvoir;
» vous n'avez que deux partis à prendre : celui d'ex-
» citer leur reconnaissance et de mériter leur ami-
» tié par un acte généreux; ou celui de les détruire,
» pour enlever à Rome sa force et la mettre dans
» l'impossibilité de se venger. »

Il parlait le langage de la raison à des hommes passionnés, et ne put les convaincre. Pontius et les généraux, trouvant le premier moyen trop peu satisfaisant pour leurs cœurs ulcérés, et l'autre trop cruel, décidèrent que les Romains n'obtiendraient la paix et la liberté de se retirer qu'après avoir passé sous le joug, déposé leurs armes, et promis de renoncer à toutes leurs conquêtes. On ajouta qu'on les renverrait à Rome avec une simple tunique.

Hérennius prédit vainement aux Samnites qu'ils se repentiraient un jour d'avoir pris cette fatale résolution. « Vous perdez, dit-il, l'unique occasion
» de vous faire des amis puissants, et vous laissez
» des forces à un ennemi que vous aigrissez et que
» vous rendez implacable. Le peuple romain ne
» connaît pas de paix avec la honte, ses défaites ne
» lui inspirent que le désir de combattre, et il ne
» traite que lorsqu'il est vainqueur. »

Le conseil persistant dans sa décision, on la notifia aux consuls. Les Romains désespérés invoquaient la mort; ils ne pouvaient se résoudre à

l'humiliation. « Périssons tous, s'écriaient-ils, plu-
» tôt que de nous avilir. Imitons nos aïeux qui n'ont
» pas cédé lâchement aux Gaulois; il vaut beaucoup
» mieux que Rome existe sans nous, faible, mais
» glorieuse, que de se voir entachée par le retour
» de ses légions déshonorées. »

Cet avis courageux, mais funeste, allait prévaloir, lorsque Lentulus, un des plus braves et des
plus sages guerriers de Rome, prenant la parole,
dit: « Nos pères ont abandonné les pierres et les
» murs de la ville pour sauver la force romaine
» qu'ils ont renfermée dans le Capitole. Aujourd'hui
» votre désespoir vous aveugle; en voulant sauver
» l'honneur de votre patrie, vous la perdez. Rome
» n'est point dans ses murs, elle vit dans ses lé-
» gions; toute sa force est ici. Si nous périssons,
» nous la livrons sans défense au pouvoir de l'en-
» nemi. Supportons l'adversité, ployons sous la for-
» tune, sacrifions notre orgueil au salut de Rome,
» et réservons nos bras pour sa vengeance. Je don-
» nerais l'exemple du dévouement si le combat é-
» tait possible; mais je pense que le salut de Rome,
» qu'on voulait payer autrefois au prix de l'or, doit
» être aujourd'hui acheté à quelque prix que ce soit,
» même aux dépens de notre honneur personnel.
» Puisque ce sacrifice est indispensable, je conjure
» les consuls de se rendre dans le camp ennemi, et
» de déclarer que nous déposons nos armes. »

Cette opinion d'un citoyen dévoué et d'un guerrier intrépide entraîna les suffrages. Les consuls allèrent trouver Pontius, et se soumirent à tout, refusant seulement de signer un traité de paix qui ne pouvait être conclu qu'avec l'approbation du sénat et du peuple.

Après cette honteuse capitulation, les consuls et les légions défilèrent, les yeux baissés, l'humiliation sur le front et la rage dans le cœur, jetant leurs armes et se courbant sous le joug en présence de leurs superbes et imprudents vainqueurs.

Dépouillés de leurs vêtements et semblables à des esclaves châtiés, ils revinrent à Capoue, ensuite à Rome. La vue des légions nues et désarmées répandit d'abord la consternation dans la ville. On n'osait à peine se parler et se regarder; mais bientôt des mouvements de fureur et des cris de vengeance succédèrent au silence de la honte. Les consuls, se jugeant eux-mêmes indignes de leurs charges, ne parurent plus en public et cessèrent leurs fonctions. Valérius Flaccus, élu dictateur, ne put parvenir à faire élire des consuls, et cet interrègne fut un temps d'insolence pour les étrangers et d'ignominie pour les Romains et pour leurs alliés. Enfin les comices, de nouveau rassemblés, élevèrent au consulat Papirius Cursor et Publius Philo. Les consuls vaincus dans les fourches caudines, proposèrent au sénat de rompre leur indigne capitulation, et ils offrirent de se rendre chez les Samnites pour se livrer en victimes à leur ressentiment. On accepta leur proposition : ils partirent pour Samnium, d'où on les renvoya avec mépris.

La guerre recommença, et la prédiction d'Hérennius ne tarda pas à s'accomplir. Papirius battit en plusieurs rencontres les Samnites, surprit et entoura une de leurs armées, la fit passer sous le joug, reprit Lucérie et les places perdues, se fit rendre les six cents ôtages qu'on avait laissés comme garants de la capitulation, et termina cette brillante campagne par la signature d'une trêve qui dura deux ans.

Lorsqu'elle fut expirée, les Samnites, soutenus par les Étrusques, prirent les armes. Émilius, dictateur, et Fabius Maximus, son successeur, remportèrent sur eux plusieurs victoires, et étendirent les possessions romaines.

La dictature de Junius Babulus ou Babuléius n'est remarquable que par un fameux ouvrage qu'entreprit le censeur Claudius Appius : ce fut cette belle route, nommée *via Appia*, qui allait de Rome à Brindes par Capoue. On voit encore aujourd'hui des vestiges de ce vaste travail.

Les Étrusques, en soutenant les Samnites, s'étaient tenus sagement sur la défensive, disputant le terrain avec habileté, et évitant toute affaire générale. Papirius, nommé de nouveau dictateur, sut, par des mouvements rapides, les forcer au combat, et il les défit si complétement, que, s'ils conservèrent quelque jalousie contre Rome, ils n'eurent plus la possibilité de retarder les progrès de sa puissance. Quatre ans après cette défaite, ayant essayé de se soulever, le dictateur Valérius Maximus détruisit le reste de leurs forces, et ce peuple redoutable, qui avait lutté quatre siècles contre les Romains, se soumit enfin à leur domination.

Les Samnites s'étaient vus forcés de faire la paix et de renouveler leur ancienne alliance avec Rome; mais le regret de leur gloire passée et le désir de recouvrer les places qu'ils avaient perdues, leur firent tenter encore le sort des armes. La fortune sembla d'abord les favoriser; ils battirent les Romains commandés par Fabius Gurgès. Son fils, Fabius Maximus, toujours heureux à la guerre, le vengea, et gagna sur les ennemis une bataille dans laquelle périt Pontius, le plus célèbre de leurs généraux.

De nouvelles victoires du consul Curius Dentatus épuisèrent leur courage, leur enlevèrent la plupart des villes qui leur étaient restées; et trois colonies, envoyées à Castrum, à Serra et à Adria, mirent les conquêtes des Romains à l'abri de tout danger. Rome, vengée de ses propres injures, s'arma pour soutenir ses alliés dans la Calabre.

Elle envoya ses troupes chez les Lucaniens, et les dompta.

Les derniers peuples de l'Italie qui compromirent la fortune de Rome, en s'opposant à sa domination, furent les Tarentins. Tarente avait pillé quelques vaisseaux de la république, et refusé toute satisfaction de cette offense. Le sénat lui déclara la guerre.

Les Tarentins attirèrent dans leur parti les Samnites, les Lucaniens, les Messapiens, les Brutiens, les Apuliens, et appelèrent en Italie le célèbre Pyrrhus, roi d'Épire, dont le père, nommé Alexandre, frère d'Olympias, et oncle d'Alexandre-le-Grand, avait déjà fait connaître ses armes dans cette contrée, en portant du secours au peuple de Capoue.

Cette guerre, la première où les Romains combattirent contre les Grecs, eut lieu l'an 473 de Rome, deux cent soixante-dix-neuf ans avant Jésus-Christ.

Pendant la longue lutte de la république contre les Samnites, les tribuns du peuple avaient quelquefois encore troublé sa tranquillité intérieure. En 453, après de longues contestations, ils avaient obtenu que les plébéiens fussent promus aux charges de pontifes et d'augures. Le sénat en multiplia le nombre, afin de conserver la même quantité de places aux patriciens.

Les efforts des Romains pour conquérir le midi de l'Italie ne les empêchèrent point d'employer des forces considérables pour résister aux attaques renouvelées d'un ennemi dont le nom seul annonçait les plus grands dangers. En 469, les Gaulois sénonais ayant formé le siége d'Arétium, en Étrurie, le consul Lucius Cæcilius Métellus, chargé de la secourir, fut battu, perdit treize mille soldats, et périt dans le combat. Rome envoya des ambassadeurs pour négocier; les Barbares les massacrèrent. Curius Dentatus vengea Rome de cette injure, et ravagea le pays des Gaulois; mais, tandis qu'il livrait cette contrée au pillage, les Barbares marchèrent sur Rome : le consul Dolabella courut à leur rencontre, les tailla en pièces, et détruisit tellement l'armée sénonaise, qu'aucun Gaulois ne put porter la nouvelle de ce désastre dans sa patrie.

Pyrrhus, cédant aux prières, aux promesses et aux flatteries des Tarentins que secondait sa passion pour la gloire, envoya trois mille hommes à Tarente, sous les ordres de Cynéas, disciple de Démosthène. S'embarquant ensuite lui-même avec vingt mille hommes, trois mille chevaux, vingt éléphants, deux mille archers et cinq cents frondeurs, il vit sa flotte dispersée par une tempête furieuse. La mer semblait lui donner le présage des dangers que la terre lui préparait. Après avoir été long-temps tourmentés par les vents, tous ses vaisseaux se réunirent, et gagnèrent heureusement le port.

Pyrrhus, arrivé à Tarente, voulut se concilier les esprits par sa popularité; mais, nourri dans les camps macédoniens, il vit avec indignation la mollesse de cette ville, dont les habitants efféminés ne s'occupaient que de plaisirs et de spectacles. Ce n'était pas en se livrant à la volupté qu'on devait prétendre à lutter contre les Romains durs et belliqueux. Pyrrhus prouva bientôt aux Tarentins qu'un allié puissant est un maître. Sa présence changea momentanément les mœurs; il fit taire le plaisir et parler la gloire. Arrachant la jeunesse aux débauches, et l'entraînant dans les camps, il l'enrôla, l'arma, la disciplina, l'exerça; et, sans attendre les secours lents des peuples alliés, il marcha contre les Romains que commandait le consul Lévinus.

Avant de combattre, le roi proposa sa médiation entre Rome et Tarente. Lévinus répondit que la république aimait mieux avoir Pyrrhus pour ennemi que pour médiateur.

Les deux armées se rencontrèrent dans la plaine d'Héraclée. Une rivière, nommée Lyris, les séparait; les Romains en forcèrent le passage, et culbutèrent les troupes qui le défendaient. Pyrrhus, alors, donnant le signal du combat, charge à la tête de ses phalanges. Il se faisait remarquer par la richesse et par l'éclat de ses armes; mais son active valeur le distinguait encore davantage. Tous les coups des Romains se dirigent sur lui; son cheval tombe percé de traits. Dans ce péril extrême, un officier fidèle accourt près du roi, le relève, et change d'armure avec lui, dans l'espoir de sauver ses jours. Bientôt cet officier périt victime de son dévouement. Les Romains élèvent en l'air ses armes comme un trophée, dont la vue remplit les légions romaines d'ardeur et les Grecs d'effroi. Ceux-ci, découragés, se croyant sans chef, combattent mollement, et commencent à plier. Tout à coup, Pyrrhus, levant la visière de son casque, se montre à leurs regards, parcourt leurs rangs, et les ranime. Le combat devient terrible; la victoire flotte incertaine; enfin le roi ordonne de lâcher les éléphants : leur aspect inconnu étonne les Romains; l'odeur qu'ils exhalent épouvante les chevaux. Pyrrhus, profitant de ce moment de trouble, fait avancer la cavalerie thessalienne; elle fond sur les légions, les enfonce, et les met en fuite. Pyrrhus perdit dans cette action treize mille hommes, les Romains quinze mille et dix-huit cents prisonniers.

Le roi traita les captifs avec humanité, et donna l'ordre d'enterrer les morts des deux partis. Il parcourut le champ de bataille, admira la forte constitution des soldats romains; et, croyant voir sur leurs traits, malgré la pâleur de la mort, un reste de fierté, il s'écria : « Que n'ai-je de tels sol- » dats ! avec eux, je deviendrais le maître du » monde ! »

Les Samnites, les Brutiens, les Lucaniens, lents avant le combat, prompts après la victoire, vinrent grossir son armée qui s'avança jusqu'à Préneste, à douze lieues de Rome.

La défaite de Lévinus répandait l'alarme dans la ville : le patricien Fabricius, qu'un grand nombre d'exploits et de triomphes rendait respectable, rassure les esprits, ranime les courages. « Pyrrhus, » disait-il, n'a vaincu que le consul et non les lé- » gions. » L'amour de la gloire et de la patrie fit lever si promptement une nouvelle armée, que le roi, admirant le courage des Romains, préféra la négociation au combat, et envoya Cynéas à Rome pour proposer la paix. L'esprit de cet orateur lui inspirait une grande confiance, et il avait coutume de dire : « Cynéas a pris plus de villes par son élo- » quence que moi par mes armes. »

L'ambassadeur grec employa toute son adresse à flatter l'orgueil des patriciens, à tromper le peuple par des promesses, à séduire les dames romaines par des présents; mais il n'éprouva que des refus. Essayant l'éloquence après les libéralités, il se présente au sénat, lui prodigue les plus grands éloges, l'assure de l'estime de Pyrrhus pour les Romains, et déclare que le roi est disposé à renvoyer sans rançon tous les prisonniers, que ses troupes aideront la république, si elle le veut, à conquérir l'Italie, et qu'il ne demande pour récompense de ses services que la paix et une alliance entre Rome, lui et ses alliés.

Le sénat, ému par ce discours, inclinait à un accommodement; mais Appius Claudius, dont la vieillesse et les infirmités n'avaient point affaibli la vigueur, se levant alors, s'écria : « Pères conscrits,
» je supportais avec peine la perte de la vue; mais
» aujourd'hui je voudrais être sourd comme aveu-
» gle pour ne pas entendre les lâches conseils que
» l'on vous donne, et dont l'effet serait de désho-
» norer le nom romain! Avez-vous oublié votre
» dignité? Qu'est devenu ce temps où vous pré-
» tendiez que, si Alexandre-le-Grand eût paru en
» Italie, on ne le chanterait plus à présent comme
» un guerrier invincible? Maintenant ce langage si
» fier passera pour une vaine arrogance, puisque
» vous montrez tant de crainte à la vue de quelques
» Molosses, asservis sans peine par les Macédoniens.

» Vous tremblez donc devant un homme qui
» long-temps ne s'est montré que le servile cour-
» tisan de l'un des satellites d'Alexandre, et qui
» n'est venu dans cette contrée que pour fuir les
» ennemis dont il redoutait les armes dans la Grèce!

» Il vous offre, pour conquérir l'Italie, l'appui
» d'une armée avec laquelle il n'a pu parvenir à
» conserver une faible portion de la Macédoine. Si
» vous ployez sous son joug, ne croyez pas que
» cette paix honteuse vous délivre de lui : votre
» faiblesse vous attirera de nouveaux ennemis; et
» tous les peuples vaincus par vous, se joignant
» aux Samnites et aux Tarentins, vous mépriseront
» et vous attaqueront avec confiance, lorsqu'ils
» verront que vous êtes si faciles à abattre, et que
» vous posez les armes devant Pyrrhus sans vous
» être vengés de l'outrage qu'il vous a fait. »

Le sénat, entraîné par ces nobles paroles, et revenant à son ancien usage de ne parler de paix qu'après la victoire, répondit à l'ambassadeur que Rome ne négocierait que lorsque Pyrrhus aurait retiré ses troupes d'Italie.

Cynéas, de retour près du roi, lui dit qu'en entrant dans le sénat, il avait cru voir une assemblée de dieux, que le peuple romain était une hydre dont les têtes renaissaient à mesure qu'on en abattait, que le consul commandait déjà une armée plus forte que l'armée vaincue, et qu'enfin Rome était encore en état d'en lever d'autres quand elle le voudrait.

Le sénat, croyant convenable de répondre à la courtoisie du roi relativement au sort des prisonniers, lui envoya une ambassade, dont Caïus Fabricius était le chef. Le roi, instruit par la renommée des exploits et du crédit de ce sénateur, s'efforça de le gagner. Connaissant sa pauvreté et non son désintéressement, il lui montra une haute estime, lui offrit des présens magnifiques, et lui promit de grandes possessions en Épire s'il voulait entrer dans ses vues; mais il le trouva incorruptible. Le lendemain, dans le dessein d'éprouver son intrépidité, il fait cacher derrière une tapisserie le plus grand de ses éléphants. Au milieu de la conférence, le terrible animal se montre tout à coup, armé, tenant sa trompe élevée sur la tête du Romain, et jetant un cri effroyable. Fabricius, sans montrer la moindre émotion, dit au roi : « Vous me voyez » aujourd'hui tel que j'étais hier : votre éléphant » ne m'effraie pas plus que votre or ne me tente. »

Le roi, estimant ce fier courage, déclara que, par considération pour Fabricius, il renvoyait tous les prisonniers sans rançon, à condition que Rome les lui rendrait si elle persistait à continuer la guerre. Ils partirent, et l'inflexible sénat ordonna, sous peine de mort, aux captifs de retourner au camp de Pyrrhus.

L'activité des Romains prouvait au roi d'Épire que Cynéas les avait bien jugés. La guerre qu'ils soutenaient contre lui ne les empêcha pas de lever une autre armée, que Lévinus commanda et conduisit contre les Étruriens révoltés. Il parvint promptement à les vaincre et à les soumettre. Dans ce même temps, on fit un dénombrement qui porta à deux cent soixante-dix-huit mille deux cent vingt-deux hommes le nombre des citoyens en état de porter les armes, et l'on n'y comptait parmi les alliés de Rome que ceux qui avaient le droit de bourgeoisie.

Les consuls Sulpicius Saverrio et Décius Mus marchèrent au-devant de Pyrrhus, et le rencontrèrent près d'Asculum, aujourd'hui Ascoli. Le roi s'était posté dans un terrain coupé de bois; il ne pouvait y faire usage de sa cavalerie. Le combat, qui eut lieu entre les deux infanteries, se prolongea depuis le point du jour jusqu'à la nuit, et resta indécis. Le lendemain, le roi, changeant sa position et son ordre de bataille, occupa une large plaine, plaça ses éléphants au centre de son armée, et garnit les intervalles de ses bataillons de frondeurs et d'archers.

Les Romains, resserrés à leur tour sur un terrain étroit, ne purent manœuvrer; mais ils chargèrent en masse avec furie, firent un grand carnage des Grecs, les enfoncèrent, et parvinrent même jusqu'à leur centre. Là, ils furent arrêtés par les éléphants et par la cavalerie ennemie, qui se précipitèrent sur eux, rompirent les légions, et les forcèrent à se retirer dans leur camp. La perte des Romains s'éleva à six mille hommes, celle de Pyrrhus à quatre mille. Comme le roi restait maître du champ de bataille, ses courtisans le félicitaient sur sa victoire : « Encore une pareille, leur dit-il, et nous » sommes perdus! » Cette action termina la campagne.

L'année suivante, Fabricius et Émilius Papus, à la tête d'une forte armée, s'avancèrent encore pour combattre les Grecs. Les deux armées étaient en présence, lorsque Fabricius reçut une lettre du premier médecin de Pyrrhus, qui lui offrait de mettre fin à la guerre en empoisonnant le roi, si on voulait lui accorder une récompense proportionnée à l'importance de ce service.

Fabricius, indigné, informa le monarque du complot tramé contre ses jours, et lui écrivit en ces termes : « Pyrrhus choisit aussi mal ses amis » que ses ennemis : il fait la guerre à des hommes » vertueux et se confie à des traîtres. Les Romains » détestent tout genre de perfidie; ils ne font la » conquête de la paix que par les armes, et ne l'a- » chètent point par la trahison. »

Pyrrhus, rempli d'admiration pour cette générosité du consul, s'écria : « Je vois qu'on détour- » nerait plus facilement le soleil de son cours que » Fabricius du chemin de la vertu! » Magnifique éloge qu'on pouvait alors appliquer à tout le peuple romain.

Le roi condamna au supplice ce perfide médecin, et mit en liberté tous les prisonniers romains. Le sénat ne voulut pas se laisser vaincre en générosité, et rendit au roi d'Épire les captifs grecs, samnites et tarentins qui étaient en son pouvoir.

Pyrrhus ne combattait plus qu'à regret un peuple qui venait de conquérir son estime. Il offrit de nouveau la paix; mais le sénat, fidèle à ses maximes, persistait à exiger l'évacuation préalable de l'Italie. Cette opiniâtreté jetait dans un grand embarras le roi d'Épire. Ce prince ne voulait ni céder à l'orgueil de Rome ni continuer une guerre ruineuse, et dont le succès devenait de jour en jour moins probable. Les Siciliens lui donnèrent alors fort à propos un prétexte pour se tirer de cette fâcheuse position. Ils implorèrent son secours contre les Carthaginois, qui depuis long-temps leur faisaient la guerre. Pyrrhus, ayant épousé la fille d'Agathocle, se croyait quelques droits au trône de Syracuse. Il s'y rendit avec trente mille hommes et deux mille cinq cents chevaux, laissant à Tarente une garnison assez forte non-seulement pour défendre la ville, mais même pour y dominer.

Les Romains profitèrent de son éloignement, et tirèrent vengeance à leur gré des Tarentins, des Samnites, des Lucaniens et des Brutiens. Tandis qu'ils livraient au pillage ces contrées, la peste exerça de nouveau ses ravages dans Rome, et la superstition opposa encore à ce fléau le remède accoutumé. Un dictateur attacha solennellement le clou sacré au temple de Jupiter.

Pyrrhus, ardent à chercher la gloire et incapable d'en jouir, après avoir conquis rapidement la plus grande partie de la Sicile, renonça tout à coup au trône, dont il s'était emparé. Fatigué de l'esprit turbulent de ces peuples qui haïssaient sa sévérité, et dont il méprisait l'inconstance, il leur annonça son départ, et revint en Italie, où Tarente le rappelait.

Curius Dentatus et Cornélius Lentulus venaient d'être élus consuls. Le peuple, agité par l'esprit factieux de ses tribuns, s'opposait à l'enrôlement ordonné par le sénat. Curius, bravant cette opposition, fit tirer au sort les tribus : le tour de la tribu Polliane étant arrivé, on ordonna au premier citoyen dont le nom sortit de l'urne de se présenter : celui-ci se cacha au lieu d'obéir. Le consul commanda qu'on vendît ses biens à l'encan; le réfractaire en appela au peuple; Curius, sans égard pour l'appel, le condamna à être vendu comme esclave, disant qu'un citoyen rebelle était un fardeau dont la république devait se délivrer. Les tribuns n'osèrent pas défendre le coupable, et cet arrêt sévère devint depuis une loi qui rendait esclave quiconque refusait de s'enrôler.

Pyrrhus, débarqué à Tarente, réunit à ses troupes les forces de ses alliés, et s'approcha de Samnium, où Curius Dentatus rassemblait son armée. La marche rapide du roi d'Épire aurait surpris les Romains avant la réunion de leurs légions, s'il ne se fût égaré dans un bois : ce retard les sauva. Cependant son arrivée imprévue les jeta d'abord dans quelque confusion; mais la fermeté du consul rétablit l'ordre; et, tandis qu'une troupe d'élite repoussait l'avant-garde de Pyrrhus, Curius rangea promptement ses légions dans une plaine près de Bénévent.

Les deux armées ayant pris position, la bataille s'engagea. Des deux côtés on montra long-temps la même ardeur et la même opiniâtreté. Les éléphants, lâchés contre les Romains lorsqu'ils étaient déjà fatigués du combat, portèrent le désordre dans leurs rangs, et ils se virent obligés de se retirer jusqu'à la tête de leur camp, placé sur une hauteur. Un corps de réserve, que le consul y avait prudemment laissé, lui donna le moyen de rallier ses troupes, de soutenir leur courage et de recommencer le combat.

La position devenait avantageuse pour les Romains; leurs traits, lancés de haut en bas, portaient tous. Les Grecs se voyaient renversés successivement en faisant de vains efforts pour gravir la colline, du sommet de laquelle on lançait sur les éléphants des cordes enduites de poix enflammée. Ces animaux, épouvantés, prirent la fuite, et se jetèrent sur les phalanges grecques, qu'ils écrasèrent. Les Romains, profitant de ce désordre, chargèrent avec furie les ennemis, les mirent en pleine déroute, en tuèrent près de vingt-trois mille, et s'emparèrent du camp du roi.

La vue de ce camp, tracé avec symétrie, fermé comme une citadelle et environné de retranchements, servit aux généraux romains de leçon, de modèle, et devint dans la suite une des grandes causes de leurs succès. En tous temps, Rome sut profiter de ce qu'elle trouvait utile dans l'armement, la tactique, la législation et les coutumes de ses ennemis.

Curius ramena dans les murs sacrés son armée victorieuse : treize cents captifs, quatre éléphants, et une immense quantité d'or, d'argent, de vases et de meubles précieux, riches dépouilles du luxe de Tarente et de la Grèce, ornèrent son triomphe. Ces trophées enorgueillirent les Romains sans les corrompre; car ils étaient encore si attachés à la simplicité des mœurs antiques, que cette même année Fabricius et Émilius, nommés censeurs, chassèrent du sénat un ancien consul, un ancien dictateur, nommé Rufinus, parce qu'il se servait de vaisselle d'argent.

Pyrrhus, décidé par sa défaite à sortir de l'Italie, dissimula son découragement, déguisa ses projets, et dit à ses alliés qu'il allait chercher de puissants secours qu'on lui promettait en Grèce et en Asie. Ce langage rassura les Tarentins, et trompa même les Romains, qui n'osèrent désarmer. Cependant le roi, craignant qu'on ne finît par s'opposer à son départ, s'embarqua furtivement la nuit, et ne ramena en Épire que huit mille hommes de pied et cinq cents chevaux, faible débris échappé à une guerre qui avait duré six années. Ce prince, ennemi du repos, cherchant ensuite une nouvelle gloire dans le Péloponèse, trouva la mort dans les murs d'Argos.

Les Romains apprirent de lui l'art de camper, de choisir des positions, d'opposer avec succès aux attaques de la cavalerie une infanterie disposée en phalange.

La fuite de Pyrrhus étendit la gloire de Rome au-delà des mers. Dès qu'on connut sa puissance, on rechercha son amitié. Ptolémée Philadelphe, roi d'Égypte, célèbre pour son amour pour les arts et pour les sciences, fut le premier qui félicita le peuple romain sur ses victoires et qui lui offrit son alliance, quoique cependant alors il ne crût avoir rien à en espérer ni à en craindre.

Les Tarentins, abandonnés par les Grecs, demandèrent du secours à Carthage; elle leur en envoya; mais ce renfort ne les empêcha ni d'être repoussés dans leurs murs ni d'être assiégés.

Milon, que Pyrrhus avait laissé avec une faible

garnison, capitula et livra la citadelle. La ville, privée de tout espoir et de tout appui, se rendit enfin au consul, qui fit démolir ses murs.

Les conquêtss des Romains devenaient plus solides, parce qu'au lieu de rappeler, comme autrefois, et de licencier leurs troupes, ils les faisaient hiverner dans les pays conquis. Mais ce système nouveau rendait plus nécessaire le maintien d'une discipline rigoureuse. Plusieurs séditions en donnèrent la preuve. La légion nommée la Campanienne, qui se trouvait en quartier à Rhége, se révolta, s'empara de la ville, et se déclara indépendante. Elle y fut bientôt assiégée, prise et décimée.

Rome donna dans ce temps une preuve éclatante de sa justice en livrant aux ambassadeurs d'Apollonie, ville albanienne, quelques jeunes citoyens qui les avaient insultés.

La république, ayant réuni à ses possessions l'Étrurie, le Samnium, le pays des Lucaniens et celui des Tarentins, commençait à s'enrichir. Aussi ce fut à cette époque qu'on frappa pour la première fois dans Rome de la monnaie d'argent; on ne s'était servi jusque-là que de cuivre et d'airain.

Les jeux publics se célébrèrent avec plus de magnificence. En 488, Marcus et Décius Brutus, à l'occasion des funérailles de leur père, établirent des combats de gladiateurs; spectacle cruel et qui devint une passion chez les Romains, parce qu'il était conforme à leur humeur belliqueuse.

Les armes romaines, délivrées de tout obstacle qui pût s'opposer à leurs progrès dans la péninsule, s'emparèrent de Spolette, d'Otrante, de Brinduse; et la république étendit enfin sa domination sur toute l'Italie, à l'exception de la partie septentrionale qu'occupaient encore les Gaulois.

Carthage, la plus grande puissance de l'Occident, souveraine d'une partie de l'Afrique, de l'Espagne et de la Sicile, dominatrice des mers et maîtresse du commerce du monde, ne pouvait voir avec indifférence la conquête de l'Italie. Elle avait admiré et même encouragé les Romains lorsqu'ils ne faisaient que repousser avec valeur les peuples qui attaquaient leur indépendance; mais, dès qu'elle aperçut dans Rome une rivale, elle lui voua une haine implacable. Ces deux républiques ambitieuses aspiraient également à l'empire de la terre; l'une voulait l'enchaîner par ses vaisseaux, l'autre par ses légions. Leurs existences devenaient incompatibles, et la sanglante guerre qu'excita cette rivalité ne pouvait se terminer que par la destruction de Rome ou de Carthage.

CHAPITRE VIII.

PREMIÈRE GUERRE PUNIQUE.

Cause de la première guerre punique. — Descente en Sicile du consul Appius Claudius, surnommé Caudex. — Victoires du consul Valérius, surnommé Messina ou Messala. — Siége et reddition de la ville d'Agrigente. — Perfidie et punition d'Hannon. — Guerre maritime avec Carthage. — Création d'une flotte romaine. — Invention d'une machine nommée *corbeau*. — Élévation d'une colonne rostrale. — Fuite et mort d'Annibal. — Mort du tribun Calpurnius Flamma et de ses trois cents braves. — Prise de l'île de Mélite ou Malte. — Serpent monstrueux tué sur les bords du Bograda. — Victoire de Régulus. — Victoire de Xantippe sur Régulus, fait prisonnier. — Défaite de la flotte carthaginoise. — Désastre de la flotte romaine occasioné par une tempête. — Exploits de Carthalo, général des Carthaginois. — Victoire du consul Métellus. — Défaite d'Asdrubal. — Sa fuite et sa mort. — Ambassade de Carthage à Rome. — Départ de Régulus. — Son discours dans le sénat. — Sa magnanimité. — Son retour à Carthage, son supplice et sa mort. — Vengeance de Marcia, veuve de Régulus. — Défaite du consul Claudius Pulcher. — Piraterie permise par le sénat. — Jugement et condamnation de Claudia. — Équipement d'une flotte romaine. — Traité de paix entre les Romains et les Carthaginois. — Conquête de la Sardaigne. — Guerre avec les Gaulois et les Liguriens. — Célébration des jeux séculaires. — Révolte en Corse. — Rébellion du tribun Caïus Flaminius. — Premier divorce à Rome. — Guerre avec l'Illyrie. — Soumission de cette contrée. — Ambassade en Grèce. — Nouvelle guerre avec les Gaulois. — Trait cruel de superstition. — Défaite des Gaulois. — Nouvelles victoires sur les Gaulois. — Mort du roi Viridomare. — Paix avec les Gaulois.

Nous avons vu pendant près de cinq cents ans, les Romains poser péniblement les fondements de leur puissance; l'édifice de leur grandeur va s'élever; mais, avant de dominer le monde, cet édifice colossal chancellera sur sa base, et sera au moment d'être renversé. Rome, ébranlée par Carthage, triomphera enfin de sa superbe rivale, et étendra ensuite facilement son empire sur l'Orient amolli et divisé.

Depuis long-temps, les armes et le commerce avaient agrandi la domination de Carthage. Elle possédait ce qu'on appelle aujourd'hui la Barbarie en Afrique, la Sardaigne, la Corse, une grande partie de la Sicile; presque toutes les îles de la Méditerranée lui étaient soumises; et Pyrrhus, en quittant Syracuse, prédit avec raison que la Sicile deviendrait bientôt le champ de bataille des Romains et des Carthaginois.

Après la mort du tyran Agathocle, les Mamertins, soldats de sa garde, s'étaient emparés de Messine, dont ils avaient égorgé les principaux habitants pour épouser leurs veuves et pour s'approprier leurs richesses. S'unissant ensuite aux légions romaines, coupables des mêmes crimes à Rhége, ces deux armées usurpatrices exerçaient de grands ravages dans les environs des deux villes, et leurs corsaires infestaient les côtes de Sicile et d'Italie. Les Romains assiégèrent, vainquirent et châtièrent, comme on l'a vu, les rebelles de Rhége; et les Mamertins se virent bientôt attaqués par Hiéron, roi de Syracuse. Ce prince gagna une bataille sur eux, et assiégea Messine. Il était sur le point de s'en emparer, lorsque Annibal, général carthaginois, qui se trouvait à Lipari avec une flotte, vint offrir son appui aux Mamertins, et fit entrer ses troupes dans leur citadelle, quoiqu'il n'eût obtenu que d'une partie d'entre eux la permission de s'y établir.

Les autres habitants, craignant autant les armes de Carthage que celles d'Hiéron, invoquèrent le secours de Rome : ils croyaient qu'une république qui n'avait point de marine les protégerait sans les asservir, et serait moins dangereuse pour eux qu'une nation qui possédait déjà les deux tiers de la Sicile, et dont les innombrables vaisseaux couvraient les mers.

La démarche des Mamertins devint à Rome l'objet d'une vive discussion. Il existait alors un traité d'alliance entre les Romains et les Carthaginois; mais la jalousie des deux peuples rendait ce lien peu solide. Rome, attaquée par Pyrrhus, avait dédaigneusement refusé les secours que lui offrait Carthage, et celle-ci venait récemment de donner des troupes auxiliaires aux Tarentins. Enfin, l'occupation de Messine par Annibal faisait craindre au sénat romain que les Africains, marchant rapidement à la conquête entière de la Sicile, ne se vissent bientôt en état de porter leurs armes en Italie.

D'un autre côté, on ne pouvait, sans offenser la morale et la justice, après avoir puni les brigands de Rhège, soutenir ceux de Messine. Cette dernière considération prévalut dans le sénat. Fidèle à ces maximes d'équité, qui l'avaient rendu jusque-là si respectable, il n'accueillit point la demande des Mamertins; mais le peuple, plus passionné, laissant éclater sa haine contre Carthage, déclara qu'on devait défendre Messine, punir les Carthaginois d'avoir secouru Tarente, et les éloigner de l'Italie en les chassant de la Sicile. Le sénat se vit forcé d'y consentir, et la guerre fut résolue.

Appius Claudius, consul, se trouva chargé de l'exécution des ordres du sénat. Ayant envoyé d'abord un officier à Messine pour s'assurer de la disposition des habitants, cet ambassadeur, au milieu de l'assemblée du peuple, prouva évidemment l'injustice de l'occupation de la citadelle par les Carthaginois, qui se montraient par là plutôt en maîtres qu'en alliés. Les Mamertins applaudirent à ce discours; et les Carthaginois, contraints d'évacuer la citadelle, se réunirent aux troupes d'Hiéron, et déclarèrent la guerre aux Mamertins.

Le consul pouvait difficilement porter en Sicile les secours qu'il avait promis à Messine. Le port de cette ville était bloqué par une escadre carthaginoise; les flottes africaines défendaient le passage du détroit, et Rome n'avait point de vaisseaux.

Claudius, ayant rassemblé son armée à Rhége, ne put y réunir que des bateaux semblables aux canots des sauvages. Au défaut de la force, il eut recours à la ruse; il feignit de trouver le passage impossible, et publia que, renonçant à un projet inexécutable, il allait retourner à Rome avec son armée.

Les agents de Carthage, qui se trouvaient à Rhége, informèrent Annibal de cette feinte résolution. Ce général, trompé par ces fausses nouvelles, cessa de garder la côte, et son escadre s'éloigna de Messine.

Le consul, profitant de sa négligence, embarqua rapidement ses troupes, pendant la nuit, sur ces frêles batiments qu'on appelait *caudiceani*, et aborda en peu d'heures sans obstacle en Sicile. Trop habile pour laisser à l'ennemi le temps de revenir de sa surprise, il marcha précipitamment contre l'armée syracusaine qui assiégeait Messine, la surprit, et la tailla en pièces en si peu de temps, que Hiéron disait qu'il avait été vaincu par les Romains avant de les avoir vus. Tournant ensuite ses efforts contre l'armée carthaginoise, il la défit complétement; et, après avoir fait un grand butin en Sicile, il revint à Rome jouir d'un triomphe d'autant plus éclatant, qu'il signalait la première victoire que les armes romaines eussent remportée au-delà des mers. On lui donna le surnom de Caudex, en mémoire des frêles bâtiments sur lesquels il avait bravé les flots.

L'année suivante, Valérius, élu consul, rejoignit les troupes restées en Sicile; il y obtint de nouveaux succès, défit les ennemis en plusieurs rencontres, attacha indissolublement Messine à Rome, s'approcha de Syracuse, et conclut un traité de paix avec Hiéron. Ce prince, admirant la valeur romaine, et craignant la mauvaise foi carthaginoise, paya six cents talents pour les frais de la guerre, et devint l'allié le plus fidèle de Rome.

Valérius s'empara de Catane, de plusieurs autres villes, et reçut le surnom de Messina, qu'on changea depuis en Messala. Il obtint les honneurs du triomphe, et apporta dans Rome le premier cadran solaire qu'on y eût vu. Quelques historiens croient que, trente ans avant, Papirius Cursor en avait fait construire un plus imparfait. Cinq ans après, Scipion Nasica fit connaître une horloge qui servait le jour et la nuit. On l'appelait *clepsydre;* elle indiquait les heures par le moyen de l'eau qui tombait goutte à goutte dans un vase.

L'alliance conclue avec Hiéron donnait un grand avantage aux Romains pour la guerre de Sicile. Elle leur assurait de bons ports, un fort appui et des subsistances. Aussi, le sénat crut qu'il suffisait d'y laisser deux légions.

Posthumius Gémellus et Mamilius Vitulus, consuls, assiégèrent Agrigente. Ce siége dura cinq mois. Les Romains repoussèrent toutes les sorties des Africains. Hannon descendit avec une forte armée en Sicile pour secourir cette cité. Le consul Posthumius, feignant de craindre ces nouveaux ennemis, excitait leur témérité en se renfermant dans son camp; et, lorsqu'il vit les Carthaginois, pleins d'une folle confiance, s'approcher de lui sans ordre, il sortit rapidement avec ses légions, fondit sur eux, les mit en déroute, et s'empara de leur camp.

Agrigente, épuisée de vivres, se rendit. Les troupes carthaginoises échappèrent, en s'embarquant de nuit, à la vigilance des Romains.

Hannon justifia dans ce temps, par une atroce perfidie, les reproches que l'on faisait à la foi punique. Furieux d'avoir été vaincu, et irrité des plaintes que quatre mille Gaulois mercenaires se permettaient sur le retard de leur solde, il les envoya dans une ville voisine, et fit informer secrètement Posthumius de leur marche. Celui-ci se plaça en embuscade sur leur route, et les passa tous au fil de l'épée.

Carthage punit la défaite d'Hannon par une amende. Sa tête aurait dû expier sa cruauté.

La cinquième année de la guerre allait commencer; les succès des armées de Rome augmentaient sa gloire, mais ne portaient qu'une atteinte légère à la puissance de son ennemie. Carthage restait maîtresse de la mer, et la tranquillité régnait en Afrique, tandis que les côtes de l'Italie se trouvaient livrées aux incursions des Carthaginois.

Le sénat ordonna la construction d'une flotte, et cette magique création s'opéra si rapidement, qu'on pouvait croire, comme le dit Florus, que les dieux de Rome avaient tout à coup changé les forêts en vaisseaux. Une galère carthaginoise, échouée, servit de modèle à l'industrie romaine. En soixante jours, on vit sur leurs ancres cent galères à six rangs de rames et vingt-trois de moindre force. Il aurait fallu des matelots et des pilotes, on n'eut que des soldats; mais leur courage suppléa aux talents qui leur manquaient.

La science maritime était alors très-bornée. Les galères n'étaient que de très-grands bateaux plats : les escadres s'éloignaient le moins possible des côtes; et, pour se garantir de la tempête, on échouait sur le rivage, et on tirait les vaisseaux à terre.

L'ambition romaine, contenue jusque-là par la mer, comme l'incendie dont un fleuve arrête les flammes, franchit enfin les flots avec le secours des vents pour s'étendre sur la riche proie qui tentait son avidité.

Les consuls Cornélius et Duillius s'embarquèrent avec la confiance que leur inspirait la fortune de Rome. Cornélius, devançant son collègue, et se portant sur Lipari, fut rencontré et pris par la flotte ennemie. Cet échec ne tarda pas à être réparé. Duillius, trouvant sur son chemin cinquante galères africaines, s'en rendit maître, et joignit enfin l'armée ennemie.

Ses bâtiments, lourds, grossiers, informes, étaient l'objet de la raillerie des Carthaginois : ils semblaient peu propres par leur pesanteur à combattre avec succès les galères africaines, légères comme des oiseaux, et conduites par des rameurs agiles et expérimentés.

Duillius, prévoyant ces difficultés, avait imaginé une machine nommée *corbeau*. C'était un pont volant et armé de grappins, qu'on faisait tomber sur le vaisseau ennemi pour l'accrocher. Les galères carthaginoises, fondant rapidement sur les Romains, se virent, avec une extrême surprise, retenues et enchaînées par les galères italiennes. Toute manœuvre devenait impossible; le champ était fermé à l'adresse et ouvert à la force. Ainsi, avec le secours de leurs ponts, les Romains, au milieu des flots, avaient changé un combat de mer en un combat de terre.

Les Carthaginois ne purent résister à la vaillance romaine; ils furent vaincus, et perdirent cinquante vaisseaux. Duillius, ne rencontrant plus d'obstacles à sa marche, fit lever le siége d'Égeste, prit d'assaut la ville de Macella, et revint à Rome où il donna au peuple le premier spectacle d'un triomphe naval.

Une colonne, à laquelle on attacha les proues des vaisseaux pris, a bravé les siècles; et la colonne rostrale nous rappelle encore la gloire de Duillius.

Le sénat, croyant qu'une victoire d'un genre si nouveau méritait une nouvelle récompense, accorda à Duillius l'honneur d'être reconduit tous les soirs chez lui à la clarté des flambeaux et au son des instruments. Nulle part on ne sut mieux l'art de multiplier les grands hommes par les hommages rendus à la victoire. Rome consolait le malheur et récompensait le succès; Carthage, au contraire, ingrate pour ses généraux vainqueurs, les châtiait avec sévérité lorsqu'ils étaient vaincus.

Annibal, craignant les lois sévères de sa patrie, envoya, après sa défaite, un officier à Carthage, pour demander ce qu'il devait faire, étant en présence d'une armée supérieure à la sienne. « Qu'il » combatte! » répondit le sénat. « Eh bien! dit l'of- » ficier, il l'a fait, et il a été vaincu. » Le sénat n'osa pas condamner une action qu'il venait d'ordonner.

L'année suivante, Amilcar surprit les Romains en Sicile, les battit, et leur tua quatre mille hommes. Cornélius Scipion, nommé consul, rétablit bientôt les affaires de la république dans cette île, remporta une grande victoire sur Hannon, le tua, et s'empara de la Corse et de la Sardaigne. Peu de temps après, Annibal, revenant d'Afrique, rencontra la flotte romaine : il n'osa la combattre, et prit la fuite. Ses propres soldats, indignés de sa faiblesse, le mirent en jugement, et le crucifièrent.

En 492, le consul Attilius Collatinus, s'étant engagé imprudemment en Sicile dans un défilé, se vit enveloppé par les Carthaginois. Il allait périr avec son armée, lorsque Calpurnius Flamma, tribun d'une légion, aussi vaillant, aussi dévoué et plus heureux que Léonidas aux Thermopyles, prend avec lui trois cents hommes d'élite, fond brusquement sur les ennemis, s'empare d'une hauteur, et attire tellement sur lui seul les efforts de la plus grande partie de l'armée africaine, que celle du consul parvient à se faire jour et à se dégager. Les trois cents intrépides Romains périrent tous, après avoir immolé un grand nombre d'ennemis. Calpurnius, mortellement blessé, survécut quelques heures au combat, et n'expira qu'après avoir joui de sa gloire et du salut de l'armée. On l'enterra sur le champ de bataille avec ses illustres compagnons. On leur éleva un monument que le temps a détruit : l'histoire leur en consacre un plus durable.

Le sénat, effrayé par des phénomènes naturels,

qu'on regarda comme des prodiges, nomma un dictateur pour faire des sacrifices expiatoires [1]. La multiplicité des dictateurs faisait perdre à ce remède extraordinaire une partie de sa considération, et peut-être de son danger. Régulus et Manlius, élus consuls, s'emparèrent de l'île de Mélite (Malte). Voulant ensuite porter un coup plus décisif à l'ennemi, ils dirigèrent trois cent trente voiles sur les côtes d'Afrique. Les Carthaginois effrayés leur opposèrent trois cent cinquante vaisseaux. Les deux armées, divisées chacune en trois escadres, se livrèrent le même jour trois différentes batailles : les Romains remportèrent trois victoires, et ne perdirent que vingt-quatre vaisseaux. Ils en coulèrent trente aux ennemis, et leur en prirent cinquante-quatre.

Les consuls, après avoir vaincu et dispersé la flotte carthaginoise, descendirent sans obstacles en Afrique, où ils prirent la citadelle de Clypéa, qu'autrefois les Siciliens avaient bâtie sur le promontoire Herméa. Leur cavalerie ravagea la côte, et poussa ses courses jusqu'aux portes de Carthage.

Rome, dans le dessein de consommer la conquête de la Sicile, commit alors une grande faute. Elle rappela Manlius avec la plus grande partie de l'armée, et ordonna à Régulus de rester comme pro-

---

[1] An de Rome 493. — Avant Jésus-Christ 259.

consul en Afrique, en ne lui laissant que vingt-cinq mille hommes, d'autres disent quinze mille d'infanterie et cinq cents chevaux. On se repent presque toujours d'avoir méprisé son ennemi : si Rome, trop enivrée de ses victoires, n'eût pas affaibli l'armée de Régulus, probablement la première guerre punique aurait été la dernière, et Rome ne se serait pas vue, depuis, au moment de céder l'empire à Carthage.

Régulus supplia le sénat de le rappeler, disant que sa présence était nécessaire pour cultiver sept arpents qui composaient son patrimoine, et qu'un fermier infidèle venait d'abandonner en emportant ses troupeaux et ses instruments aratoires. Il n'obtint point son rappel, et le peuple romain se chargea de la culture de ses champs.

Plusieurs historiens racontent que Régulus se vit obligé de combattre, sur les bords du Bograda, un monstre qui parut alors plus redoutable aux Romains que les cohortes carthaginoises et que leurs éléphants : c'était un serpent énorme qu'aucun trait ne pouvait percer; ce serpent dévorait tous les soldats qui s'exposaient à sa furie. Le courage et le nombre tentaient de vains efforts contre lui. Après plusieurs attaques inutiles, dont beaucoup de braves légionnaires furent victimes, Régulus employa contre lui des machines de guerre, et on ne parvint, pour ainsi dire, à tuer ce monstre qu'en le démolissant. Régulus envoya la peau de cet animal au Capitole. Aulu-Gelle prétend qu'elle avait cent vingt pieds de long.

Au premier moment de l'invasion des consuls, Carthage s'était crue perdue. Elle aurait peut-être ouvert ses portes au vainqueur, et souscrit aux conditions les plus dures pour obtenir la paix; mais la retraite de Manlius lui avait laissé le temps de se rassurer, elle rassembla toutes ses forces, et les fit marcher contre les Romains.

Le général carthaginois vint attaquer Régulus, et choisit malhabilement un pays montueux et coupé, où sa cavalerie et ses éléphants lui devenaient inutiles. Régulus, profitant de cette faute des Carthaginois, leur livra bataille, les enfonça, les mit en déroute, en fit un grand carnage, et s'empara de Tunis (Tunetum).

Le sénat de Carthage lui envoya des députés pour demander la paix. Régulus, loin de prévoir les vicissitudes de la fortune, répondit qu'il ne l'accorderait que si les Carthaginois abandonnaient la Sicile, la Corse, la Sardaigne, la mer, et payaient un tribut; ajoutant que, lorsqu'on ne savait pas vaincre, il fallait savoir obéir au vainqueur.

Carthage ne put accepter une paix si humiliante; mais, croyant sa perte certaine, elle retombait dans sa première consternation, lorsqu'un secours, arrivé de Lacédémone, fit renaître tout à coup son espérance et releva sa fortune.

Xantippe, général spartiate, fameux par ses exploits et par son expérience, était à la tête de ces troupes auxiliaires. Il prouva aux Carthaginois qu'ils n'avaient été battus que par l'ignorance et par les mauvaises manœuvres de leurs généraux. La confiance publique lui donna le commandement de l'armée : Xantippe l'instruit, l'exerce et la fait sortir des murs. Régulus, aveuglé à son tour par la fortune, traverse imprudemment une rivière, et livre bataille aux ennemis dans une plaine, où la supériorité de la cavalerie numide devait leur assurer la victoire. Cependant les Romains enfoncèrent d'abord les Africains, mais les éléphants jetèrent le désordre dans les légions; la cavalerie numide les attaqua en flanc; la phalange grecque, s'avançant alors, les mit en pleine déroute. Xantippe les poursuivit vivement; l'armée romaine fut presque entièrement détruite; Régulus, à la tête de cinq cents hommes, se vit accablé par le nombre, et fut pris, malgré des prodiges de valeur. Deux mille Romains seuls se firent jour; ils se renfermèrent dans Clypéa, et le général lacédémonien ramena dans Carthage l'armée victorieuse, chargée de dépouilles, et traînant à sa suite Régulus dans les fers, avec un grand nombre de prisonniers.

Les Carthaginois, dans l'ivresse d'un succès qui

dissipait toutes leurs craintes, abusèrent lâchement de leur prospérité, et accablèrent d'outrages le héros dont le nom seul, peu de jours avant, les faisait trembler.

Xantippe avait trop blessé par sa gloire l'orgueil des généraux carthaginois, pour espérer quelque reconnaissance d'une nation dont il connaissait la perfidie. Il ne demanda pour prix de ses services que la liberté de retourner dans le Péloponèse; il l'obtint et s'embarqua. La plupart des historiens prétendent que, dans la traversée, les Carthaginois le précipitèrent au milieu des flots.

Dès qu'on apprit à Rome le malheur de Régulus, on redoubla d'activité pour réparer ce désastre. Les consuls Émilius Paulus et Fabius Nobilior partirent de Sicile avec trois cent cinquante vaisseaux, attaquèrent la flotte carthaginoise sur les côtes d'Afrique, la défirent complétement, détruisirent cent quatre bâtiments, en prirent trente, firent lever le siége de Clypéa, exercèrent de grands ravages dans la plaine, mais ne voulurent point rester en Afrique, soit parce qu'ils préféraient à toute autre conquête celle de la Sicile, soit parce que les légions effrayées ne voulaient point s'exposer de nouveau à la fureur des éléphants.

A leur retour, méprisant les conseils des pilotes expérimentés, ils s'opiniâtrèrent à rester long-temps sur la côte méridionale de Sicile pour s'emparer de quelques villes maritimes. Une tempête effroyable les surprit, dispersa les vaisseaux, et les brisa sur les rochers. En peu d'heures, le rivage fut couvert des débris de cette flotte victorieuse, des cadavres des consuls et de ceux de leurs légions. Peu d'hommes échappèrent à ce naufrage; le roi Hiéron les accueillit avec humanité, et les envoya à Messine. Carthalo, général carthaginois, profitant de cet événement, reprit plusieurs places, assiégea Agrigente et rasa ses fortifications.

L'adversité, qui abat les cœurs faibles, grandit les ames fortes. Les Romains se montrèrent toujours plus redoutables après leurs défaites qu'après leurs succès. C'est en bravant l'inconstance de la fortune qu'ils méritèrent l'empire du monde. Le sénat, loin d'être découragé, remit en mer deux cent vingt navires; et, quoique l'élite des troupes africaines fût arrivée en Sicile, les consuls Attilius et Cornélius y reprirent plusieurs villes.

L'année suivante, leurs successeurs, Sempronius et Servilius, dans le dessein de diviser les forces ennemies, descendirent sur les côtes d'Afrique, et y répandirent la terreur; mais, à leur retour, les vents, qui semblaient déchaînés contre ces nouveaux dominateurs de la mer, attaquèrent encore avec furie la flotte romaine, et engloutirent dans les flots cent cinquante navires.

Tandis que les Romains employaient toute leur

activité pour réparer tant de pertes, les censeurs veillaient au maintien des mœurs, véritable source de la force des empires. Ils bannirent du sénat dix patriciens convaincus de malversations; et les ennemis de Rome durent voir avec découragement qu'au milieu d'une guerre si meurtrière, le dénombrement, fait par ces mêmes censeurs, produisit près de trois cent mille citoyens en état de porter les armes.

Les consuls Cécilius et Métellus, envoyés en Sicile, se tinrent quelque temps sur la défensive, n'osant livrer bataille, parce que, depuis la défaite de Régulus, la crainte des éléphants avait frappé les légions de terreur.

Le sénat, croyant inutile d'employer tant de forces lorsqu'on ne pouvait pas attaquer, rappela Cécilius en Italie avec une partie de l'armée. Asdrubal, enhardi par son départ, ravagea le pays jusqu'aux portes de Palerme. Les Africains provoquaient et insultaient les Romains enfermés dans la ville. Métellus, s'apercevant que le général carthaginois s'approchait de lui sans prudence, et s'engageait dans un pays coupé, où les éléphants devenaient plus embarrassants qu'utiles, se décide à profiter de cette faute: il fait attaquer l'ennemi par des troupes qui feignent de fuir pour l'attirer; les Africains les poursuivent avec ardeur; lorsque les éléphants s'approchent des remparts, ils sont accablés de traits. Ces animaux furieux se retournent, et écrasent des rangs entiers de Carthaginois. Métellus, sortant alors avec ses légions, se précipite sur les ennemis, leur tue vingt mille hommes, prend leur camp, et s'empare de vingt-six éléphants, qui, depuis, décorèrent son triomphe.

Cette victoire soumit aux Romains toute la Sicile, à l'exception de Lilybée et de Drépane. Asdrubal s'enfuit à Carthage, où sa mort expia sa défaite. Les gouvernements faibles ne trouvent de remède aux malheurs que les supplices, et la peur engendre toujours la cruauté.

Les Carthaginois, humiliés depuis quatorze ans, se décidèrent alors à envoyer des ambassadeurs à Rome, dans le dessein d'obtenir une paix honorable. Ils espéraient qu'une longue captivité et le désir de vivre dans sa patrie détermineraient Régulus à appuyer leurs négociations, et ils exigèrent que cet illustre captif accompagnât l'ambassade. On lui fit promettre de revenir à Carthage dans le cas où la paix ne serait pas conclue.

Lorsque les ambassadeurs, admis dans le sénat romain, eurent exposé l'objet de leur mission, Régulus dit : « En qualité d'esclave des Carthagi-
» nois, j'obéis à mes maîtres, et c'est en leur nom
» que je vous demande la paix et l'échange des pri-
» sonniers. » Après ces mots, il refusa de s'asseoir comme sénateur, jusqu'à ce que les ambassadeurs

le lui eussent permis. Dès qu'ils furent sortis de la salle, la délibération commença, et les opinions se partagèrent; les unes inclinaient pour la paix, et les autres pour la continuation de la guerre. Régulus, appelé à son tour pour donner son avis, s'exprima en ces termes : « Pères conscrits, malgré
» mon malheur, je suis Romain; mon corps dépend
» des ennemis, mais mon ame est libre. J'étouffe
» les cris de l'un, j'écoute la voix de l'autre! Je
» vous conseille donc de refuser la paix, et de ne
» point échanger les prisonniers; si vous continuez
» la guerre, cet échange vous sera funeste, car
» vous ne recevrez que des lâches qui ont rendu
» leurs armes, ou des hommes cassés de vieillesse
» et de fatigues comme moi, et vous rendrez à
» Carthage une foule de jeunes guerriers dont je
» n'ai que trop éprouvé le courage et les forces.

» Quant à la paix, je la regarde comme préju-
» diciable à la république, si elle ne traite pas les
» Carthaginois en vaincus, et si vous ne les forcez
» pas à se soumettre à vos lois.

» Je sais que la guerre a ses vicissitudes; mais
» comparez la situation des deux peuples : je vois
» ici toutes les ressources qui peuvent promettre
» la victoire : les ennemis nous ont battus une seule
» fois par ma faute ou par celle de la fortune. Nous
» avons taillé toutes leurs armées en pièces. Si ma
» défaite a relevé un moment leur courage, vos

» triomphes à Palerme viennent de l'abattre. Ils
» ne possèdent plus que deux villes dans la Sicile;
» les autres îles sont à vous. Nos naufrages et nos
» pertes sur la mer n'ont fait que mûrir notre ex-
» périence. Je sais que les deux peuples manquent
» d'argent, mais vous pouvez compter sur vos alliés;
» votre équité a conquis l'affection de l'Italie : les
» Carthaginois, au contraire, sont détestés en Afri-
» que; leurs cruelles vengeances ont récemment
» accru cette haine, et tous les peuples africains
» n'attendent pour se soulever que l'apparition
» d'une armée romaine.

» Vos légions ne comptent dans leurs rangs que
» des soldats intrépides; ils parlent tous le même
» langage, montrent les mêmes mœurs, adorent
» les mêmes dieux, servent la même patrie. Cet
» avantage est immense! Que peuvent contre de
» telles armées des troupes mercenaires de diffé-
» rents pays, qu'aucun noble sentiment n'anime,
» qu'aucun lien solide n'unit, et qui ne combattent
» que pour un vil intérêt? Ces mercenaires mêmes
» sont révoltés de l'ingratitude de Carthage, depuis
» que cette ville perfide n'a donné aux services de
» Xantippe d'autre prix que la mort, et depuis
» qu'elle a fait exposer et périr les soldats étran-
» gers que son avarice ne voulait pas solder. Voilà,
» pères conscrits, les considérations qui me por-
» tent à vous conseiller de poursuivre vos succès,

» et de refuser la paix et l'échange qu'on vous
» propose. »

Ce noble discours entraîna tous les avis; mais les sénateurs, en adoptant l'opinion de Régulus, le pressaient vivement de rester à Rome. Ils prétendaient qu'en vertu de la loi de reversion, qui permettait aux captifs échappés de demeurer dans leur patrie, il était à l'abri de toute révendication. Le grand-pontife lui-même, se joignant à leurs instances, l'assurait qu'il pouvait sans parjure violer un serment extorqué par la force. Régulus, prenant alors un ton sévère et majestueux, leur répondit : « Abjurons tous ces vains détours, sui-
» vez mes conseils, et oubliez-moi; si je cédais à
» vos sollicitations, vous seriez dans la suite les pre-
» miers à condamner ma faiblesse, cette lâcheté
» me couvrirait d'infamie sans être utile à la répu-
» blique : votre bienveillance se refroidirait, et vous
» détesteriez plus mon retour que vous ne regret-
» terez mon absence.

» Mon parti est pris : esclave des Carthaginois,
» je ne resterai point à Rome, n'y pouvant vivre
» avec honneur. Quand même les hommes me ren-
» draient libre, les dieux m'enchaînent; car je les
» ai pris à témoins de la sincérité de mes promesses.
» Je crois à l'existence de ces dieux; ils ne laissent
» pas le parjure impuni, et leur vengeance, en me
» frappant, s'étendrait peut-être sur le peuple ro-

» main. Je ne pense pas qu'une vaine expiation et
» que le sang d'un agneau lavent la tache dont nous
» couvre un crime.

» Je sais qu'on me prépare à Carthage des sup-
» plices; mais je crains plus la honte du parjure
» que la cruauté de l'ennemi : l'une ne blesse que
» le corps, l'autre déchire l'ame. Ne plaignez point
» mon malheur, puisque je me sens assez de force
» pour le soutenir. La servitude, la douleur, la
» faim, sont des accidents que l'habitude rend sup-
» portables : si ces maux deviennent excessifs, la
» mort nous en délivre, et je me serais déjà servi
» de ce remède, si je ne faisais consister mon cou-
» rage plutôt à vaincre ma douleur qu'à la fuir.
» Mon devoir m'ordonne de retourner à Carthage;
» je le remplis. Quant au sort qui m'y attend, c'est
» l'affaire des dieux. »

Les sénateurs, touchés de cette rare vertu, ne pouvaient se résoudre à le livrer. Les consuls ordonnèrent qu'on le laissât libre de suivre son généreux dessein.

Le peuple, en larmes, voulait cependant employer la force pour le retenir. Sa famille, éplorée, faisait retentir l'air de ses gémissements : lui seul, froid et inflexible au milieu de cette ville émue, refuse d'embrasser sa femme et ses enfants, et sort de Rome plus grand que tous les généraux qui y étaient entrés en triomphe.

REGULUS RETOURNANT A CARTHAGE.

La négociation étant rompue, les ambassadeurs s'embarquèrent et ramenèrent Régulus à Carthage. La fureur de cette nation perfide la porta aux plus honteux excès. Après avoir coupé les paupières de cet illustre captif pour le priver du sommeil, on le tirait d'un sombre cachot, et on l'exposait nu à l'ardeur du soleil. Enfin, on l'enferma dans un tonneau étroit et hérissé de longues pointes de fer. Ce grand homme y périt dans les plus affreux tourments.

Le sénat romain, pour le venger, livra à Marcia, sa veuve, les prisonniers carthaginois les plus distingués. Elle les entassa dans une armoire garnie de clous pointus, et les y laissa cinq jours sans nourriture. Un d'eux, nommé Amilcar, résista à ce supplice et à l'infection des cadavres qui l'entouraient. Le sénat en eut pitié; il lui rendit la liberté, renvoya la cendre des autres à Carthage, et traita humainement le reste des prisonniers, pour apprendre à l'ennemi que Rome savait se venger et mettre des bornes à sa vengeance.

Le désir d'achever la conquête de la Sicile était un des motifs qui avaient décidé le sénat à continuer la guerre. Il ne restait dans cette île que Drépane et Lilybée à soumettre; mais leur résistance et l'inconstance de la fortune trompèrent encore l'espoir des Romains. Le peuple élut pour consul Claudius Pulcher : ce patricien, altier, téméraire et irréligieux, avait hérité des défauts de ses aïeux et non de leurs talents. Disposant mal sa flotte, et attaquant sans ordre celle d'Adherbal près de Lilybée, il laissa couper sa ligne, ne sut point rallier ses galères, et en perdit cent vingt.

Avant le combat, les augures annonçaient que les auspices paraissaient contraires, et que les poulets sacrés refusaient de manger. « Eh bien, qu'ils » boivent! » reprit le consul, et il les fit jeter dans la mer. Lorsque la superstition règne sur la terre, le génie doit profiter de son secours au lieu de la braver. Claudius, par son mépris pour les auspices, affaiblit la confiance de son armée.

Son collègue Junius ne montra pas plus de prudence. Méprisant les conseils des pilotes, comme Claudius celui des augures, il s'exposa à une tempête qui brisa ses vaisseaux sur les rochers.

Rome, épuisée par ces désastres, renonça pour quelque temps aux armements maritimes. Le sénat permit seulement aux particuliers d'équiper des vaisseaux à leurs frais, et leur accorda tout le butin qui résulterait de leurs courses. Par ce moyen, on ruina le commerce de l'ennemi sans charger le trésor public.

Le dénombrement fait par les censeurs prouva que la guerre et les naufrages avaient diminué la population de plus de cinquante mille hommes. Peu de temps après Claudia, sœur de ce Claudius

dont la témérité avait coûté la vie à tant de citoyens, voyant que son char était arrêté par la foule lorsqu'elle revenait du théâtre, s'écria : « Ah ! pour-
» quoi mon frère est-il mort, et que ne commande-
» t-il encore les troupes ! je ne me trouverais pas si
» pressée. » Ce mot cruel, plus sanglant peut-être contre son frère que contre Rome, ne demeura pas impuni. Le peuple romain, passionné comme Horace pour la patrie, mit en jugement cette nouvelle Camille, et la condamna à une forte amende, dont le préteur employa le produit à construire une chapelle dédiée à la liberté.

Métellus continuait le siége de Lilybée, et Fabius commença celui de Drépane. Les Carthaginois, maîtres de la mer, ravitaillaient les villes assiégées; et leurs armées, sous la conduite d'Amilcar, luttaient avec égalité contre les Romains.

Après plusieurs campagnes, qui n'amenèrent aucun résultat décisif, le sénat se décida à équiper encore une flotte. Il en confia le commandement au consul Lutatius. Les Carthaginois firent sortir de leurs ports quatre cents vaisseaux. Ces deux armées, qui devaient décider du sort de la Sicile, se trouvèrent en présence, l'an 511, près des îles Égades. Le vent était contraire aux Romains; ils avaient à combattre un ennemi supérieur en nombre; mais leurs soldats, leurs matelots étaient braves, remplis d'ardeur et bien exercés. Carthage, n'ayant point eu d'adversaires à combattre sur la mer depuis huit ans, avait négligé sa marine; les équipages de ses galères se trouvaient composés de nouvelles levées et de matelots peu aguerris, et sans expérience. Au premier choc, la terreur les saisit; ils ne surent ni résister avec courage ni se retirer avec ordre; leur défaite fut complète. Lutatius, plus sage que Régulus, consentit à négocier, et conclut un traité par lequel on convint que les Carthaginois évacueraient la Sicile, qu'ils y céderaient aux Romains toutes leurs possessions, qu'ils abandonneraient toutes les îles situées entre la Sicile et l'Italie, qu'ils rendraient sans rançon les prisonniers, paieraient les frais de la guerre, et cesseraient toute hostilité contre Hiéron et ses alliés.

Le sénat ratifia cette paix : elle fut consommée par un sacrifice solennel et par les serments des deux peuples. Ainsi, Rome atteignit le grand objet de la guerre; elle éloigna sa rivale de ses côtes, et réduisit en province toute la Sicile, à l'exception du royaume de Syracuse. On établit dans cette île un préteur pour la gouverner, et un questeur pour y lever les tributs.

Tandis que Rome, qui ne devait sa gloire qu'à ses propres moyens, en jouissait avec sécurité, Carthage se vit menacée par les mercenaires dont elle avait acheté le sang et le courage. Ils se soulevèrent contre elle, et offrirent de livrer Utique aux Romains. Le sénat refusa leurs propositions avec mépris, et se montra même disposé à donner des secours à Carthage pour soumettre ses soldats rebelles; mais elle termina cette guerre sans accepter son appui. Si Rome eût persisté dans cette route de justice et de modération, elle aurait conquis le monde par ses vertus, au lieu de l'opprimer par ses armes. Mais les peuples, comme les individus, résistent aux dangers, aux malheurs, et cèdent promptement aux amorces de l'ambition et aux poisons de la fortune.

Les troupes mercenaires de Carthage se révoltèrent en Sardaigne comme en Afrique : Amilcar les chassa de cette île; elles se réfugièrent à Rome, et le sénat, à leur instigation, déclara aux Carthaginois que la Sardaigne appartenait à Rome par droit de conquête; qu'ils devaient la lui restituer et payer même les frais de l'armement que la reprise de cette île exigeait. Les vaincus invoquent en vain la justice : Carthage se vit contrainte de se soumettre à cette nouvelle humiliation, et ne chercha plus à se dédommager de ses pertes que par des conquêtes en Espagne. L'ambition de sa rivale ne lui aurait probablement pas permis d'y faire de grands progrès; mais les menaces des Gaulois, qui prenaient les armes de nouveau, forcèrent Rome à laisser aux Africains une tranquillité précaire.

Rome, en augmentant sa puissance, voyait chaque jour sa richesee s'accroître. Les arts et les lettres, fils de l'aisance et du loisir, commençaient à joindre leurs palmes aux lauriers de la gloire. Livius Andronicus composait des tragédies et des comédies régulières. On vit naître dans ce temps Ennius, le premier poète qui fit connaître aux Romains l'élégance du style. Caton le Censeur brilla peu d'années après, et se rendit aussi célèbre par la force de sa mâle éloquence que par l'austérité de ses vertus républicaines.

Les Gaulois Boïens et les Liguriens continuaient leurs armements. Publius Valérius conduisit une armée contre eux. Battu dans un premier combat, il rallia ses troupes, marcha de nouveau à l'ennemi, et remporta une victoire qui coûta quatorze mille hommes aux Gaulois. Son premier échec le priva du triomphe. Titus Gracchus, son collègue, battit les Liguriens, s'empara de leurs forteresses, et livra leurs côtes au pillage. Ensuite, avec le secours des mercenaires réfugiés en Sardaigne, il descendit dans cette île, soumit les habitants qui s'étaient révoltés, et emmena une si grande quantité de captifs, qu'un esclave sarde passait alors pour une marchandise commune et de vil prix.

La guerre contre les Gaulois devenait plus vive. Lentulus, consul, leur livra bataille au-delà du Pô, leur tua vingt-quatre mille hommes, et fit cinq mille prisonniers.

L'ambition du sénat croissait en proportion de ses succès. Jetant ses regards sur l'Orient, il offrit à Ptolémée des secours contre Antiochus, roi de Syrie. Ce sage prince les refusa. Il savait sans doute qu'un allié trop puissant devient souvent plus redoutable qu'un ennemi.

Les jeux séculaires se célébrèrent à Rome dans un moment de grande prospérité intérieure et extérieure. Le roi Hiéron vint assister à ces fêtes; on devait à son amitié une grande part des succès de la guerre punique, et ce premier hommage d'un prince puissant flattait l'orgueil romain. Il donna au peuple deux cent mille boisseaux de blé. La joie que causa sa présence fut universelle.

La Corse, destinée à désirer éternellement la liberté sans pouvoir jamais en jouir, venait de se révolter, et les Carthaginois l'y excitaient secrètement. Claudius Glycia, envoyé pour combattre les rebelles, conclut un traité avec eux sans la participation du sénat, qui refusa de le ratifier. Glycia, livré aux insulaires et renvoyé par eux à Rome, fut condamné à mort. Le consul Varus dompta les rebelles, et les contraignit à se soumettre.

La turbulence d'un tribun du peuple, Caïus Flaminius, fit renaître dans Rome la discorde que la condescendance du sénat pour le peuple semblait en avoir bannie pour toujours. Ce tribun, excitant pour se populariser, les passions de la multitude, voulait exiger en faveur des pauvres le partage des terres conquises sur les Gaulois. Bravant l'opposition des consuls et les menaces même du sénat qui avait ordonné d'employer la force contre lui, il convoque le peuple, et commande de lire le décret proposé. On vit alors combien les mœurs sont plus fortes que les lois. Un vieillard s'avance sur la place; c'était le père du tribun : il monte au tribunal, et en arrache son fils. Ce magistrat séditieux, qui dirigeait les flots de la multitude et qui bravait l'autorité des consuls et du sénat, perd l'audace et la voix à la vue d'un vieillard, et, en tremblant, obéit à son père, sans que le peuple osât proférer le moindre murmure contre cet acte éclatant de la puissance paternelle.

Ce fut dans ce temps que Rome vit l'exemple du premier divorce. Spurius Carvilius Ruga répudia sa femme pour cause de stérilité : la loi parlait pour lui, on la laissa exécuter; mais les mœurs étaient contraires à cette séparation, et Carvilius se vit puni par le mépris public d'une action légale, mais honteuse.

Avant la révolte de la Corse, le temple de Janus avait été fermé pour la première fois depuis le règne de Numa Pompilius. Peu de mois après on le rouvrit, et il ne se referma depuis que sous le règne d'Auguste. Rome devait donner au monde l'unique exemple d'une ville et d'une guerre éternelles.

La vestale Tutia, condamnée à mort pour s'être livrée à un esclave, prévint son supplice en se tuant. La même année, un incendie et une inondation causèrent de grands ravages à Rome, qui s'était plus instruite dans l'art de détruire les hommes que dans celui de les conserver.

On vit dans ce temps les premières pièces de théâtre du poète Névius, dont Horace dit que, de son vivant, on vantait encore les ouvrages, à cause de leur ancienneté, quoique personne ne voulût plus les lire.

La république, toujours occupée de la guerre opiniâtre que lui faisaient les Gaulois et les Liguriens, se vit bientôt obligée d'en soutenir un autre contre les Illyriens. Ils exerçaient impunément la piraterie : leurs corsaires infestaient les côtes, emmenaient en esclavage des négociants de Brindes, et venaient de piller l'île d'Issa qui s'était depuis peu donnée à Rome.

Avant d'employer les armes pour obtenir la réparation de ces outrages, le sénat chargea deux patriciens, nommés Coruncanius, de se rendre comme ambassadeurs en Illyrie, et de demander une satisfaction éclatante à Teuta, belle-mère du roi Pinéus et régente du royaume.

La reine répondit aux envoyés romains que ses vaisseaux de guerre respecteraient ceux de leur patrie, mais que la coutume des rois d'Illyrie n'était pas d'empêcher leurs sujets de s'enrichir par leurs armements maritimes.

« Eh bien, Teuta, dit le plus jeune des ambas-
» sadeurs, je vous déclare que la coutume de Rome
» est de se servir de ses forces pour venger les
» injures faites à ses citoyens, et dans peu nous sau-
» rons contraindre vos rois à changer leurs injustes
» maximes. »

La reine, dissimulant son courroux, laissa partir les ambassadeurs; mais elle envoya promptement après eux des corsaires qui s'emparèrent des vaisseaux romains, jetèrent leurs capitaines dans les flots, enchaînèrent les équipages, et massacrèrent le jeune Coruncanius.

Rome déclara la guerre à l'Illyrie; elle fut courte et heureuse. Ces peuples barbares, sans tactique et sans discipline, n'étaient pas capables de résister aux Romains qui s'emparèrent promptement de Corfou.

Durazzo et Apollonie se soumirent volontairement, préférant la domination d'une république éclairée à la tyrannie presque sauvage des princes d'Illyrie. Teuta vaincue voulut traiter; le sénat refusa de négocier avec elle, et accorda la paix au jeune roi Pinéus. On convint qu'il paierait un tribut, céderait une partie de l'Illyrie, et s'obligerait à n'avoir sur mer que deux barques sans armes. Teuta descendit du trône; Démétrius de Phare la remplaça dans la régence de l'Illyrie.

Tandis que les forces de Rome étaient occupées contre les Gaulois et les Illyriens, Carthage, pour s'indemniser de ses pertes, étendait ses conquêtes en Espagne. Asdrubal, gendre d'Amilcar, venait de bâtir Carthagène sur la côte méridionale de l'Ibérie. Le sénat romain, inquiet de cet accroissement de puissance, résolut d'en arrêter les progrès; il força les Carthaginois à conclure un traité qui leur donnait l'Èbre pour limites, et qui garantissait spécialement aux Sagontins leur tranquillité et leur indépendance.

Rome, aussi active pour étendre ses alliances et son autorité que pour enlever à sa rivale ses possessions et ses amis, cherchait déjà les moyens de pénétrer en Grèce, et d'y poser les fondements de sa grandeur future. Le proconsul Posthumius, qu'elle avait laissé en Illyrie, envoya de Corfou des ambassadeurs aux Étoliens et aux Achéens, pour les informer de la guerre entreprise contre Teuta, dans le dessein de délivrer la Grèce et l'Italie des pirates illyriens. Une autre ambassade fut chargée de la même mission pour Corinthe et pour Athènes.

Ces ambassadeurs se virent partout accueillis avec la considération qu'attire la victoire. La faiblesse ne voit dans la force qu'un appui, et ferme les yeux sur les chaînes qu'elle prépare. Ces peuples désunis recherchaient, pour se détruire, l'amitié d'une puissance qui devait bientôt les dominer tous.

Les Corinthiens accordèrent aux Romains le droit d'assister aux jeux isthmiques; les Athéniens firent un traité d'alliance avec eux, les admirent aux mystères d'Éleusis, et leur donnèrent le droit de cité.

Le sénat venait de permettre aux habitants de Corfou de se gouverner par leurs propres lois : ce fut cette politique habile qui lui valut l'amitié des Grecs, peuple léger qu'on enchaînait facilement, pourvu qu'on lui montrât l'ombre de la liberté.

Mais Rome, dans le temps où elle comprimait Carthage dans l'Occident par ses menaces, et s'ouvrait les portes de l'Orient par son adresse, se vit tout à coup menacée d'une nouvelle invasion des Gaulois, ennemis opiniâtres et redoutables, dont le nom seul répandait l'effroi dans ses murs.

On consulta les livres sibyllins; et comme on y vit que des Gaulois et des Grecs s'empareraient un jour de la terre romaine, on crut éluder cet oracle en enterrant vifs un Gaulois et une Gauloise, un Grec et une femme grecque. Telle est la force de la superstition, que Tite-Live lui-même semble excuser cette action atroce. Après avoir ainsi tenté d'apaiser le courroux des dieux par un crime, le sénat employa un moyen plus efficace pour écarter l'orage qu'il redoutait. Tout le peuple courut aux armes;

tous les alliés fournirent les secours stipulés par les traités, et la plupart des historiens prétendent que Rome arma pour cette guerre près de sept cent mille guerriers. Les Vénètes seuls lui donnèrent vingt mille hommes.

Les Gaulois, attirés par la fertilité du pays, par la douceur du climat, par l'ardeur du pillage, avaient de leur côté rassemblé une foule innombrable de combattants qui se précipitèrent comme un torrent dant la Toscane. Les Barbares tombèrent sur le consul Émilius avant qu'il eût réuni toutes ses forces; ils auraient pu, malgré sa résistance, détruire son armée, si le désir de conserver leur butin n'avait ralenti leur marche. Cette faute les perdit. L'autre consul, Attilius, revenant alors de Sardaigne avec ses légions, se jeta sur leur arrière-garde. Émilius, informé de son arrivée, attaqua vivement les ennemis, qui se trouvèrent ainsi enveloppés. Cependant la valeur des Gaulois disputa long-temps la victoire; mais leur résistance ne fit que rendre le carnage plus affreux. On leur tua quarante mille hommes; dix mille furent faits prisonniers; un de leurs rois tomba dans les fers; l'autre se donna la mort. Le consul Attilius périt dans le combat. Émilius jouit seul des honneurs du triomphe, et conduisit enchaînés au Capitole le roi captif et les princes gaulois qui avaient juré d'y monter en vainqueurs.

L'année suivante, les Romains, profitant de leurs succès, portèrent leurs armes sur le territoire des Gaules; mais divers présages, un tremblement de terre et la chute du colosse de Rhodes ayant fait croire au sénat que les dieux désapprouvaient ses consuls, Caïus Flaminius et publius Furius, il leur écrivit de revenir à Rome.

Flaminius aimait plus la gloire qu'il ne craignait les auspices; il persuada à son collègue de livrer bataille avant d'ouvrir la lettre du sénat. La fortune couronna son audace : les lances des Romains rendirent inutiles les sabres des Gaulois; leur défaite fut complète; ils perdirent neuf mille hommes, et on livra leur pays au pillage.

Flaminius vainqueur ne voulut pas obéir au sénat, et répondit que son succès réfutait suffisamment les augures. La campagne terminée il revint à Rome; l'orgueil du sénat lui refusa le triomphe, la reconnaissance du peuple le lui accorda, et, comme les Gaulois, toujours présomptueux, avaient promis au dieu Mars un collier d'or fait avec les dépouilles des Romains, Flaminius offrit à Jupiter des colliers et des bracelets conquis sur eux.

Les consuls, satisfaits de leur triomphe, cédèrent enfin au sénat, et abdiquèrent. Claudius Marcellus et Cornélius Scipion prirent leur place.

Marcellus, à la tête des légions romaines, passa

rapidement le Pô, et livra une grande bataille aux ennemis près d'Acéra, entre ce fleuve et les Alpes. Au commencement du combat, les cris des Barbares effrayèrent le cheval de Marcellus, qui se retourna vivement pour s'éloigner de ce bruit : le consul, craignant qu'un tel mouvement ne parût un mauvais présage, arrête son coursier, se tourne du côté du soleil, et promet à Jupiter Férétrien la plus riche armure des ennemis.

Dans le même instant, il aperçoit le roi Viridomare, couvert d'armes éclatantes d'or et d'argent, qui, s'avançant fièrement à la tête des Gaulois, appelait à haute voix le consul, et le défiait au combat.

Marcellus dirige sa course sur lui, le renverse de sa lance, le perce avec son glaive, lui enlève son armure, et s'écrie : « Jupiter, je suis le second géné-
» ral romain qui remporte les dépouilles opimes;
» je les dois à ton secours; protége-nous toujours
» ainsi, tant que la guerre durera. »

La chute de Viridomare avait répandu l'épouvante parmi les Barbares; les Romains, se jetant sur eux, les mirent facilement en fuite, et en firent un grand carnage.

Marcellus, aprè les avoir long-temps poursuivis, rejoignit son collègue qui venait de prendre Acéra et qui investissait Milan. Ils s'emparèrent de cette grande ville et de Cosne.

Les Gaulois abattus demandèrent la paix, se soumirent à payer un tribut, et cédèrent à Rome une partie de leur territoire.

Pendant cette glorieuse campagne, on entendit parler pour la première fois des Germains. Un corps nombreux de leur nation avait passé le Rhin, et s'était joint aux Gaulois, dans l'espoir de ravager avec eux l'Italie.

Le triomphe de Marcellus eut un éclat proportionné à l'importance de sa victoire. Il porta solennellement les dépouilles de Viridomare au temple de Jupiter Férétrien. Le sénat envoya une coupe d'or à Delphes, et fit des présents magnifiques au fidèle allié de Rome, le roi Hiéron.

Ce fut à cette époque si glorieuse pour les Romains, dit Tite-Live, qu'un astre qui devait être funeste à plusieurs peuples se montra sur l'horizon. Le célèbre Annibal prit le commandement des armées de Carthage, et parut en Espagne avec un éclat menaçant.

Avant de combattre cet ennemi formidable, les Romains eurent à soutenir une nouvelle guerre contre l'Istrie et l'Illyrie révoltées. Émilius les soumit et se rendit maître de la ville de Phare. Le régent Démétrius, vaincu, se sauva près de Philippe, roi de Macédoine, et s'efforça d'inspirer à ce prince contre les Romains une haine qui causa dans la suite la perte de sa famille et de son royaume. Le sénat fit la paix avec le roi d'Illyrie. Émilius reçut les honneurs du triomphe. Sous son consulat, Archagatus apporta du Péloponèse à Rome l'art de la médecine. Quoiqu'on y eût bâti un temple à Esculape, la tempérance avait été, pendant plusieurs siècles, la seule égide que les Romains opposassent aux maladies : ce qui n'empêcha pas la population de s'y accroître rapidement. La naissance du luxe et la corruption des mœurs firent seuls sentir l'utilité et le besoin de l'art médical.

Les Romains, afin de contenir les Gaulois, établirent deux colonies à Plaisance et à Crémone. Un frein si menaçant irrita les Barbares, et disposa, comme on le verra bientôt, les Boïens et les Insubriens à favoriser l'invasion d'Annibal. Ce grand homme, qui fit chanceler la puissance romaine, rompant alors les traités et bravant les menaces de Rome, assiégeait Sagonte. Son audacieuse entreprise devint le signal d'une nouvelle guerre entre deux républiques trop ambitieuses, trop jalouses, trop puissantes pour subsister ensemble sur la terre.

CHAPITRE IX.

SECONDE GUERRE PUNIQUE.

Cause de cette guerre. — Invasion d'Annibal en Italie. — Bataille de la Trébia. — Victoire d'Annibal. — Maladie d'Annibal. — Bataille de Trasimène. — Défaite des Romains. — Dictature de Fabius. — Sa Temporisation. — Artifice d'Annibal. — Retour de Fabius à Rome. — Partage de la dictature entre Fabius et Minutius. — Soumission de Minutius à Fabius. — Abdication de Fabius. — Nomination de nouveaux consuls. — Bataille de Cannes. — Victoire d'Annibal. — Armement à Rome. — Retour du consul Varron à Rome. — Complot déjoué par le jeune Scipion. — Dictature de Marcus Junius. — Division dans le sénat de Carthage. — Siége et prise de Syracuse. — Mort d'Archimède. — Siége de Capoue. — Marche d'Annibal sur Rome. — Sa retraite sur Naples. — Prise de Capoue. — Mort de deux Scipions. — Commandement de Publius Scipion. — Consulat de Lévinus et de Marcellus. — Mort de Marcellus. — Honneurs funèbres rendus à Marcellus par Annibal. — Défaite et mort d'Asdrubal. — Magnanimité du jeune Scipion. — Prise de Carthagène par le jeune Scipion. — Retour de Scipion à Rome. — Sa nomination de consul. — Son commandement en Sicile. — Son expédition en Afrique. — Soumission de Massinissa à la reine Sophonisbe. — Mort de Sophonisbe. — Retour d'Annibal à Carthage. — Entrevue de Scipion et d'Annibal. — Bataille de Zama. — Défaite des Carthaginois. — Trève entre les deux armées. — Paix entre Rome et Carthage.

Plusieurs historiens attribuent la seconde guerre punique à l'infraction du traité de paix par les Carthaginois, lorsqu'ils attaquèrent Sagonte. Polybe remarque avec raison que la prise de cette ville doit être regardée comme le commencement et non comme la cause de la guerre. Si on veut rechercher les griefs réciproques, il en existait plusieurs. Carthage avait secouru les Tarentins; Rome avait pris le parti des rebelles de Corse et de Sardaigne, et s'était emparée de ces îles. Mais des motifs plus puissants rendaient la guerre inévitable : Carthage, humiliée de la grandeur de sa rivale, ne pouvait se résigner à la perte de la Sicile, et Rome ne croyait pas ses conquêtes assurées, si elle n'achevait la ruine de la nation qui, seule, pouvait balancer sa puissance et lui disputer l'empire du monde. La paix n'avait point éteint la haine; ce n'était qu'une trêve signée par lassitude; et, les forces des deux peuples étant réparées, le premier prétexte suffit pour reprendre les armes.

Le sénat envoya des ambassadeurs à Annibal pour l'engager à lever le siége de Sagonte, dont un traité garantissait l'indépendance. Le général carthaginois ne voulut point entendre les envoyés de Rome; l'accueil qu'ils reçurent à Carthage ne fut pas favorable. Sagonte, sans secours, proposa de capituler : on lui offrit des conditions si dures que les sénateurs de cette ville, préférant la mort à la honte, mirent le feu à leurs maisons, périrent avec leurs familles dans les flammes, et ne laissèrent que leurs cendres aux vainqueurs.

Le pillage de cette grande cité donna au général africain les moyens de gagner assez de partisans dans Carthage pour dominer entièrement le parti de Hannon, qui, jusque-là, maintenant la paix, s'était opposé à l'ambition guerrière de la faction Barcine.

Lorsqu'on eut appris à Rome le désastre de Sagonte, l'indignation fut générale. Patriciens, chevaliers, plébéiens, tous disaient hautement que les Romains ne conserveraient pas un seul allié, si l'on voyait ainsi leur protection méprisée. De nouveaux ambassadeurs partirent pour demander à Carthage une satisfaction éclatante; et comme ils n'obtenaient que des réponses vagues, Fabius, chef de cette ambassade, montrant aux sénateurs un pan de sa robe plié dans sa main : « Répondez nettement, dit-il : je vous apporte ici la paix ou la guerre; choisissez! » « Choisissez vous-même, » lui répondit-on. « Eh bien! c'est donc la guerre que je vous déclare, » répliqua Fabius, en laissant tomber sa robe. « Et nous, reprit le suffète, nous l'acceptons de bon cœur, et nous la ferons de même. »

Rome, ne voyant plus ses ennemis en Sicile, était loin de craindre une invasion en Italie. Elle ne devinait pas le génie d'Annibal, et croyait que l'Espagne et l'Afrique seraient le théâtre de la guerre. Le sénat ordonna l'armement de plusieurs flottes; il envoya en Sicile des légions qui devaient se rendre ensuite sur les bords de l'Èbre.

Cependant Annibal, qui avait juré dès son enfance une haine éternelle aux Romains, mûrissait depuis long-temps le vaste dessein qui étonna le monde et fit trembler l'Italie. Il traversa l'Espagne avec la rapidité de l'éclair, entra dans les Gaules, et se trouva sur les bords du Rhône lorsque Rome le croyait encore près de Sagonte.

La promptitude de ses succès et la terreur de ses armes lui donnaient partout des alliés, tandis que les peuples dont le sénat romain sollicitait l'alliance lui répondaient avec mépris : « Cherchez des amis » dans quelque contrée où le désastre de Sagonte » ne soit pas connu. » Il est certain que le sénat, dont on avait admiré jusqu'alors la prévoyante politique, venait de commettre une grande faute en occupant sans nécessité toutes ses forces en Illyrie, au lieu d'envoyer Émilius et ses légions au secours de Sagonte. Rome n'eut ainsi qu'un seul allié au-delà des Alpes; ce fut la république de Marseille, colonie grecque, riche et puissante. Annibal pouvait craindre une diversion en Afrique et en Espagne. Il y pourvut en laissant dans ces deux contrées des forces redoutables; et cette diversion, d'ailleurs, fut encore retardée par le soulèvement de la Gaule cisalpine, dont les habitants prirent les armes, et battirent les Romains commandés par le préteur Manlius.

Cependant le consul Cornélius Scipion était parti

pour Marseille avec quelques légions, dans le dessein de s'embarquer et de se rendre en Espagne. Arrivé dans cette ville, il apprit avec une surprise extrême qu'Annibal avait franchi les Pyrénées, et se préparait à passer le Rhône. Cinq cents chevaux qu'il envoya reconnaître les Africains rencontrèrent et défirent, dans un combat sanglant, un corps de cavaliers numides. Le consul, regardant ce premier succès comme un augure favorable, se mit promptement en marche avec son armée; mais il sut bientôt qu'Annibal, ayant passé le Rhône, venait de battre les Gaulois, et que, gagnant les Alpes en s'élevant vers le Nord, il avait plus de trois jours de marche sur lui. Scipion n'osa pas le suivre, parce qu'il craignait de se trouver enfermé entre les Gaulois et les Africains, et il s'embarqua promptement pour revenir en Italie.

On conçoit sans peine l'imprévoyance de Rome sur une invasion dont la témérité paraissait sans exemple. Lorsque Alexandre-le-Grand attaqua l'Asie, Philippe lui en avait préparé les moyens : le souvenir de Marathon et de Platée encourageait les Grecs dans leur entreprise; l'heureuse retraite des dix mille et les succès récents d'Agésilas prouvaient la facilité de la conquête. Alexandre devait espérer un triomphe rapide de la discipline grecque sur la mollesse persane; mais Annibal, chef d'un peuple vaincu sur terre et sur mer en cent combats, attaquait Rome hérissée de fer et peuplée de héros. Appuyé de son seul génie, loin de sa patrie, laissant derrière lui vingt peuples ennemis, il marchait témérairement en Italie, isolé de tout secours, et privé, en cas de revers, de tout moyen de retraite.

En descendant des Alpes, dont les neiges, les précipices et les habitants sauvages lui enlevèrent un tiers de son armée, il se vit au milieu de plusieurs hordes gauloises qui haïssaient autant Carthage que Rome, et dont il ne put conquérir l'alliance qu'à force de victoires. Scipion, revenu à Pise, marcha vers la Gaule cisalpine, et passa le Pô. Son collègue, Tibérius Sempronius, destiné à faire une diversion en Afrique, reçut l'ordre de quitter la Sicile pour le rejoindre en Italie.

On espérait encore que les rochers et les glaces des Alpes arrêteraient long-temps Annibal, lorsqu'on apprit tout à coup qu'il les avait franchies, et qu'il venait de triompher des Cisalpins. Sur cette nouvelle, Scipion passe le Tésin, et rencontre l'ennemi. La supériorité de la cavalerie numide décida la victoire. Scipion, vaincu et blessé abandonna au vainqueur tout le pays situé au-delà du Pô, et se retira à Plaisance.

Les Insubriens et les Boïens, attirés par la fortune d'Annibal, s'unirent à lui, et deux mille Gaulois qui servaient dans l'armée de Scipion vinrent se ranger sous les drapeaux africains. Pendant ce temps une flotte carthaginoise attaqua Lilybée en Sicile; mais les Romains la défirent, et, après cet avantage, le consul Tibérius Sempronius partit de Lilybée avec ses légions, et vint rejoindre Scipion près de la Trébia.

Les armées consulaires s'élevaient à quarante mille hommes; mais, comme elles n'étaient composées que de nouvelles levées, Scipion voulait éviter le combat pour les exercer avant de les compromettre.

Sempronius, craignant plus un successeur que l'ennemi, et désirant profiter pour sa gloire du moment où la blessure de Scipion lui laissait le commandement général, résolut de livrer bataille, ce qui combla les vœux d'Annibal; car, dans les guerres d'invasion, celui qui se défend gagne tout en gagnant du temps, et celui qui attaque perd tout lorsqu'il diffère.

Annibal, dans le dessein d'augmenter la confiance présomptueuse de son adversaire, parut montrer de la crainte et de l'incertitude. Le téméraire consul, dupe de cette apparente timidité, n'écoute que son ardeur imprudente, et sans laisser à ses troupes le temps de prendre aucune nourriture, il attaque la cavalerie numide, dont la fuite simulée l'enhardit: prompt à la poursuivre, il passe la rivière et s'avance dans une plaine. Là ses soldats, saisis de froid, exténués de faim et de fatigue, rencontrent les Carthaginois qui, sortant de leurs lignes, bien chauffés, bien nourris, se précipitent sur eux avec vigueur, et les forcent promptement à la retraite. Dans ce moment une embuscade placée par Annibal charge les Romains en queue, en fait un grand carnage, et les met en déroute complète. Dix mille seuls purent regagner Plaisance. Sempronius, dont les revers abattaient les forces et non l'orgueil, écrivit à Rome que la nature l'avait vaincu, et que, sans l'extrême rigueur du froid, il aurait gagné la victoire.

Dans ces circonstances critiques, le sénat, redoublant d'activité, prit toutes les mesures propres à détourner l'effrayant orage qui le menaçait. Il obtint des secours du roi Hiéron, allié rare, car il était fidèle au malheur. On arma soixante vaisseaux, et Cnéius Scipion, plus heureux que son frère, opérant une utile diversion en Espagne, défit complétement Hannon, le tua, et s'empara de tout le pays entre l'Èbre et les Pyrénées.

Les nouveaux consuls désignés, Servilius et Flaminius, plus pressés de se saisir du commandement que de remplir les formalités religieuses, donnèrent à l'ennemi, par leur imprudence, le secours de la superstition. Flaminius, qui avait déjà vaincu les Gaulois en bravant les ordres du sénat et les menaces des augures, sortit de Rome sans prendre les auspices, et cette première démarche fut regardée par le peuple comme un funeste présage.

Annibal, dans l'intention d'arriver plus promptement en Étrurie, et d'éviter les défilés d'Arrétium, traversa les marais de Clusium, dont l'air infect répandit une maladie contagieuse dans son armée. Elle lui enleva beaucoup de soldats et d'éléphants; il tomba lui-même malade et perdit un œil.

Le sénat avait défendu à Flaminius de combattre avant l'arrivée de son collègue Servilius. Cet ambitieux général était peu disposé à obéir. Annibal, qui connaissait son orgueil, l'irrita par ses provocations et par ses manœuvres; il fit ravager à sa vue les campagnes voisines; et, feignant enfin de prendre la route de Rome, il traversa un défilé situé entre les deux montagnes escarpées et le lac de Trasimène, prévoyant que l'imprudent Flaminius ne tarderait pas à le suivre. Le consul, en effet, s'engagea la nuit dans le défilé sans l'avoir fait reconnaître. Le général africain s'étant emparé des hauteurs et des deux issues, Flaminius se vit, au point du jour, enfermé comme dans un piége, et attaqué de toutes parts si vivement qu'il n'eut pas la possibilité de ranger ses troupes en bataille. Son désastre fut complet; il perdit la vie dans le combat; six mille Romains, retirés sur une hauteur, mirent bas les armes : Annibal fit quinze mille prisonniers, et

Maherbal, son lieutenant, battit l'avant-garde de Servilius, composée de quatre mille chevaux.

L'armée victorieuse parcourut et ravagea plusieurs provinces, pillant les alliés comme les Romains, dans le dessein de les forcer à se séparer de Rome. Lorsque la nouvelle de la défaite de Flaminius parvint au sénat, on ne chercha point à en affaiblir l'impression par de vains détours, et le préteur, montant à la tribune, ne dit que ces mots : « Citoyens, nous venons de perdre une grande ba- » taille. » Les peuples lâches veulent qu'on les rassure, les peuples forts sont plus irrités qu'effrayés par le malheur.

Cependant, quoiqu'on ne montrât point de honteux abattement, l'inquiétude était extrême ; on s'exagérait le désastre au lieu de l'atténuer, et des femmes moururent de surprise et de joie, en revoyant leurs époux ou leurs fils qu'elles croyaient avoir perdus.

La république se trouvant en péril, on nomma un dictateur. Le choix tomba sur Fabius, un des plus grands hommes de son siècle. Sa ferme et prudente sagesse pouvait seule arrêter l'ardeur impétueuse d'Annibal; c'était une inébranlable digue qu'on opposait à un torrent. Il eut pour lieutenant Minutius Rufus, semblable par sa présomption aux généraux qu'Annibal venait de vaincre.

Le dictateur, après avoir rempli scrupuleusement

les formalités religieuses, leva une forte armée, dont il prit le commandement, et chargea le consul Servilius de défendre les côtes.

Annibal ne tarda pas à s'apercevoir que les Romains avaient changé de système, et qu'il allait rencontrer un adversaire plus difficile à battre ou à surprendre que Flaminius.

Fabius, entré avec ses troupes dans la Pouille, évite sagement les plaines, occupe les hauteurs, harcèle l'ennemi, lui coupe les vivres, attaque et tue ses fourrageurs, et se tient toujours à une distance qui le laisse libre d'engager ou de refuser le combat. Le ravage des terres, l'incendie des villages, les provocations de la cavalerie numide, les manœuvres et les ruses d'Annibal ne pouvaient attirer le sage Fabius en plaine. Le général africain avait besoin de batailles; on ne lui livrait que des combats de postes, où les Romains remportaient toujours l'avantage. Minutius et les soldats, furieux de voir leur ardeur enchaînée, donnaient à cette savante temporisation le nom de faiblesse, et taxaient de lâcheté la sagesse de leur général. Tous demandaient à grands cris le combat: ces cris séditieux se répétaient à Rome, et toute la république semblait conspirer contre son sauveur, qu'on doit peut-être plus admirer pour avoir résisté à l'opinion populaire que pour avoir déjoué les artifices d'Annibal.

Celui-ci, vaincu sans combattre, et ne pouvant plus trouver de vivres dans la Campanie, résolut de passer dans la Pouille. Fabius, attentif à ses mouvements, lui tendit un piége semblable à celui qui venait d'être si fatal à Flaminius. Les Africains se trouvèrent tout à coup enfermés entre les rochers de Formies et les marais de Minturne. Fabius, maître des hauteurs et des issues, semblait ne leur laisser aucun moyen de salut; mais le génie fécond d'Annibal le tira de cette position désespérée. Au milieu de la nuit, il pousse contre la montagne deux mille bœufs portant à leurs cornes des fagots enflammés. Ces feux errants, les mugissements de ces animaux, les cris des troupes légères qui les précédent, font croire aux colonnes romaines, placées à la sortie du défilé, que les légions sont attaquées, et que leur camp est la proie des flammes. Elles quittent leur poste pour voler au secours du consul, et laissent le passage libre à l'artificieux Annibal, qui sauve ainsi son armée.

Cependant la fortune semblait cesser partout d'être contraire aux Romains. Cnéius Scipion, poursuivant ses succès en Espagne, surprit à l'embouchure de l'Èbre la flotte de Carthage, lui prit vingt vaisseaux, et pilla le pays jusqu'aux portes de Carthagène. Asdrubal, à la tête d'une forte armée, marcha contre lui, et perdit deux batailles qui lui coûtèrent vingt mille hommes. Sa défaite livra plusieurs places aux Romains. Carthage avait envoyé une flotte sur les côtes d'Italie; Servilius, avec cent vingt vaisseaux, la battit et la força à se retirer. Cornélius Scipion conduisit en Espagne une seconde armée, et les deux frères, reprenant Sagonte, délivrèrent les otages qu'on y gardait; ce qui leur valut l'alliance de plusieurs peuples.

Tandis que la sagesse du sénat, le courage des deux Scipion et l'habileté de Fabius balançaient la fortune d'Annibal, les folles passions du peuple romain furent au moment de détruire l'ouvrage de la prudence. Le dictateur, rappelé à Rome par des devoirs religieux, avait défendu à Minutius de combattre pendant son absence. Ce général présomptueux désobéit, surprit les Carthaginois dispersés pour un fourrage, leur tua beaucoup de monde, et les poursuivit jusqu'aux portes de leur camp. Ce succès léger, mais brillant, porta au comble l'arrogance des ennemis de Fabius et le mécontentement de la multitude.

Un tribun du peuple, montant à la tribune, déclama violemment contre sa timidité : « Les Ro-
» mains, disait-il, conduits par un si faible général,
» n'osent plus soutenir les regards de l'ennemi. Au-
» trefois les légions ne s'armaient que pour com-
» battre, aujourd'hui c'est pour fuir; elles allaient
» attaquer les Barbares dans leur camp, mainte-
» nant on les tient enfermées dans leurs tentes; on
» les force à supporter les insolentes provocations

» des Africains, et à souffrir que, sous leurs yeux,
» on pille leurs champs et ceux de leurs alliés. Sans
» l'absence du dictateur, tous ces affronts seraient
» demeurés impunis : enfin les Romains, livrés à
» eux-mêmes par son départ, ont tiré leurs épées,
» et le Carthaginois a pris la fuite. Si vous voulez
» finir la guerre et chasser l'ennemi, donnez donc
» à ces braves guerriers un général digne de les
» commander. »

Annibal, instruit de ces querelles, aigrissait habilement la fermentation en ordonnant aux Numides d'épargner dans leurs pillages les champs de Fabius. Enfin le peuple, égaré par les envieux de ce grand homme, rendit un décret sans exemple : il partagea la dictature entre Fabius et Minutius.

Un homme vulgaire n'aurait écouté que l'orgueil blessé et se serait démis de sa charge. Fabius ne vit que le danger de sa patrie, et obéit. Il revint dans son camp, et donna la moitié de son armée à Minutius, préférant ce partage, qui lui laissait un moyen de salut, à un commandement alternatif qui aurait pu compromettre à la fois toutes les légions.

Minutius, fier de son succès, ne montra aucune déférence à son chef, le railla sur sa lenteur, méprisa les lumières de son expérience, les conseils de sa modération ; et, s'avançant témérairement à la tête des troupes qu'on lui livrait, redoubla d'audace en voyant fuir les Numides. Bientôt il attaqua l'armée africaine, tomba dans une embuscade, et fut mis dans une déroute telle que sa destruction en aurait été la suite, si Fabius, qui avait tout prévu, ne fût promptement venu à son secours. Sa présence rétablit le combat; il défit Annibal, et, après la victoire, se retira modestement dans son camp.

Minutius, revenu des illusions d'un fol orgueil, eut au moins le mérite rare de reconnaître son erreur. Rassemblant ses légions, il leur dit : « Il n'ap-
» partient pas à la nature humaine d'être infaillible;
» mais ce qu'un honnête homme doit faire, c'est de
» profiter pour l'avenir des fautes passées. Quant à
» moi, je l'avoue, j'ai plus à me louer de la fortune
» qu'à m'en plaindre. Ce qu'une longue étude n'a-
» vait pu m'enseigner, je l'ai appris en un seul jour.
» Je vois que je n'ai pas toutes les qualités qu'exige
» le commandement; j'ai encore besoin d'être di-
» rigé. Loin donc de m'opiniâtrer follement à rester
» l'égal de celui auquel il m'est plus honorable de
» céder, je déclare que le dictateur Fabius vous
» commandera désormais seul, excepté dans ce
» moment, où je veux me mettre encore à votre
» tête pour lui exprimer notre reconnaissance, et
» pour vous donner l'exemple de l'obéissance que
» nous lui devons. »

Après ces mots, il marcha vers le camp de Fabius, entouré de ses enseignes et suivi de ses troupes.

Fabius, ignorant son projet, sortit de sa tente pour venir au devant de lui. Minutius, en le voyant, mit ses enseignes à ses pieds, et l'appela hautement son père. A son exemple, ses soldats donnèrent à ceux de Fabius le nom de patrons, dont se servent les esclaves affranchis en parlant à ceux qui les ont tirés de servitude.

Lorsque ces acclamations furent apaisées, Minutius, s'adressant à Fabius, lui dit : « Illustre dic-» tateur, vous avez aujourd'hui remporté deux » victoires; l'une sur Annibal par votre courage, » l'autre sur moi par votre prudence et votre géné-» rosité : par l'une vous nous avez sauvés, par l'au-» tre vous nous avez instruits. Je vous donne donc » le nom de père, parce que je n'en connais point de » plus vénérable, et qui rappelle mieux que nous » vous devons tous la vie »

En achevant ces mots, il embrassa le dictateur. Les soldats des deux armées se serrèrent mutuellement entre leurs bras, et jamais on ne vit un triomphe plus doux que celui qui soumit ainsi l'orgueil à la sagesse, et qui changea l'envie en reconnaissance.

A la fin de la campagne, Fabius abdiqua. Servilius et Régulus, nommés consuls, suivirent sagement le système du dictateur, harcelant sans cesse Annibal, et ne lui offrant jamais la bataille qu'il désirait impatiemment. Ils mirent la disette dans le camp des Africains. Déjà on y éclatait en murmures contre une guerre qui ne promettait plus de succès, et dont la fin ne pouvait se prévoir. Encore un peu de temporisation, Annibal était perdu. Mais le peuple romain, impatient de combats, s'indignait de cette lenteur salutaire. Il élut consul Émilius, vainqueur de l'Illyrie, capitaine habile et sage; mais en même temps, cédant aux déclamations de ses tribuns factieux, il donna Térentius Varron pour collègue à Émilius. Cet homme nouveau, fils d'un boucher, était doublement cher aux plébéiens, comme ennemi des patriciens et comme un des plus ardents détracteurs de Fabius.

Ce consul, turbulent et rempli de jactance, accusait hautement les sénateurs d'avoir appelé Annibal en Italie, dans l'intention de trouver de nouveaux prétextes pour opprimer le peuple. « Tant » qu'ils commanderont, disait-il, leur ambition » prolongera la guerre; car ils aiment le comman- » dement et non les batailles. Au lieu de faire retirer » timidement nos légions sur les montagnes et dans » les forêts, moi, je les mènerai droit à l'ennemi, » et, avant peu, je jure de chasser d'Italie jusqu'au » dernier Africain. »

Marcellus fut envoyé en Sicile comme préteur, et Posthumius Albinus dans la Gaule cisalpine. Les proconsuls, Servilius et Régulus, reçurent l'ordre de ne point livrer de combat jusqu'à l'arrivée de

Varron. Cet ordre les empêcha de mettre obstacle aux manœuvres d'Annibal; il s'empara de la citadelle de Cannes, qui commandait la Pouille et qui lui rendait l'abondance.

Dans les autres guerres, la république ne levait annuellement que quatre légions, composées chacune de quatre mille hommes de pied et de deux cents chevaux. Mais cette année, dans l'espoir de finir la guerre par un coup d'éclat, elle arma huit légions de cinq mille hommes et de trois cents chevaux.

Suivant une coutume ancienne et sage, les armées consulaires étaient divisées, afin de ne pas compromettre à la fois toutes les ressources de l'état. Dans cette circonstance on les réunit toutes deux. Ces armées, en comptant les alliés, présentaient une force de quatre-vingt mille hommes et de sept mille chevaux. Celle d'Annibal se composait de quarante mille soldats et de dix mille cavaliers.

Lorsque Émilius partit de Rome, Fabius, prévoyant son triste sort, lui dit qu'il craignait plus pour lui l'ignorante présomption de son collègue que le génie et le courage de son ennemi. Les deux armées romaines occupèrent les deux rives de l'Aufide, et campèrent dans une plaine ouverte, à deux lieues des Carthaginois.

Émilius conseillait de différer le combat et d'attirer l'ennemi dans un pays coupé, où la cavalerie numide perdrait sa supériorité. Ferme dans son opinion, il contint l'ardeur des légions tant qu'il en eut le pouvoir; mais, lorsque le jour du commandement de Varron fut arrivé, ce général téméraire, méprisant les avis et l'expérience de son collègue, ordonna à l'armée de se mettre en marche. Annibal vint au devant de lui. Il y eut un choc de cavalerie, dans lequel les Romains remportèrent l'avantage. Le jour suivant Émilius commandait; mais, comme on était trop près de l'ennemi pour hasarder une retraite, il fit passer l'Aufide à un tiers de son armée. Se trouvant ainsi à cheval sur le fleuve, il soutenait les fourrageurs romains, et inquiétait ceux d'Annibal, qui, ne pouvant subsister dans une telle position, ni se retirer sans péril, regardait une bataille comme son seul espoir de salut. Il la présenta aux Romains; Émilius l'évita sagement; mais, le lendemain, Varron l'accepta.

Le consul, ayant fait passer l'Aufide à toutes les légions, commit la faute de donner beaucoup de profondeur à ses lignes, au lieu de profiter de la supériorité du nombre pour s'étendre et déborder l'ennemi.

La vue d'une armée si formidable répandit d'abord une surprise mêlée de tristesse dans les troupes africaines. « Quelle nombreuse armée! » disait Giscon; on ne peut la regarder sans éton-

» nement. » « Oui, répondit Annibal ; mais tu ne
» remarques pas une chose encore plus étonnante :
» c'est que, dans toute cette multitude d'hommes,
» il n'y en a pas un seul qui s'appelle Giscon comme
» toi. » Cette raillerie, passant de bouche en bouche, fit succéder à la crainte la confiance et la gaîté.

Annibal, rangeant son armée sur une seule ligne, laissa ses ailes un peu en arrière de son centre. A la tête de ce centre, composé d'Espagnols et de Gaulois, il marcha rapidement contre les Romains, qui se réunirent tous en masse pour lui résister. Après un choc violent et bien soutenu, Annibal se retira peu à peu, attirant ainsi toutes les légions romaines qui le suivirent avec ardeur. Lorsqu'il vit le consul suffisamment engagé, il donna ordre à ses deux ailes de se replier sur les flancs des Romains : les Numides mirent en fuite la cavalerie romaine. La cavalerie espagnole et gauloise attaqua en queue les légions ; l'infanterie africaine, les chargeant alors de front, enfonça leurs rangs et les tailla en pièces. Émilius, Minutius et les deux proconsuls périrent dans cette bataille ; soixante-dix mille hommes des Romains ou de leurs alliés restèrent sur la place ; dix mille furent faits prisonniers, et Varron s'enfuit à Vénuse avec quatre cents cavaliers.

Lentulus, se faisant jour à travers l'ennemi

avec une troupe d'élite, aperçut le consul Émilius, assis sur un rocher et couvert de sang. Il s'arrêta et le pressa de prendre son cheval. « Sauvez les braves » que vous commandez, lui dit Émilius ; quant à » moi, je ne survivrai pas à tant d'intrépides guer- » riers ; je veux périr ici. Assurez Fabius qu'en mou- » rant je me suis souvenu de son amitié, de ses » conseils et de sa sagesse. »

Aucun débris de l'armée n'ayant pu se retirer à Rome, on n'eut dans cette ville que des nouvelles vagues et incertaines de cet affreux désastre ; mais quelques hommes de la campagne en apprirent pourtant assez pour y répandre la plus terrible consternation. Au milieu de cet abattement universel, Fabius seul, ferme et inébranlable, rassurait les esprits et ranimait les espérances. D'après ses conseils, on envoya des courriers sur toutes les routes pour interroger les fuyards, et pour savoir s'il existait encore une armée. On plaça aux portes des corps-de-garde, afin d'empêcher les citoyens de sortir sans permission. Tous les hommes prirent les armes ; toutes les femmes, qui, échevelées, parcouraient les rues, reçurent l'ordre de rester dans leurs foyers ; et les sénateurs, se dispersant dans toutes les maisons, s'efforcèrent de réveiller les courages et de faire renaître la confiance.

Immédiatement après la bataille de Cannes, Maherbal, général de la cavalerie africaine, voulait qu'on marchât sur Rome, et reprochait à Annibal de ne pas savoir user de la victoire. Ce grand capitaine ne crut pas, à la tête d'une armée affaiblie, pouvoir hasarder une entreprise si téméraire contre une cité si vaste, si populeuse et si guerrière.

Après le premier moment de consternation, Rome se reconnut et sentit ses forces. Tous les citoyens portèrent leur argent au trésor. On leva quatre légions, on enrôla huit mille esclaves. Les prisons s'ouvrirent et donnèrent six mille soldats. Les trophées pris sur l'ennemi fournirent des armes; elles étaient vieilles, mais elles rappelaient la gloire et inspiraient le courage.

On comptait sur les troupes des préteurs, quand on apprit que Posthumius venait de tomber dans une embuscade et d'être détruit avec son armée. Une cruelle superstition offrit encore au peuple ses secours inhumains : deux Gaulois et deux Grecs furent immolés.

Malgré l'évidence du péril, le sénat, fidèle à ses anciennes maximes, refusa de racheter huit mille prisonniers qu'Annibal offrait de lui rendre. On savait que la crainte d'une éternelle captivité rendait le soldat plus opiniâtre et plus intrépide. Cependant le consul Varron, ayant réuni dix mille hommes des débris de son armée, revint à Rome. Loin d'imiter la cruauté de Carthage pour ses généraux, tous les ordres de l'état allèrent au devant du consul, et lui rendirent de solennelles actions de graces, parce qu'il n'avait pas désespéré du salut de la république.

Cette conduite politique diminuait aux yeux du peuple l'impression du danger, et ranimait sa confiance.

Le malheur des armes romaines inspira, dans ce temps, à plusieurs officiers du corps que réunissait Varron, le désir de quitter l'Italie. Métellus était à la tête de ce complot. Le jeune Scipion, chargé du commandement provisoire, en attendant l'arrivée du consul, marche avec quelques soldats vers la maison où Métellus et ses complices étaient réunis. Il y entre l'épée à la main, et leur déclare qu'ils vont tous être tués s'ils ne font pas le serment de ne jamais abandonner la république. Ainsi ce jeune héros, qui devait triompher de Carthage, rendit à Rome et à l'honneur une foule de braves guerriers, que sa fermeté fit rougir de leur faiblesse.

Marcus Junius, nommé dictateur, et Sempronius, son lieutenant, déployèrent cependant une telle activité que bientôt Rome eut une nouvelle armée. Mais la défaite de Cannes lui fit perdre plusieurs alliés. Les Samnites et les Campaniens abandonnèrent sa cause, et Annibal s'établit à Capoue, que le sénat de cette ville lui livra.

Après tant de revers Rome vit renaître une aurore de fortune. Le préteur Marcellus battit, auprès de Nôle, un corps de l'armée carthaginoise. Les deux Scipion rendirent alors à la république un service plus éclatant. Après avoir défait Hannon en Espagne, ils détruisirent l'armée d'Asdrubal au moment où il se disposait à passer en Italie.

Ce qui perdit Annibal, ce ne furent pas, comme plusieurs historiens l'ont dit, les délices de Capoue. Ses combats nombreux, pendant plusieurs années, ne prouvèrent que trop aux Romains combien l'armée d'Annibal avait conservé de courage et de discipline. La vraie cause de l'issue malheureuse de cette guerre fut la division qui existait dans le sénat de Carthage. La faction d'Hannon contrariait sans cesse tous les plans d'Annibal. Lorsque ce général envoya en Afrique la nouvelle de sa victoire, il fit répandre au milieu du sénat plusieurs boisseaux remplis d'anneaux pris aux chevaliers romains; Hannon lui reprocha de solliciter des secours lorsqu'il était vainqueur, et de demander des vivres quand il était maître de l'Italie. Cette faction, sacrifiant l'intérêt de sa patrie à sa haine contre Annibal, au lieu de lui donner les moyens d'exterminer les Romains, envoya des troupes en Sicile et en Sardaigne, où elles perdirent sans utilité deux batailles, tandis que la moitié de ces renforts, arrivée à temps sous les drapeaux de l'armée victorieuse, aurait consommé la ruine de Rome.

Au moment où cette république, incertaine et divisée, faisait avec faiblesse une guerre qui aurait exigé tant de vigueur, le sénat romain, toujours ferme dans ses projets, toujours actif dans ses opérations, somma Philippe, roi de Macédoine, de lui livrer Démétrius de Phare, et déclara la guerre à ce monarque, parce qu'il venait de conclure un traité avec Annibal.

Tandis que Rome trouvait ainsi un nouvel ennemi, elle perdit un allié fidèle : Hiéron, roi de Syracuse, mourut. Hiéronyme, son fils, héritier de son trône et non de ses vertus, régna peu de temps, et fut assassiné par ses sujets, qui avaient conçu pour lui plus de mépris encore que de haine.

Syracuse voulait devenir libre; mais elle était trop corrompue pour conserver sa liberté. Elle se divisa en factions qui pensaient plus à leurs intérêts qu'à celui de la patrie. Au milieu de la lutte de ces partis, celui de l'étranger l'emporta, et l'on remit le gouvernement entre les mains de deux Carthaginois. C'était rompre avec Rome, qui chargea Marcellus d'assiéger Syracuse.

Le courage et l'habileté des Romains auraient facilement triomphé des remparts de cette cité, qu'affaiblissaient la division de ses magistrats et l'inexpérience de ses guerriers; mais le génie d'Archimède la défendit : il inventa des machines qui pulvérisaient les béliers, renversaient les tours, enlevaient et brisaient les galères ; de sorte que Marcellus se vit forcé de changer le siége en blocus et de s'éloigner, disant qu'il ne pouvait lutter contre ce nouveau Briarée avec ses mille bras.

Comme il s'occupait à prendre plusieurs villes sur les côtes de Sicile, la vigilance des Syracusains se ralentit. Marcellus, à son retour, découvrit une partie de murs peu haute, mal gardée et praticable pour l'escalade ; il la franchit et s'empara d'un quartier de la ville.

Les assiégés redoublèrent d'efforts pour se défendre ; Archimède déploya plus de talents que jamais pour éloigner l'ennemi. La constance des Romains commençait à se lasser, lorsqu'une flotte carthaginoise s'approcha d'eux, leur livra bataille, et fut battue complétement. Cet échec effraya tellement les Carthaginois qui gouvernaient Syracuse, qu'ils prirent la fuite. La ville, abandonnée par eux, voulait capituler, lorsque des soldats étrangers ouvrirent ses portes à Marcellus qui la livra au pillage. Il avait ordonné qu'on épargnât Archimède, et qu'on le lui amenât. Le soldat chargé de cet ordre trouva ce grand homme si profondément occupé de la solution d'un problème, qu'il n'entendit ni sa marche ni ses paroles. Le soldat, prenant son silence pour une insulte, le tua. La victoire de Marcellus assura la Sicile aux Romains, puisqu'ils commandèrent désormais dans cette grande cité où ils s'étaient crus long-temps trop heureux d'avoir un allié fidèle.

Annibal, affligé de ce revers, mais non découragé, montrait tout ce que peut un grand génie à la tête d'une faible armée : combattant sans cesse, s'affaiblissant journellement, sans jamais recevoir de renforts, il se maintenait en Italie; et cela seul était un prodige. Employant tantôt la force et tantôt l'artifice, il échappait au nombre par ses manœuvres, et profitait de toutes les fautes des ennemis pour remporter sur eux quelque avantage. Au moment où on le croyait uniquement occupé à se défendre, il surprit Tarente et s'en empara.

Les Romains, voulant le priver du centre de ses opérations, vinrent assiéger Capoue. Annibal accourut à son secours, attaqua les lignes romaines et ne put les forcer. Tentant alors un moyen hardi pour faire lever le siége, il marcha rapidement sur Rome, et se présenta inopinément à ses portes.

Le sénat, effrayé de son approche, voulait rappeler l'armée; Fabius s'y opposa, et fit décider qu'il ne reviendrait que quinze mille hommes, et que le siége de Capoue serait continué. Les Romains ne se bornèrent pas à défendre leurs remparts, ils sortirent de leurs murs. Les deux armées en présence étaient rangées en bataille. Deux jours de suite on crut qu'un combat sanglant allait décider du sort des deux républiques; et deux fois, au moment de donner le signal, les armées se virent séparées par un orage terrible et par des torrents de pluie. La superstition crut que le ciel s'opposait aux vœux des combattants. Les Romains, loin d'être effrayés en voyant Carthage à leurs portes, envoyèrent, dans ce temps même, de nombreuses recrues en Espagne, et le champ sur lequel campait le général africain fut vendu à l'encan, et ne perdit rien de son prix. Annibal, ne pouvant ni combattre ni effrayer ses adversaires, s'écria : Traversé « dans mes projets, tantôt par l'ennemi, tantôt » par le ciel, et toujours par mes concitoyens, je ne » me crois plus destiné à prendre Rome. » Il leva son camp, et se retira du côté de Naples.

Les Romains, qui pressaient toujours le siége de Capoue, s'emparèrent enfin de cette ville; et, pour la punir de sa défection, ils exercèrent sur elle une atroce vengeance. Ils mirent à mort tous les sénateurs, et réduisirent le peuple en esclavage. D'un autre côté les deux Scipion, dont l'union avait assuré les succès, et qui venaient de remporter tant de victoires en Espagne, commirent la faute de séparer leurs troupes. L'armée carthaginoise les attaqua l'un après l'autre; ils furent battus et périrent les armes à la main. Néron, qui leur succéda ne put réparer leur défaite, et acheva de perdre tout ce qu'ils avaient conquis dans cette contrée. On voulut le remplacer; mais les plus ambitieux n'osaient prétendre à un emploi qui offrait tant de périls et si peu d'apparence de succès : personne ne se présentait pour solliciter le commandement. Publius Scipion, âgé de vingt-quatre ans, osa seul le demander. Sa jeunesse pouvait effrayer; mais son éloquence et sa sagesse rassurèrent et persuadèrent les comices. Il fut nommé : ce choix sauva Rome et perdit Carthage.

Les armes romaines commençaient déjà à reporter dans la Grèce la crainte que Pyrrhus avait autrefois inspirée à l'Italie.

Lévinus attaqua le roi de Macédoine, et remporta sur lui une victoire. On le fit consul avec Marcellus. Leurs triomphes répandirent dans Rome les richesses de Syracuse et de la Grèce. Lévinus partit ensuite pour la Sicile, s'empara d'Agrigente, et, par cette conquête, rendit les Romains seuls possesseurs de cette île, principal objet de la rivalité de Rome et de Carthage.

L'étoile d'Annibal avait pâli : Rome, éclairée par l'expérience, ne lui opposait plus de Flaminius ni de Varron. Elle chargea Fabius et Marcellus de le combattre : malgré ses efforts, Fabius reprit Tarente; Marcellus, battu dans une première affaire, remporta, quelque temps après, un avantage sur Annibal; suivant le sage système de son collègue, mais avec plus d'activité, il harcelait sans cesse les Carthaginois, et profitait de toutes les occasions favorables pour les entamer, en évitant habilement les affaires générales. Mais enfin sa prudence l'abandonna; nommé pour la cinquième fois consul, il voulut reconnaître lui-même le camp ennemi, tomba dans une embuscade, et périt. Sa mort remplit d'une douleur profonde les légions qu'il avait si souvent conduites à la victoire. Elles appelaient Fabius le *bouclier*, et Marcellus l'*épée de Rome*. Les surnoms donnés par les soldats restent toujours; c'est la justice et non la flatterie qui les dicte.

Lorsqu'on porta le corps du consul sous les yeux d'Annibal, il répandit des larmes sur son noble ennemi, rendit hommage à sa gloire, mit à son doigt la bague que portait cet illustre guerrier, posa une couronne d'or sur sa tête, lui rendit avec pompe les honneurs funèbres, et envoya ses cendres au jeune Marcellus son fils. Quoi qu'en ait dit la passion des historiens romains, un homme capable de tels procédés ne pouvait être un guerrier barbare. Les ames généreuses connaissent seules de si touchants égards pour les vaincus.

Les dangers d'Annibal abandonné sans secours au milieu de l'Italie, et la perte totale de la Sicile ouvrirent enfin les yeux des Carthaginois que la haine d'Hannon s'efforçait de tenir fermés. Ils lui envoyèrent une forte armée, sous les ordres de son frère Asdrubal, qui traversa sans obstacles les

Gaules et les Alpes; mais la rapidité même de sa marche devint la cause de sa perte. Comme aucun ennemi ne l'arrêtait, il arriva dans la Gaule cisalpine beaucoup plus tôt que ne l'avait compté Annibal, qui se trouvait encore en Campanie, ayant en tête l'armée romaine commandée par le consul Claudius Néron. Celui-ci, informé de l'arrivée d'Asdrubal par un courrier intercepté, partit avec un détachement de six mille hommes, et courut rejoindre dans la Cisalpine son collègue Livius. Tous deux réunis marchèrent contre Asdrubal, qui voulait prudemment attendre son frère et éviter le combat. Mais, lorsqu'il marchait pour s'éloigner des Romains, il fut égaré par la perfidie de ses guides. Errant à l'aventure, les consuls l'atteignirent et l'obligèrent de livrer bataille. Après avoir vainement justifié par des prodiges de valeur la confiance de Carthage et son ancienne renommée, voyant ses rangs enfoncés et son armée non-seulement vaincue, mais détruite, il se précipita au milieu des légions romaines et y trouva une mort glorieuse.

Néron, revenant promptement en Campanie, jeta la tête d'Asdrubal dans le camp d'Annibal, qui apprit ainsi, par cet affreux message, la perte de son frère et de ses dernières espérances.

Cependant le jeune Scipion vengeait en Espagne son père et son oncle, et réparait toutes leurs pertes. Une brillante valeur, une rare prudence, une grande fermeté et de douces vertus le faisaient à la fois craindre, admirer et chérir. Il rétablit la discipline par sa sévérité, effraya les ennemis par son audace, et se concilia l'affection des Espagnols par sa justice.

Le sort des armes l'avait rendu maître d'une jeune princesse dont l'Espagne admirait la beauté. Suivant les mœurs du temps, cette captive lui appartenait et se trouvait livrée à ses désirs : la vertu des grands hommes ne dépend pas des préjugés de leur siècle ; dignes de l'immortalité, ils pressentent la justice éternelle. Scipion, vainqueur de ses propres passions, rendit la jeune Espagnole au prince Alicius qui l'aimait et qu'elle devait épouser. Cette générosité lui valut des hommages plus sincères et des alliés plus dévoués que toutes ses victoires.

Cet habile général, au lieu de suivre un système lent et timide, ne s'amusa point à regagner peu à peu les places perdues par les Romains; il marcha rapidement sur Carthagène qu'on croyait inattaquable, s'en empara et détruisit par ce seul coup le centre des forces de ses ennemis.

La supériorité de la cavalerie numide était le plus ferme appui de Carthage; il trouva le moyen de lui enlever cet avantage en s'attachant Massinissa, un des princes numides, le plus distingué par son expérience et par son courage. Ce fut ainsi que son adresse, ses vertus et son habileté chassèrent les

Carthaginois de l'Espagne, et la soumirent aux Romains.

Lorsque Scipion revint à Rome, il avait vingt-neuf ans. On ne pouvait plus lui reprocher sa jeunesse; le peuple compta le nombre de ses exploits, oublia celui de ses années, et l'élut consul.

Il dit au sénat que le seul moyen de faire sortir Annibal d'Italie était de porter la guerre en Afrique. Fabius, ennemi de tout parti hasardeux, et peut-être cette fois trop temporiseur, combattit avec véhémence l'avis du jeune consul. Le sénat incertain n'osait décider entre l'audace fortunée du jeune conquérant de l'Espagne et la vieille expérience de l'ancien dictateur. Ne voulant ni refuser ni accueillir pour le moment le conseil de Scipion, il attendit que la réflexion eût mûri un si vaste projet. Le jeune consul obtint seulement le commandement de la Sicile, et la permission de passer en Afrique, lorsque des informations complètes l'auraient convaincu de la nécessité de l'entreprise et de la possibilité du succès.

Scipion, ferme dans ses plans, mais soumis aux ordres du sénat, passa en Sicile, y resta une année, et employa ce temps aux préparatifs qui devaient assurer la réussite de son expédition.

En 549 on célébra le nouveau lustre; le dénombrement prouva que, malgré la guerre, la population s'était augmentée depuis cinq ans de soixante-dix-huit mille citoyens. On apprit en même temps que Scipion, profitant de la confiance du sénat, et s'embarquant à la tête d'une armée nombreuse, avait battu la flotte carthaginoise et tué plus de trois mille hommes, avec Hannon, leur amiral; qu'il était débarqué en Afrique, et que Massinissa venait de le joindre avec une cavalerie numide nombreuse, autrefois objet d'effroi, maintenant sujet d'espérance pour Rome.

Scipion, sans perdre de temps, mit le siége devant Utique (aujourd'hui Biserte). Syphax s'était emparé du royaume de Numidie pendant l'absence de Massinissa; il vint au secours d'Utique avec l'armée de Carthage. L'audace de Scipion était toujours accompagnée de prudence. On admirait en lui la valeur de Marcellus unie à la sagesse de Fabius. Ajournant ses projets pour en assurer le succès, il leva le siége et prit des quartiers d'hiver. A l'approche du printemps, il revint devant Utique. Apprenant alors que les ennemis, retenus encore par le froid, avaient, au lieu de tentes, des baraques couvertes de nattes, de roseaux et de bois sec, il déguise en esclaves des officiers et des soldats déterminés; par ses ordres, ils se rendent dans le camp ennemi, s'y dispersent et y mettent le feu. Les Carthaginois et les Numides accourent en foule pour l'éteindre: au milieu de ce désordre, Scipion et son armée arrivent, fondent sur les ennemis, qui étaient sans armes, les passent au fil de l'épée, laissent quarante mille morts sur la place, et emmènent six mille captifs. Les débris de l'armée vaincue se rallièrent bientôt; mais Scipion, sans leur laisser le temps de respirer, les attaqua de nouveau et les défit complétement.

Carthage, abattue par ses défaites, demanda la paix à Rome; mais, comme elle rappelait en même temps Annibal en Afrique, le sénat romain regarda cette négociation comme un piége, et refusa les propositions qui lui étaient faites. Cependant Syphax, ayant de nouveau rassemblé une armée, revint attaquer Scipion qui le battit encore et le fit prisonnier.

Massinissa, délivré de l'obstacle qui le séparait de son trône, et menant à sa suite Syphax enchaîné, marcha sur Cirthe, capitale de la Numidie. Elle lui ouvrit ses portes; mais il y trouva un ennemi plus redoutable pour lui que les rebelles qu'il avait vaincus. Sophonisbe, Carthaginoise de naissance et femme de Syphax, commandait dans cette ville. Elle vint se jeter aux pieds de Massinissa, et lui demanda pour unique grace de ne pas la livrer aux Romains. Le roi numide, ardent comme le ciel de sa contrée, s'enflamma pour sa captive : enivré d'un amour qui ne lui permettait plus d'écouter la raison et de consulter la politique, il épousa la reine, se soumit à ses volontés, et lui promit d'embrasser le parti de Carthage.

Scipion, toujours à l'abri de la surprise par sa

prudente activité, ne laissa pas à Massinissa le temps de consommer sa trahison, et d'opérer dans l'esprit des Numides la révolution qu'il projetait.

L'approche de l'armée romaine força ce prince à retourner dans le camp des Romains. Il avoua sa faiblesse, et pria le consul de ne point regarder comme captive la femme qu'il venait d'épouser. Ses prières furent inutiles : l'inflexible Scipion lui répondit qu'il avait disposé d'un bien qui ne lui appartenait pas; que Sophonisbe, prisonnière des Romains, était la cause de la défection de Syphax, que s'allier avec elle c'était rompre avec Rome, et que, malgré son titre de reine et d'épouse, il la reclamait comme esclave. Massinissa désespéré préféra pour Sophonisbe la mort à l'outrage; il lui envoya une coupe de poison, qu'elle reçut avec reconnaissance et vida sans terreur. Ainsi se termina la vie d'une reine célèbre, dont l'inconstance n'empêche pas de plaindre le malheur.

Scipion, pour récompenser la servile obéissance de Massinissa, lui donna la couronne de Numidie, et s'efforça vainement d'ennoblir l'opprobre de ce prince par la pompe extraordinaire de son couronnement.

Lorsque Annibal reçut l'ordre de repasser en Afrique, il éclata en plaintes amères contre le sénat de Carthage, qui, pendant quinze années, ne l'avait pas secouru, et qui lui faisait perdre en un seul jour le fruit de tant de travaux et de gloire.

Il se reprochait de n'avoir point osé après la victoire de Cannes, marcher contre Rome, et de n'avoir pas péri à ses portes. Avant de s'embarquer, il fit élever sur la côte, près du temple de Junon, une colonne sur laquelle on grava, en lettres grecques et phéniciennes, le récit de ses exploits, oubliant sans doute qu'un monument dressé par un fugitif n'est qu'un trophée de plus pour ses ennemis.

Dans sa traversée, il ne parla que de la mort d'Asdrubal, de Magon, ses frères, et de celle de tous les braves amis qu'il avait perdus. Tel est le sort de l'ambitieux; il s'endort sous des lauriers et se réveille sous des cyprès.

Arrivé à Carthage, il trouva sa patrie épuisée d'armes, d'argent, et dominée par la faction populaire, contre laquelle la sagesse du sénat n'avait plus la force de résister. Il regarda, dans cette circonstance, une paix désavantageuse comme l'unique voie de salut encore ouverte à ses concitoyens. Mais leur folle imprudence et leur avidité venaient de la rendre plus difficile à obtenir. Après la prise de Cirthe, Scipion, accueillant les propositions de Carthage, lui avait accordé une trêve pour qu'elle envoyât des ambassadeurs à Rome. Les conditions de la paix proposée étaient dures, mais supportables. Le sénat romain, les agréant, avait renvoyé les ambassadeurs, en autorisant Scipion à conclure le traité. Tandis qu'ils étaient en route, une flotte romaine, chargée de vivres, d'argent et de munitions, fut poussée par l'orage sur la côte d'Afrique. Cette riche proie tenta la cupidité du peuple carthaginois, dont l'insolence s'était réveillée depuis l'arrivée d'Annibal. Au mépris de la trêve, le sénat céda aux vœux de la multitude; on s'empara de la flotte romaine.

La trêve rompue, Annibal sortit de la ville avec son armée, marcha au-devant des Romains, et campa près d'eux dans la plaine de Zama.

Cet illustre général avait trop éprouvé l'inconstance de la fortune pour livrer sans regret la destinée de sa patrie au hasard d'une seule bataille. Décidé à tenter, avant de combattre, un dernier effort pour obtenir la paix, il demanda une entrevue à Scipion, qui la lui accorda.

Lorsque ces deux grands hommes s'approchèrent l'un de l'autre, se contemplant tous deux avec une surprise mêlée de respect, ils gardèrent quelque temps un profond silence. Annibal, enfin, prenant le premier la parole, lui dit : « Oh! combien
» je désirerais que les Romains et les Carthaginois
» n'eussent jamais pensé à s'étendre, les uns au-
» delà de l'Italie, les autres au-delà de l'Afrique, et
» qu'il aurait été heureux pour le monde qu'ils se
» fussent renfermés dans les limites que la nature

» semblait leur avoir prescrites ! Nous avons pris
» d'abord les armes pour la Sicile ; nous nous som-
» mes ensuite disputé la domination de l'Espagne :
» enfin, aveuglés par la fortune, nous avons porté
» nos fureurs jusqu'à vouloir nous détruire réci-
» proquement. Mes troupes ont assiégé Rome, et
» vous attaquez aujourd'hui Carthage. S'il en est
» encore temps, apaisons la colère des dieux; ban-
» nissons de nos cœurs cette funeste jalousie qui
» nous a fait désirer notre ruine mutuelle. Pour
» moi, je sais trop, par une longue expérience,
» combien la fortune est inconstante, et avec quelle
» perfidie elle se joue de la prévoyance des hommes.
» Aussi, je suis très-disposé à la paix ; mais, Scipion,
» je crains que vous ne soyez pas dans les mêmes
» sentiments. Vous êtes dans la fleur de votre jeu-
» nesse, entouré de l'illusion des succès ; en Espa-
» gne, en Afrique, le sort a comblé tous vos vœux ;
» aucun revers n'a jusqu'à présent traversé le cours
» de vos prospérités. La force de mes raisons, le
» poids de mon exemple ne pourront vous persua-
» der. Cependant, considérez, je vous prie, com-
» bien il est peu raisonnable de compter sur les
» faveurs du sort. Il ne vous est pas nécessaire,
» pour juger ses vicissitudes, de chercher des le-
» çons dans l'antiquité ; jetez les yeux sur moi : je
» suis ce même Annibal, qui, après la bataille de
» Cannes, maître de la plus grande partie de l'Ita-

» lie, parut sous les remparts de Rome. Là, je déli-
» bérais déjà dans mon camp sur ce qu'il me con-
» viendrait de faire de vous et de votre patrie; et
» aujourd'hui, de retour en Afrique, je me vois
» forcé de traiter avec un Romain, qui va décider
» de mon salut et de celui de Carthage. Que cet
» exemple vous apprenne à ne pas vous enorgueillir
» de vos triomphes passés. Songez que vous êtes
» homme; préférez un bien assuré à un mieux
» incertain, et ne vous exposez pas sans nécessité
» au péril qui vous menace. Une victoire de plus
» ajouterait peu à votre renommée; une défaite
» vous enlèvera votre gloire. Considérez d'ailleurs
» que le but de ma démarche n'a rien que d'hono-
» rable pour vous. Par la paix que je vous propose,
» la Sicile, la Sardaigne, l'Espagne, qui étaient le
» sujet de la guerre, demeureront aux Romains.
» Ils possèderont aussi toutes les îles situées entre
» l'Italie et l'Afrique; nous y renonçons, et je crois
» que ces conditions, qui ne nous donnent d'autre
» avantage que la sécurité pour l'avenir, sont très-
» glorieuses pour vous et pour votre république. »

« Ce ne sont pas les Romains, répondit Scipion,
» ce sont les Carthaginois qui ont commencé la
» guerre de Sicile et d'Espagne : vous ne pouvez
» l'ignorer, et les dieux le savent, puisqu'ils ont
» favorisé non l'agression, mais la défense. Mes suc-
» cès ne me font pas perdre de vue l'inconstance

» de la fortune et l'incertitude des choses humai-
» nes. Si, avant mon arrivée en Afrique, vous fus-
» siez sorti de l'Italie, et si vous nous eussiez pro-
» posé la paix telle que vous nous l'offrez, je ne
» crois pas que Rome l'eût refusée. Mais aujour-
» d'hui, quand vous avez quitté l'Italie malgré
» vous, et lorsque nous nous voyons en Afrique
» les maîtres de la campagne, les affaires changent
» de face. Bien plus, malgré vos défaites, nous
» avions consenti à une sorte de traité; indépen-
» damment des articles que vous proposez, on avait
» décidé que les Carthaginois nous rendraient nos
» prisonniers sans rançon; qu'ils nous livreraient
» leurs vaisseaux pontés; qu'ils nous paieraient
» cinq mille talents, et donneraient des otages.
» Telles étaient les conditions convenues; nous les
» avions envoyées à Rome; Carthage sollicitait vi-
» vement leur adoption; et, lorsque le sénat et le
» peuple romain les ont acceptées, les Carthaginois
» manquent de parole, nous trompent et rompent
» la trève. Que faire dans une telle circonstance ?
» Mettez-vous à ma place, et répondez. Faut-il
» encourager et récompenser la trahison ? Vous
» croyez que, si Carthage obtient ce qu'elle de-
» mande, elle n'oubliera pas un si grand bienfait;
» mais ce qu'elle avait demandé et obtenu comme
» suppliante, ne l'a point empêchée, sur le faible
» espoir inspiré par votre retour, de se montrer

» de nouveau en ennemie. Si vous consentiez à
» quelques conditions plus rigoureuses, on pour-
» rait encore négocier; mais, puisque vous refusez
» même ce dont on était précédemment convenu,
» toute conférence devient inutile. En un mot, il
» faut que, vous et votre patrie, vous vous rendiez
» à discrétion, ou que le sort des armes décide en
» votre faveur. »

Scipion ne voulant point se relâcher de ses prétentions, et Annibal ne pouvant se décider à signer une paix honteuse, les deux généraux se séparèrent. Le lendemain, les armées sortirent de leurs camps, et se préparèrent à combattre, les Carthaginois pour leur salut, les Romains pour l'empire du monde. Jamais nations plus belliqueuses, jamais chefs plus habiles ne s'étaient vus en présence, et jamais un plus grand prix n'avait excité l'ardeur des combattants.

Scipion mit en première ligne les hastaires, avec des intervalles entre les cohortes; à la seconde, les princes, derrière les cohortes, et non derrière les intervalles, afin de laisser passage aux éléphants; les triaires formaient la réserve. Lélius, avec la cavalerie d'Italie, composait l'aile gauche; Massinissa occupait la droite avec les Numides; on jeta des vélites dans les intervalles de la première ligne, avec ordre de se retirer par ces intervalles s'ils étaient poussés par les éléphants. Scipion parcou-

rut les rangs, et anima ses troupes en leur rappelant leurs exploits. « Songez, soldats, disait-il, que
» la victoire vous rendra maîtres du monde. Si
» vous tournez le dos, la misère et l'infamie vous
» attendent; vous n'aurez pas un lieu de retraite
» en Afrique. Une domination universelle, ou une
» mort glorieuse, voilà les prix que le ciel nous
» propose. Un lâche amour de la vie vous ferait
» perdre les plus grands biens, et vous livrerait
» aux plus grands malheurs. En marchant à l'en-
» nemi, ne pensez qu'à la victoire ou à la mort,
» sans songer à l'espoir de survivre au combat.
» Combattons dans ces sentiments, et le triomphe
» est à nous. »

Annibal avait mis en avant de son armée quatre-vingts éléphants, ensuite douze mille Liguriens, Gaulois, Baléares et Maures; derrière cette ligne, les Africains et les Carthaginois. Il tint sa réserve éloignée d'un stade, et la forma des troupes venues avec lui d'Italie. L'aile gauche se composait de la cavalerie numide, et la droite de celle des Carthaginois. Chaque officier encourageait les troupes de son pays. Annibal, galopant sur la troisième ligne, s'écriait : « Camarades, souvenez-vous que depuis dix-sept
» ans nous servons ensemble; rappelez-vous le
» grand nombre de batailles que vous avez livrées
» aux Romains! Victorieux dans toutes, vous ne le
» leur avez pas même laissé l'espoir de vous vaincre.

» A la Trébia, vous avez battu le père de celui qui
» vous attaque ici; je ne comparerai point Trasi-
» mène et Cannes à la bataille d'aujourd'hui. Jetez
» les yeux sur l'armée ennemie, elle n'offre qu'une
» faible partie de ce que nous avions alors à com-
» battre : vous n'avez à repousser que les enfants et
» les débris de ceux qui ont cent fois pris la fuite
» devant vous. Je ne vous demande que de conserver
» votre gloire, et de ne pas perdre votre réputation
» d'invincibles. »

Après quelques escarmouches de cavalerie, Annibal poussa les éléphants sur les Romains. Une partie de ces animaux, effrayée par le son des trompettes, se retourna et mit le désordre parmi les Numides. Massinissa en profita pour renverser l'aile gauche. Les autres éléphants firent beaucoup souffrir les vélites, qui se retirèrent; mais les cohortes détruisirent à coups de traits et mirent en fuite ces monstres. Lélius, au milieu de ce tumulte, tomba sur la cavalerie de Carthage et la mit en déroute. L'infanterie romaine et l'infanterie auxiliaire de Carthage se chargèrent bientôt et se mêlèrent. Après une longue résistance, la supériorité des armes romaines l'emporta, et les étrangers, forcés à la retraite, tombèrent sur la troisième ligne africaine, qui les repoussa, de sorte qu'ils furent tués à la fois par les Carthaginois et par les Romains.

Après leur destruction, l'espace qui se trouvait entre la réserve d'Annibal et les légions romaines était obstrué par les morts et par les blessés; on eut beaucoup de peine à se joindre. Mais enfin la mêlée devint furieuse et digne du courage des deux nations. La fortune semblait indécise, lorsque Lélius et Massinissa, revenant de la poursuite de la cavalerie ennemie, chargèrent par derrière les phalanges d'Annibal; et les passèrent au fil de l'épée. Comme le combat avait lieu dans une plaine, très peu de fuyards purent se dérober à la cavalerie. Les Romains perdirent près de quinze cents hommes; vingt mille Carthaginois furent tués et vingt mille prisonniers. Ainsi se termina cette journée, qui décida du sort de Rome et de Carthage.

Scipion livra au pillage le camp des Africains. Annibal se retira à Adrumette. Il avait montré dans cette bataille malheureuse tant de courage et d'habileté, que la fortune ne put lui enlever que le succès, et non la gloire.

Ce grand homme, revenu à Carthage, déclara que, toutes ressources étant détruites, la résistance devenait impossible, et qu'il fallait consentir à la paix que dicterait le vainqueur. On demanda et on obtint une trêve. Des ambassadeurs furent envoyés à Rome pour annoncer la soumission des Carthaginois. Le sénat associa dix commissaires à Scipion et leur donna des pleins pouvoirs pour terminer une guerre qui durait depuis dix-sept ans. On conclut la paix aux conditions suivantes.

Rome retira toutes ses troupes d'Afrique; Carthage lui céda toutes ses prétentions sur l'Espagne, la Sardaigne, la Corse et les îles de la Méditerranée. Elle convint de rendre tous les déserteurs. Il ne lui fut permis de conserver dans ses ports que dix galères à trois rangs de rames. Ses vaisseaux et ses éléphants furent livrés aux Romains. Elle promit de ne point faire la guerre, ni en Afrique ni ailleurs, sans la permission de Rome. Elle consentit à rendre à Massinissa et à ses alliés tout ce qu'elle avait pris sur lui ou sur eux. Elle s'engagea à payer à Rome, dans l'espace de cinquante ans, la somme de dix mille talents, et donna cent otages pour gages de sa foi. Enfin, en attendant la ratification du traité, elle s'engagea à fournir des subsistances à l'armée romaine. Le sénat ratifia la paix, en abrégeant seulement les termes du paiement des subsides.

Cette seconde guerre punique dura sept ans de moins que la première; elle finit l'an 553 de la fondation de Rome, du monde 3804; la quatrième année de la cent quarante-quatrième olympiade; trois cent trente-huit ans après l'établissement des consuls; cent vingt-neuf ans depuis l'incendie de Rome par les Gaulois, et cent quatre-vingt-dix-neuf ans avant Jésus-Christ.

CHAPITRE X.

Guerre avec Philippe, roi de Macédoine. — Bataille de Cynocéphales. — Défaite des Macédoniens. — Traité de paix avec Philippe. — Victoire sur les Gaulois. — Adoption de la loi Porcia. — Abolition de la loi Oppia. — Victoire sur les Gaulois. — Victoire du consul Caton sur les Espagnols. — Défaveur éprouvée par Scipion l'Africain. — Accusation dirigée contre Annibal défendu par Scipion. — Fuite d'Annibal en Syrie. — Invasion d'Antiochus en Grèce. — Ambassade de Rome au roi de Syrie. — Déclaration de guerre. — Victoire des Romains. — Retour d'Antiochus en Asie. — Défaite de la flotte syrienne. — Commandement confié à Cornélius Scipion. — Bataille de Magnésie. — Victoire des Romains. — Soumission d'Antiochus aux Romains. — Sa mort. — Triomphe de Scipion surnommé l'Asiatique. — Accusation de péculat contre Scipion l'Africain. — Son exil et sa mort. — Magnanimité de Tibérius Gracchus. — Condamnation de Scipion l'Asiatique à une amende. — Établissement des grandes routes d'Italie. — Mort d'Annibal. — Victoires sur les Espagnols et les Istriens. — Guerre avec Persée, roi de Macédoine. — Consulat de Paul-Émile. — Bataille d'Énipée. — Défaite et fuite de Persée. — Entrevue de Paul-Émile et de Persée. — Triomphe de Paul-Émile à Rome. — Mort de Persée. — Désintéressement de Paul-Émile. — Sa censure. — Sa mort. — Abaissement des rois et des peuples devant Rome. — Protection accordée aux Juifs. — Révolte dans la Gaule et en Espagne. — Perfidie de Sulpicius Galba. — Abolition des fêtes Bacchanales. — Peste à Rome. — Époque du poète Térence. — Guerre avec les Dalmates. — Rigidité de Caton le Censeur. — Invasion des Romains au-delà des Alpes.

Rome venait de sortir avec éclat, par l'abaissement de sa rivale, d'une guerre dont les commencements avaient menacé sa propre existence. Mais ce triomphe, en lui assurant l'empire, ne lui rendit pas le repos. De nouvelles guerres occupèrent constamment ses armes et son active ambition. Les Espagnols, vaincus et non soumis, se révoltaient à chaque instant; la fierté de ces peuples, leur courage, et les difficultés qu'offrait un pays mal percé et rempli de montagnes, opposèrent une longue résistance aux vainqueurs.

En Italie, les Gaulois et les Liguriens, impatients du joug, reprenaient chaque année les armes. Émilius, célèbre sous le nom de Paul-Émile, subjugua les peuples de la Ligurie. Le préteur Furius, les consuls Valérius, Céthégus et Marcellus ne purent réduire les Gaulois qu'après une lutte de plusieurs années et plusieurs batailles sanglantes, dont la dernière détruisit toute la nation des Boïens.

La république romaine, n'ayant plus de rivale en Sicile, en Afrique et sur la Méditerranée, venait de prouver à l'Europe que la discipline et la pauvreté doivent triompher à la longue des forces factices que donnent l'opulence et le commerce.

Il restait encore à vaincre un peuple redoutable par sa renommée. Depuis Alexandre-le-Grand, les Macédoniens passaient pour invincibles. L'effroi précédait leur célèbre phalange; les autres nations les regardaient comme leurs maîtres dans l'art de la guerre, et la lutte qui s'établit bientôt entre eux et les Romains, mit le comble à la gloire militaire de Rome, en détruisant le prestige de l'ancienne réputation des conquérants de l'Asie.

Indépendamment de l'ambition toujours croissante du sénat romain, plusieurs causes rendaient cette nouvelle guerre inévitable. Philippe, roi de Macédoine, digne de son nom par son courage et par ses talents, avait signalé son règne par des victoires, et, tant qu'il écouta les conseils d'Aratus, général des Achéens, la fortune couronna ses armes. Il pouvait dominer facilement les Grecs en les réunissant sous ses étendards, et en protégeant leur liberté; mais, préférant bientôt l'encens empoisonné de ses favoris aux sages avis d'Aratus, son orgueil causa sa ruine, et des projets trop vastes de conquêtes renversèrent une puissance qu'il voulait follement étendre. Entraîné par les conseils intéressés de Démétrius de Phares, il crut pouvoir profiter de la défaite des Romains à Trasimène pour les écraser. Cessant d'être l'appui des Grecs contre les Étoliens, il conclut la paix à Naupacte avec cette nation, qui ne vivait que de pillage. En même temps il s'unit avec Antiochus, dans le dessein d'opprimer les villes grecques d'Asie, et de dépouiller les rois d'Égypte de leurs possessions. Il joignit ses forces à celles du roi de Bithynie contre le roi de Pergame. Assisté des Achéens, il remporta contre Sparte des victoires qui l'épuisaient sans l'agrandir; enfin, avide des richesses d'Athènes, il assiégea cette ville, sous prétexte de venger les Acarnaniens, qui se plaignaient de la mort de deux hommes de leur nation que les Athéniens venaient de faire périr, parce qu'ils avaient profané les mystères d'Éleusis. Toutes ces entreprises donnèrent aux Romains des alliés : les Spartiates, les Athéniens, les Illyriens et les Étoliens mêmes s'unirent au sénat contre lui. Philippe ne ménagea point les Rhodiens, et cette république, puissante par ses richesses et par ses vaisseaux, grossit le nombre des ennemis de la Macédoine.

Le sénat romain dissimula son courroux tant qu'il eut à craindre les Carthaginois; mais, après les avoir vaincus à Zama, il déclara la guerre aux Macédoniens. Le consul Publius Sulpicius Galba, abordant en Illyrie avec deux légions, s'empara de quelques places sur les frontières de la Macédoine. Vingt-sept vaisseaux romains, joints à ceux d'Attale, chassèrent Philippe des Cyclades et de l'Eubée, et le forcèrent à lever le siége d'Athènes.

L'année suivante, le consul Duillius commença mollement la campagne, et fit peu de progrès. Titus Quintius Flaminius lui succéda. Ce général, plus habile, eut une entrevue avec Philippe, et, dans le dessein de se concilier l'esprit des Grecs, déclarant que Rome n'avait pris les armes que pour leur rendre la liberté, il proposa au roi de lui accorder la paix, à condition qu'il évacuerait toutes les villes de la Grèce et même celles de la Thessalie, toujours occupées, depuis Alexandre, par les Macédoniens.

Philippe, indigné d'une telle proposition, lui dit: « Quand vous m'auriez vaincu, vous ne m'imposeriez pas des lois plus dures! » Les conférences furent rompues; Flaminius, campé dans l'Épire, força des défilés qu'on croyait inaccessibles, battit Philippe, le contraignit à se retirer en Macédoine, s'empara de la Thessalie, et mit le siège devant Corinthe, en publiant qu'il ne voulait la prendre que pour l'affranchir du joug des Macédoniens.

Les Achéens, gagnés par cette déclaration, quittèrent le parti de Philippe, et devinrent les alliés des Romains. Nabis, tyran de Sparte, remit dans leurs mains la ville d'Argos; toute la Béotie embrassa leur cause. Ainsi la politique de Flaminius lui valut plus de conquêtes que ses armes.

Suivant un ancien usage, les nouveaux consuls nommés devaient succéder aux anciens dans le commandement; mais, l'intérêt public l'emportant sur la coutume, on ne voulut pas rappeler un si habile général, et Quintius Flaminius resta en Grèce avec le titre de proconsul.

Philippe, ayant réuni toutes ses forces, occupait une position avantageuse en Thessalie, dans les montagnes de Cynocéphales. Flaminius marcha contre lui et l'attaqua. Jusque-là les Romains n'avaient combattu que contre les alliés et la cavalerie légère du roi de Macédoine; c'était la première fois que les légions romaines et la phalange macédonienne se livraient bataille. Des deux côtés l'ardeur était égale, des deux côtés de glorieux souvenirs inspiraient la confiance et enflammaient le courage. Chacun de ces deux peuples belliqueux sentait que, s'il obtenait la victoire, il n'aurait plus de rival qui pût lui disputer la palme militaire. La forte position des Macédoniens rendit l'attaque longue et difficile; mais la phalange, plus redoutable en plaine que dans les montagnes, ne pouvait ni se mouvoir avec facilité, ni conserver l'ensemble qui faisait sa force. Assaillie de tous côtés par les cohortes romaines divisées en petites troupes, après une opiniâtre résistance, elle céda la victoire et prit la fuite. Philippe perdit dans cette affaire treize mille hommes, qui composaient la moitié de son armée. Abattu par ces revers, il demanda la paix, et l'obtint aux conditions suivantes : il ne gardait d'autres possessions que la Macédoine, promettant d'évacuer toutes les villes grecques, de payer un tribut annuel, de rendre aux Romains les prisonniers, et de livrer tous ses vaisseaux.

On stipula en même temps que les Romains, jusqu'à ce qu'ils fussent rassurés contre les entreprises d'Antiochus, roi de Syrie, occuperaient les villes de Chalcis dans l'Eubée, de Démétriade en Thessalie, et de Corinthe en Achaïe, trois places que Philippe avait coutume de nommer les entraves de la Grèce.

Les conditions du traité n'étaient pas connues lorsque les Grecs apprirent la défaite de Philippe; ils crurent n'avoir fait que changer de maître; aussi rien ne peut exprimer leur surprise et leurs transports lorsque, au milieu des jeux isthmiques qui se célébraient alors, un héraut, par les ordres de Flaminius, dit à haute voix : « Le sénat et le peuple » romain, et Quintius Flaminius, général de leurs » armées, après avoir vaincu Philippe et les Macé- » doniens, délivrent de toute garnison et de tout » impôt les Corinthiens, les Locriens, les Phocéens, » les Eubéens, les Achéens, les Magnésiens, les » Thessaliens et les Perrhèbes, les déclarent libres, » leur conservent tous leurs priviléges, et veulent » qu'ils se gouvernent par leurs lois et par leurs » coutumes. »

Les Grecs, dans l'ivresse de leur joie, après avoir entendu cette proclamation, baisaient les vêtements des Romains, et montraient, par le servile excès de leur reconnaissance, combien ils étaient devenus peu dignes de cette liberté que des ames faibles peuvent regretter, mais que des ames fortes peuvent seules conserver.

Ce voile de modération dont Rome se couvrait cacha ses projets, trompa tous les peuples et les lui livra. Ils se seraient armés contre des conquérants; ils volèrent au-devant du joug qui ne s'offrait que sous la forme d'un appui, et ils crurent aveuglément ce que disait depuis Cicéron : « Qu'on pouvait regarder les Romains plutôt comme les patrons que comme les maîtres de l'univers. » Cet affranchissement passager de la Grèce eut lieu l'an 557 de Rome.

Cependant Sparte et les Étoliens conçurent bientôt une juste, mais tardive crainte de la puissance et des desseins secrets de leurs nouveaux protecteurs. Nabis, tyran de Lacédémone, voulut reprendre Argos. Les Romains lui firent la guerre, il fut vaincu; mais Flaminius ne rétablit à Sparte ni les Héraclides ni la liberté. La domination d'un tyran sur cette cité belliqueuse était plus conforme aux intérêts de Rome. Les Étoliens se plaignirent hautement du peu de sincérité du général romain; Flaminius se justifia adroitement au milieu de l'assemblée des Grecs; et, certain que les germes de division qu'il laissait parmi eux assuraient assez leur dépendance, il ramena ses légions en Italie, et reçut les honneurs d'un triomphe qu'avaient également mérité sa fortune, son courage et sa prudence.

A peu près à la même époque, les consuls remportèrent en Italie une victoire considérable sur les Gaulois. Chaque citoyen romain croyant sentir que sa propre dignité devait s'accroître en proportion de la puissance et de la gloire nationale, un tribun du peuple fit adopter la fameuse loi Porcia, qui défendait aux licteurs, sous peine de mort, de frapper de verges un citoyen romain.

Dans les jours funestes où les victoires d'Annibal menaçaient Rome d'une ruine prochaine, la loi Oppia avait défendu aux dames romaines de porter des bijoux, des étoffes riches, et de se servir de chars, excepté les jours où elles se rendaient aux sacrifices publics.

Les circonstances étant changées par l'évacuation de l'Italie et par les triomphes de Rome, les dames romaines réclamèrent vivement l'abolition de la loi du tribun Oppius. Leurs intrigues captaient tous les suffrages; l'inflexible Caton s'opposa seul à leurs demandes.

« Si chacun de nous, dit-il, avait su faire respec-
» ter dans sa maison ses droits et son autorité, nous
» n'aurions point à répondre aujourd'hui à cette
» réunion étrange de toutes les femmes. Bravant
» notre pouvoir dans nos foyers, elles viennent en-
» core, sur la place publique, fouler aux pieds les
» lois. Comment, étant rassemblées, leur résister,
» quand isolément chacun de nous a cédé à leurs
» caprices? Rien n'est si dangereux que d'autoriser

» les intrigues et les assemblées des femmes. Moi,
» consul, je rougis de me voir forcé de traverser
» leur foule pour arriver à cette tribune. Il ne leur
» reste plus qu'à se retirer, comme le peuple, sur
» le mont Aventin, pour nous imposer des lois. Si
» je n'avais pas voulu leur épargner la honte des re-
» proches publics d'un consul, je leur aurais dit :
» Votre pudeur peut-elle vous permettre de par-
» courir ainsi les rues, d'assiéger notre passage, et
» d'adresser des prières à des hommes qui vous sont
» étrangers? Croyez-vous avoir plus de crédit sur
» eux que sur vos époux? Si vous vous renfermiez
» dans les bornes prescrites par vos devoirs, vous
» ignoreriez ce qui se passe ici. Où en sommes-
» nous? La loi défend aux femmes de plaider sans
» autorisation, et nous leur permettons de se mê-
» ler du gouvernement et d'assister à nos délibéra-
» tions! Si vous leur cédez aujourd'hui, que n'ose-
» ront-elles pas par la suite? qui peut excuser leur
» licence? quel motif cause leur réunion et leurs
» alarmes? leurs époux, leurs enfants sont-ils pri-
» sonniers d'Annibal? Nous sommes à l'abri de ces
» calamités. Est-ce un motif religieux qui les ras-
» semble? Non : ce n'est point la mère Ida qu'on
» apporte de Phrygie. Écoutez-les : elles vous de-
» mandent la liberté de se couvrir d'or et de pour-
» pre, de briller sur des chars pompeux, et de
» triompher ainsi de vos lois.

» Le luxe est le fléau destructeur des empires.
» Marcellus, en nous apportant les richesses de
» Syracuse, a introduit dans Rome ses plus dan-
» gereux ennemis. Du temps de Pyrrhus, les fem-
» mes ont rejeté les présents de Cynéas ; aujour-
» d'hui elles voleraient au devant de lui pour les
» accepter ! C'est la haine de l'égalité qui réclame
» ces distinctions de richesses : gardez-vous d'exci-
» ter cette émulation de vanité. Lorsqu'un époux
» sera trop pauvre pour satisfaire l'avidité de sa
» femme, elle s'adressera aux étrangers dont elle
» sollicite aujourd'hui les suffrages. Votre faiblesse
» perdra les mœurs. Ainsi je pense qu'on ne doit
» point abroger la loi Oppia. »

Lucius Valérius, plaidant la cause des femmes, répondit :

« Les invectives de Caton contre les dames ro-
» maines sont injustes : il faut réfuter une opinion
» à laquelle le caractère du consul donne un si
» grand poids. Cet orateur austère, et quelquefois
» trop dur dans ses expressions, a cependant un
» cœur doux et humain. Il ne pense pas tout ce
» qu'il dit contre ces femmes vertueuses qu'il a plus
» louées que nous. Il blâme l'assemblée des femmes ;
» mais j'opposerai Caton à lui-même. Ouvrez son
» livre des Origines ; voyez tous les éloges qu'il
» donne aux femmes pour avoir terminé le combat
» des Sabins et des Romains. Comme il les admire,

» lorsqu'elles sont venues désarmer Coriolan dans
» son camp ! Après la prise de Rome par les Gau-
» lois, ne s'assemblèrent-elles pas pour fournir l'or
» qui rachetait sa liberté? Dans la dernière guerre,
» n'ont-elles pas porté tout leur argent au trésor
» public épuisé? Elles se sont sacrifiées vingt fois à
» nos intérêts; permettons aussi qu'elles défendent
» les leurs. Nous accueillons souvent la prière d'un
» esclave, et on veut qu'on rejette celle des dames
» les plus respectables de la ville! Le consul con-
» fond deux genres de lois: Les unes sont généra-
» les, et doivent toujours durer; les autres cessent
» avec les circonstances qui les firent naître. On ne
» gouverne pas un vaisseau dans le calme comme
» dans la tempête. Annibal, après la bataille de
» Cannes, se trouvait aux portes de Rome lorsqu'on
» a fait la loi Oppia. Les dames romaines étaient
» alors si profondément affligées qu'on fut obligé
» de borner leur deuil à un mois. Voulez-vous
» qu'elles soient les seules qui ne jouissent pas du
» retour de la prospérité publique? Serons-nous
» sévères pour les innocents plaisirs de leur parure,
» lorsque nous nous montrons vêtus de pourpre,
» avec des équipages et des armes magnifiques?
» Voulez-vous que les housses de nos coursiers
» soient plus brillantes que les voiles de nos épou-
» ses? Rome n'est-elle plus le siége de l'empire?
» Souffrirez-vous que les Èques, les Latines pas-
» sent en char à côté de vos femmes à pied? Vous

» avez l'autorité, les magistratures, les sacerdoces,
» les triomphes; vous vous ornez des dépouilles de
» l'ennemi. Les femmes n'ont qu'une gloire, celle
» d'être aimées de vous, et qu'un plaisir, celui d'ê-
» tre parées pour vous plaire. Leurs vœux sont
» innocents, leurs demandes justes. Je ne vois pas
» de séditions dans leurs assemblées; ce sexe faible
» dépend de vous; vous pouvez tout sur lui, mais
» vous devez user avec modération de ce pouvoir.
» Je demande l'abrogation de la loi. »

La foule des femmes augmentait sans cesse. Après un long débat, les dames romaines remportèrent la victoire sur le sévère Caton, et toutes les tribus prononcèrent l'abolition de la loi.

Cette année (558) Valérius, consul, défit les Gaulois. Reprenant encore les armes, ils éprouvèrent un nouvel échec, et Sempronius en fit un grand carnage.

Le département de l'Espagne était échu à Caton; plus heureux dans ses efforts contre les Espagnols que dans sa lutte opiniâtre contre la décadence des mœurs et contre le luxe des dames romaines, il remporta une victoire près d'Empories, et s'empara d'un grand nombre de places. Envieux de la gloire des autres, il ne fit pas compter la modestie au nombre de ses vertus. A son retour à Rome, il se vantait d'avoir pris plus de villes qu'il n'avait passé de jours dans son département.

L'année 559, les Romains accomplirent un vœu

fait vingt-quatre ans avant. Ils célébrèrent le printemps sacré. Cette cérémonie consistait dans le sacrifice qu'on y faisait à Jupiter de tous les animaux nés pendant cette saison.

Les sénateurs, qui peu à peu avaient cédé tant de prérogatives utiles au peuple romain, blessèrent sans prudence les vanités de ce même peuple, en s'attribuant aux spectacles publics des places distinguées. On accusa de cette innovation Scipion l'Africain, alors prince du sénat, et qui, en cette qualité, opinait le premier. Cette faute légère lui enleva l'affection de l'inconstante multitude, effaça presque le souvenir de ses grands services, et contribua dans la suite aux malheurs que l'ingratitude et l'injustice lui firent éprouver. Ce grand homme ne tarda pas à s'apercevoir de la diminution de son crédit. Il sollicita vivement le consulat pour Scipion Nasica son parent. Le peuple lui préféra le frère de Flaminius, qui jouissait alors de toute sa faveur.

Scipion Nasica répara en Espagne d'assez grands échecs reçus par le préteur Digitius, successeur de Caton. Le consul Minutius défit quarante mille Liguriens. Cornélius Mérula battit les Gaulois.

On s'attendait depuis quelque temps à une guerre plus importante. Les conquêtes et l'ambition d'Antiochus le Grand, roi de Syrie, excitaient l'inquiétude et la jalousie des Romains. Ce prince s'étendait en Asie, menaçait l'Europe, et donnait asile à l'implacable Annibal. Le ressentiment de Rome éclata dès qu'elle se vit délivrée de la guerre de Macédoine. La puissance des successeurs d'Alexandre en Asie et en Grèce s'était successivement affaiblie par leur corruption et par leur mollesse. Ils avaient laissé démembrer un empire déjà trop partagé. Les royaumes de Pergame, de Bithynie et de Cappadoce s'étaient formés. Les Gaulois avaient conquis une partie de l'Asie qui reçut d'eux le nom de Galatie. Loin de se réunir pour s'opposer à de nouveaux démembrements, les rois d'Égypte et de Syrie, se disputant sans cesse la domination de la Palestine et de la Célésyrie, s'affaiblissaient mutuellement.

Lorsque Annibal envahit l'Italie, trois jeunes monarques régnaient en Orient : Antiochus en Syrie, Philippe en Macédoine, Philopator en Égypte.

Nous avons suivi tout à l'heure Philippe dans ses progrès et dans sa chute. Antiochus, au commencement de son règne, se laissa gouverner par Hermias, et Philopator par Sosybe, deux favoris lâches et cruels. Leur tyrannie excita des soulèvements ; la Perse et la Médie révoltées proclamèrent leur indépendance. Antiochus, ouvrant enfin les yeux, s'affranchit de sa servitude. Convaincu des crimes de son ministre, il aurait dû le faire juger ; il le fit assassiner.

Cependant ses peuples lui donnèrent le nom de

Grand, parce qu'il subjugua les rebelles, rétablit l'ordre dans l'Orient, et reprit sur Philopator la Célésyrie, la Judée et l'Arabie. Il ne put néanmoins vaincre les Parthes qui avaient reconquis leur liberté. Arsace, fils du fondateur de ce nouvel empire, résista au roi de Syrie, et le contraignit à reconnaître sa couronne et son indépendance.

Le roi d'Égypte, Philopator, mourut. Antiochus et Philippe avaient conclu un traité d'alliance dont l'objet était de dépouiller le nouveau roi, Ptolémée Épiphane, de ses états. Le roi de Macédoine, arrêté par la guerre que lui firent Rome, Attale et les Rhodiens, ne put remplir les vues de son ambition. Le jeune roi d'Égypte implora la protection de Rome, qui accepta la régence de son royaume, et confia l'éducation de ce jeune prince à un Grec nommé Aristomène.

Antiochus, qui avait porté ses armes jusqu'aux frontières de l'Égypte, s'arrêta, conclut la paix, maria sa fille à Ptolémée, et promit de lui rendre la Palestine. De retour en Asie, il s'empara d'Éphèse, conquit la Chersonèse de Thrace, rebâtit Lysimachie, et forma le siége de Smyrne et de Lampsaque.

Ces deux villes se mirent sous la protection de Rome, qui fit auprès du roi de vaines démarches pour obtenir leur liberté. Cependant Antiochus et les Romains cachaient encore leur haine sous les apparences de l'amitié. Rome ne voulait point attaquer le maître de l'Asie avant d'avoir vaincu les Macédoniens, et Antiochus attendait, pour dévoiler les projets de son ambition, qu'il eût soulevé la Grèce et fait reprendre les armes à Carthage.

Depuis la paix conclue entre Rome et les Carthaginois, Annibal déployant autant de talents comme administrateur et de fermeté comme magistrat, qu'il avait montré de génie dans le commandement des armées, rétablit l'ordre dans les finances de Carthage, s'opposa vigoureusement à la décadence des mœurs, et punit avec sévérité les dilapidateurs qui fondaient leur fortune sur la ruine publique. Cette nouvelle gloire grossit le nombre de ses envieux et de ses ennemis. Chez les peuples corrompus, la vertu brille sans éclairer; elle se trouve toujours en minorité. La faction ennemie d'Annibal se vengea lâchement de ce grand homme, en l'accusant auprès du sénat romain de projets tendant à rallumer la guerre, et de correspondances secrètes avec Antiochus.

Scipion l'Africain donna en cette occasion un nouveau lustre à sa renommée en défendant Annibal. Sa générosité échoua contre l'antique haine et contre la basse jalousie des Romains. Le sénat envoya une ambassade à Carthage pour demander qu'on lui livrât cet homme, dont le nom seul lui inspirait encore tant d'effroi, les ambassadeurs, arrivés en Afrique, obtinrent du gouvernement carthaginois ce qu'ils désiraient ; mais il ne purent s'emparer de leur illustre victime. Annibal, informé de l'objet de leur mission, s'embarqua secrètement la nuit, et se rendit à Tyr, où il reçut l'accueil que méritaient sa gloire et son malheur. De là il vint à la cour d'Antiochus; il représenta à ce monarque que les Romains, puissants au dehors, étaient faibles en Italie ; que c'était là qu'il fallait marcher, et qu'on ne pouvait les vaincre que dans Rome. Il offrait de se charger de cette expédition, et ne demandait que cent galères, dix mille hommes de pied et mille chevaux, tandis qu'Antiochus se rendrait en Grèce, pour le suivre en Italie quand il en serait temps. Il lui conseillait aussi de s'allier intimement avec Philippe.

Ce plan, tout à la fois sage, hardi et digne du génie d'Annibal, éblouit d'abord le roi de Syrie; mais Villius, ambassadeur romain, affectant avec adresse de voir beaucoup Annibal, parvint à le rendre suspect au monarque. Les courtisans firent craindre au roi de Syrie la perte de sa gloire, s'il la partageait avec un héros dont le nom éclipserait le sien. Les grandes pensées ne peuvent germer et croître que dans les grandes ames; si elles entrent dans un esprit étroit, elles y sont étrangères, et s'en voient bientôt chassées par des passions basses et vulgaires. Antiochus renonçant à la conquête de l'Italie, ne s'occupa que de celle de la Grèce, où les Étoliens l'appelaient et lui promettaient des succès faciles.

Rome, alarmée de ses projets, lui envoya une ambassade pour l'en détourner; et, comme elle venait de vaincre Philippe, se dépouillant de tout voile de modération, elle fit entendre au roi de Syrie un langage fier et menaçant qui ne laissait de choix qu'entre la guerre et la soumission; les ambassadeurs lui déclarèrent que, s'il voulait rester en paix avec Rome, il devait abandonner ses conquêtes dans la Chersonèse, ne point entrer en Europe, rendre aux villes grecques d'Asie leur liberté, et restituer au roi d'Égypte les pays dont il s'était emparé.

Antiochus, indigné de cette hauteur, répondit qu'en reprenant la Chersonèse il n'avait fait que prendre la possession légitime d'un État conquis par Séleucus sur Lysimaque; que le sort des villes grecques devait dépendre de sa volonté et non de celle des Romains; et que Ptolémée recevrait la dot promise lorsque le mariage convenu serait effectué; qu'au reste il conseillait aux Romains de ne pas se mêler davantage des affaires de l'Orient qu'il ne se mêlait de celles de Rome.

De part et d'autre on était trop éloigné d'intentions pour se rapprocher. Les conférences furent rompues et la guerre déclarée. Antiochus, trompé par les promesses et par l'ardeur des Étoliens, marcha en Grèce sans attendre la réunion de ses troupes d'Orient. Il partit avec dix mille hommes, laissant derrière lui Lampsaque et Smyrne, dont il pouvait se rendre maître. Prenant ses espérances pour des réalités, il crut, avant de s'en assurer, qu'un intérêt commun lui donnerait pour alliés Carthage, Sparte et la Macédoine. Nabis, tyran de Lacédémone, mourut; Philippe, redoutant la force des Romains, se joignit à eux; Ptolémée embrassa leur cause; Massinissa leur envoya ses Numides, et Carthage même, dénonçant à Rome les projets d'Annibal, donna bassement des secours à son éternelle ennemie.

Les grands de la cour du roi de Syrie l'avaient assuré que tous les Grecs voleraient au devant de lui. Trompé par ces flatteries et par les promesses des Étoliens, il s'avança témérairement, et ne trouva en Grèce que des ennemis. Cependant les premiers efforts de ses armes furent heureux : il prit Chalcis, conquit l'Eubée, et les Étoliens s'emparèrent de Démétriade.

Après ce succès on délibéra sur les opérations de la campagne suivante. Annibal voulait qu'on travaillât à détacher Philippe de l'alliance romaine, et que, profitant des premières faveurs de la fortune, on portât la guerre en Italie. Son conseil ne fut pas suivi. Les petites victoires suffisent à la vanité des hommes médiocres ; une plus grande gloire effraie leur faiblesse. Antiochus prit quelques places en Thessalie, et passa l'hiver en fêtes à Chalcis, où il oublia Rome et la guerre dans les bras de la fille de son hôte. Enflammé par les charmes de cette jeune Grecque, il l'épousa.

A la guerre toute perte de temps est irréparable. Le consul Manius Acilius partit de Rome avec vingt mille hommes de pied, deux mille chevaux et quinze éléphants. Il arriva en Thessalie, joignit les troupes de Philippe aux siennes, et reprit les places conquises par Antiochus. Le roi de Syrie, aussi lent que les Romains étaient actifs, n'avait pas encore reçu les renforts qu'il attendait d'Asie. Les Étoliens ne lui fournirent que quatre mille hommes. Réduit à défendre les défilés des Thermopyles, il éprouva la même infortune que les Spartiates, sans y montrer le même courage.

Les Romains, retrouvant et suivant les sentiers qui avaient autrefois favorisé la marche de Xercès et plus récemment celle de Brennus, tournèrent le défilé, enfoncèrent les Syriens, et détruisirent presque totalement l'armée d'Antiochus. Ce prince vaincu s'enfuit à Chalcis, où il ne ramena que cinq cents hommes, et retourna promptement en Asie.

Caton se distingua tellement dans cette action, que le consul, le chargeant d'en porter la nouvelle à Rome, lui dit : « Vous avez rendu plus de services

» à la république que vous n'en avez reçu de bien-
» faits. »

Les flottes du roi furent battues par les Rhodiens; le consul s'empara de l'Eubée. Antiochus, ayant franchi la mer, se croyait en sûreté; Annibal lui ouvrit les yeux, et lui dit : « Vous n'avez pas voulu » occuper les Romains chez eux, vous serez bien- » tôt obligé de les combattre en Asie et pour l'Asie. » Effrayé par cet avis, il ferma l'Hellespont, fortifia Lysimachie, Sestos, Abydos, et rassembla toutes les forces de l'Orient pour les opposer aux vainqueurs.

Bientôt la flotte romaine parut, défit celle du roi, et la prédiction d'Annibal ne tarda pas à se vérifier.

Les consuls Cornélius Scipion et Lélius sollicitaient tous deux l'honneur de continuer et de terminer cette guerre, Lélius comptant sur les suffrages des sénateurs, obtint que, dans une circonstance si importante, au lieu de tirer au sort les départements, suivant l'usage, on les laisserait au choix du sénat. Mais Scipion l'Africain, ayant déclaré qu'il servirait, dans quelque grade que ce fût, sous les ordres de son frère, si on lui donnait le commandement, Cornélius l'emporta et reçut du sénat le département de la Grèce, avec la permission de passer en Asie.

Le consul, se conformant à la sage politique de

Rome, accorda une trêve de six mois aux Étoliens, et, amusant Philippe par de vaines espérances, obtint de lui tout ce qui était nécessaire à la subsistance de l'armée. Traversant ainsi sans obstacles toute la Macédoine, il s'approcha rapidement de la Chersonèse.

La flotte syrienne venait de remporter une victoire sur les Rhodiens : mais ceux-ci, réparant bientôt leurs pertes, défirent trente-huit vaisseaux phéniciens que commandait Annibal, et le bloquèrent lui-même dans Mégiste. Les revers roidissent les ames fortes et découragent les princes faibles. Antiochus, au bruit de l'approche des Romains, abandonna tout à coup les côtes qu'il aurait pu défendre, et, retirant ses garnisons, ouvrit un passage facile au consul.

Privé des conseils d'Annibal, incertain sur le parti qu'il avait à prendre, on l'entendit s'écrier : « Je ne sais quel Dieu me frappe de vertige; tout » me devient contraire ; je rampe devant les Ro- » mains, et leur sers de guide pour les conduire à » ma perte. »

L'armée romaine entra en Asie, dont le maître dégénéré leur offrit plutôt l'image d'un nouveau Darius que celle d'un successeur d'Alexandre. Avant de combattre, il essaya de négocier, et proposa un accommodement. Scipion répondit que, s'il voulait la paix, il devait se soumettre, livrer ses vaisseaux, payer un tribut, évacuer la Chersonèse, satisfaire Ptolémée, et abandonner tout ce qu'il possédait en Asie en deçà du mont Taurus.

Dans un premier engagement de cavalerie, le fils de Scipion l'Africain, se laissant entraîner par son ardeur, avait été fait prisonnier. Antiochus le rendit à son père, et sollicita son appui pour obtenir la paix à des conditions plus favorables. Scipion, touché de sa courtoisie, était alors malade; il conseilla au roi d'éviter toute action décisive jusqu'au moment où sa convalescence lui permettrait de se rendre à l'armée, près de son frère. Antiochus, soit qu'il se vît trop serré par les Romains, soit qu'il se confiât trop à la supériorité du nombre de ses troupes, ne put ou ne voulut pas éviter le combat.

Les deux armées se joignirent et se livrèrent bataille près de Magnésie. L'armée romaine n'était forte que de trente mille hommes; celle d'Antiochus comptait quatre-vingt mille guerriers. On y voyait des Scythes, des Crétois, des Mysiens, des Persans, des Arabes, des Lydiens, des Cappadociens, des Cariens, des Ciliciens, des Gallo-Grecs. Il semblait avoir réuni toutes les nations de l'Orient pour les faire assister au triomphe de Rome.

Le roi plaça au premier rang cinquante-quatre grands éléphans, surmontés de tours à plusieurs étages et garnies d'archers et de frondeurs. Une longue file de chars armés de faulx les suivaient.

Dès que le signal du combat fut donné, les chars et les éléphants se précipitèrent sur les Romains. Ceux-ci, suivant le conseil d'Eumène, roi de Pergame, leur opposèrent des troupes légères, qui, les harcelant à coups de dards, les contraignirent de se retourner et de prendre la fuite. Les chars culbutèrent l'aile gauche d'Antiochus; son centre fut mis en désordre par ses éléphants furieux. Cependant le roi, à la tête de son aile droite, avait culbuté les légions qui étaient devant lui et les avait poursuivies jusqu'à leur camp. Là les Romains l'arrêtèrent et le forcèrent à se retirer. Informé bientôt de la défaite de son centre et de celle de son aile gauche, il prit la fuite. Les Romains vainqueurs firent un carnage affreux et un butin immense. Cette bataille ne leur coûta que trois cents hommes de pied et vingt-cinq cavaliers. Antiochus y perdit cinquante mille hommes : la reddition de toutes les villes de l'Asie-Mineure fut le résultat de cette victoire.

Antiochus envoya des ambassadeurs à Scipion : « Votre triomphe, écrivait-il aux Romains, vous
» rend les maîtres de l'univers : loin de conserver
» quelque animosité contre de faibles mortels,
» vous ne devez désormais songer qu'à imiter les
» dieux et à montrer votre clémence. »

Scipion répondit : « La mauvaise fortune n'a jamais
» mais pu nous abattre; la prospérité ne nous

» enorgueillit point : nous vous faisons aujourd'hui,
» après la victoire, les mêmes propositions que
» vous avez reçues de nous avant le combat. Son-
» gez qu'il est plus difficile d'entamer la puissance
» des rois que de la détruire lorsqu'on lui a porté
» les premiers coups. »

Antiochus se soumit à tout : il abandonna l'Asie en-deçà du mont Taurus, paya les frais de la guerre, donna son fils en ôtage aux Romains, et promit de leur livrer Annibal et l'Étolien Thoas, qui lui avait conseillé de prendre les armes contre Rome. Annibal, prévoyant qu'il serait sacrifié, s'échappa et courut chercher d'autres asiles, avec le désir et l'espoir de susciter aux Romains de nouveaux ennemis.

Les généraux de Rome firent brûler les vaisseaux qu'Antiochus devait leur livrer. Ce prince, déchu de sa grandeur, parcourut l'Asie pour rassembler l'argent qu'exigeaient les Romains. Il s'empara des richesses d'un temple; et le peuple, plus irrité de cette spoliation que de sa propre ruine, se révolta contre lui et l'assassina.

Depuis la défaite de Philippe et celle du roi de Syrie, Rome était devenue la capitale du monde. On y voyait accourir les rois, les princes, les députés des républiques et des villes de la Grèce, de l'Afrique et de l'Asie. Ils venaient rendre leurs hommages au sénat, dont la seule volonté renversait ou relevait leur fortune. Il ratifia le traité de Scipion, récompensa les services d'Eumène par le don de la Lycaonie, des deux Phrygies, de la Mysie, de la Chersonèse et de Lysimachie. Rhodes obtint la Lycie et une partie de la Carie. Les villes grecques d'Asie recouvrèrent leur liberté. Dix commissaires nommés par Rome concilièrent tous ces intérêts divers. Ces libéralités après la victoire voilaient l'ambition de la république conquérante. Les peuples, délivrés du despotisme, ne voyaient dans leurs vainqueurs que des protecteurs généreux, et l'univers volait au devant d'un joug si doux, persuadé que la liberté publique pouvait tout espérer de Rome, et que la tyrannie seule devait la craindre.

Jamais on ne vit un triomphe plus magnifique que celui de Scipion, qui reçut alors le nom d'Asiatique. Il étala aux yeux des Romains toutes les richesses de l'Orient. Si les armes romaines envahirent l'Asie, le luxe et la mollesse asiatiques envahirent aussi l'Italie, et, de ces deux invasions, la dernière fut peut-être la plus funeste. L'une n'avait fait qu'ébranler des trônes ; l'autre corrompit les mœurs, et porta une atteinte mortelle aux vertus, sans lesquelles on ne peut conserver long-temps la liberté.

Manlius, successeur de Scipion, força les passages des montagnes où s'étaient retranchés les Gallo-Grecs ; il les battit, conquit leur pays, et les dépouilla des trésors enlevés par leurs rapines à tous les peuples de l'Orient.

On avait aussi à se plaindre d'Ariarathe, roi de Cappadoce; mais ce prince épousa la fille d'Eumène, se réconcilia avec les Romains, et devint leur allié.

Pendant que Scipion subjuguait l'Asie, son collègue Lélius n'eut d'autre occupation que celle de contenir les Gaulois et les Liguriens. Les Étoliens, plus éclairés que les autres Grecs sur les vues ultérieures de Rome, prévoyaient que la perte de leur indépendance serait le fruit des victoires de Scipion : ils se révoltèrent. Fulvius Nobilior, secondé par les Épirotes, les défit, s'empara de la ville d'Ambracie, regardée comme la clef de leur pays, et les contraignit à demander la paix.

Dans ce temps le sénat fit un acte de justice. Il livra à Carthage deux jeunes patriciens, Myrtilus et Manlius, qui avaient insulté les ambassadeurs de cette république.

Les deux Pétilius, tribuns du peuple, excités, à ce qu'on croit, par Caton, accusèrent Scipion l'Africain de péculat, et lui reprochèrent d'avoir reçu de l'argent d'Antiochus pour adoucir en sa faveur les rigueurs du traité.

Ainsi l'envie, éternelle ennemie de la gloire, réduisit le vainqueur d'Annibal et de Carthage à paraître devant le peuple comme accusé. Après avoir entendu les déclamations de ses adversaires, au lieu

de se justifier, il s'écria : « Tribuns du peuple, et
» vous, citoyens, c'est à pareil jour que j'ai vaincu
» Annibal et les Carthaginois. Venez, Romains, al-
» lons aux temples des dieux leur rendre de solen-
» nelles actions de grâces, et prions-les qu'ils vous
» donnent toujours des généraux tels que moi. »

Il monta au Capitole; tout le peuple le suivit, et les tribuns confondus restèrent seuls sur la place avec leurs huissiers. L'accusation fut renouvelée peu de temps après; mais Scipion, las de tant d'injustices, s'était exilé lui-même à Linterne, où il mourut. Il voulut qu'on gravât sur sa tombe ces mots : « Romains ingrats, vous n'aurez rien de moi, » pas même mes os. » L'amitié unit à ses cendres celles du poète Ennius, qu'il avait protégé dans ses jours de gloire, et qui ne l'avait pas abandonné dans son exil. La jalousie égare plus que toute autre passion; elle empêche de sentir qu'on immortalise sa propre honte en attaquant la gloire d'un homme immortel.

Tibérius Gracchus, quoiqu'il eût été long-temps l'ennemi personnel de Scipion l'Africain, fit cesser la procédure dirigée contre lui, en déclarant qu'elle était plus humiliante pour le peuple que pour l'accusé. Ce généreux tribun, s'associant ainsi à la gloire d'un grand homme, épousa sa fille Cornélie, qui devint la mère des Gracques.

Les Pétilius, plus aigris que découragés, firent

rendre une loi pour que l'on restituât l'argent donné par Antiochus. Scipion l'Asiatique, en vertu de cette loi, fut condamné à une amende. On vendit ses biens, et tout leur produit ne suffit pas au paiement de la somme qu'on exigeait de lui. Sa pauvreté le justifia et déshonora ses accusateurs.

La Ligurie n'avait d'autre trésor que son indépendance et ses armes. Les consuls Émilius et Flaminius les lui enlevèrent. Les Romains, forcés d'entretenir toujours de nombreuses armées sur pied, et craignant que l'oisiveté ne relâchât la discipline, les occupèrent, dans les temps d'inaction, à construire en Italie ces grandes routes dont nous admirons encore aujourd'hui la solidité. C'est ainsi que la sagesse de Rome parvint à conserver long-temps des soldats soumis, infatigables et invincibles.

L'affluence des étrangers commençait à devenir à charge à la capitale; on en fit sortir douze mille Latins qui s'étaient fait comprendre dans le dénombrement. On reçut à Rome des plaintes d'Eumène et des Thessaliens contre Philippe, qui s'était emparé de quelques villes. Le sénat envoya des commissaires pour juger cette contestation. Le successeur d'Alexandre-le-Grand se vit forcé de comparaître devant eux, et fut condamné provisoirement à rendre les places qu'il avait prises. Cette humiliation le décida à chercher les moyens de se venger et de recommencer la guerre.

A cette même époque les Achéens voulurent réunir à Sparte leur confédération. Une partie des Lacédémoniens s'y opposait; le sénat romain, pris pour juge, entretint la division par des réponses équivoques. Les Achéens perdirent alors le plus ferme appui de leur liberté, le célèbre Philopœmen [1]. La même année, fatale aux héros, vit mourir Scipion l'Africain à Linterne, et Annibal en Asie. Ce grand homme, retiré chez Prusias, roi de Bithynie, avait combattu avec succès pour ce prince contre Eumène, roi de Pergame, et cherchait à rassembler des forces pour armer de nouveau l'Asie contre les Romains. Ceux-ci firent craindre leur vengeance au faible Prusias, et ce lâche roi, trahissant son hôte, son défenseur et son ami, résolut de le livrer à ses ennemis. Annibal, voyant sa demeure entourée de soldats, et n'ayant d'autre espoir d'échapper à la captivité que par la mort, s'empoisonna: avec lui s'éteignit le flambeau de la liberté du monde; on n'en vit plus quelques étincelles que chez les Achéens; mais ils étaient trop peu nombreux pour se rendre redoutables, et leur division accrut leur faiblesse.

Une faction, trop puissante chez eux, ne reconnaissait de loi que les ordres de Rome, et persécutait comme rebelle la partie généreuse de la nation

---

[1] Année 570.

qui préférait la destruction à la dépendance. Le perfide Callicrate, député des Achéens, représenta au sénat romain que sa domination en Grèce ne serait jamais stable s'il ne se déterminait fermement à protéger ses partisans et à effrayer ses ennemis.

L'orgueil romain suivit les conseils de ce traître, et la Grèce se vit couverte de délateurs qui achetaient les faveurs de Rome aux dépens de la fortune, du repos et de la liberté de leurs concitoyens.

La guerre continuait toujours en Espagne et dans le nord de l'Italie. Marcellus défit et chassa une armée gauloise qui avait franchi les Alpes pour s'établir dans les environs d'Aquilée. Les Liguriens se révoltèrent; Paul Émile les fit rentrer dans l'obéissance, après en avoir fait un grand carnage. On réprima des révoltes en Sardaigne et en Corse. Le préteur Fulvius Flaccus remporta plusieurs victoires sur les Celtibériens, et Manlius sur les Lusitaniens.

Le besoin de mettre une digue aux progrès du luxe commençait à se faire sentir, et le tribun Ortius fit rendre une loi somptuaire pour modérer la dépense des citoyens.

Les Espagnols, toujours vaincus, mais non subjugués, semblaient, apres chaque défaite, retrouver de nouvelles forces. Le préteur Sempronius Gracchus gagna sur eux quatre batailles sans pouvoir les réduire à l'obéissance.

En 575, le consul Manlius porta les armes romaines dans l'Istrie. Les peuples belliqueux de cette contrée, commandés par leur roi Ébulon, surprirent le camp du consul, et le contraignirent à fuir; mais, comme ils se livraient à la débauche, Manlius, informé de leurs désordres, rallia ses troupes, attaqua les barbares, en tua huit mille, et mit le reste en déroute.

Le consul Claudius, son successeur, termina cette guerre par la prise de Nézarti, capitale de l'Istrie. Les assiégés, ayant perdu tout espoir de défense, égorgèrent leurs femmes et leurs enfans à la vue de l'armée romaine, et se tuèrent sur leurs cadavres. Le roi Ébulon leur donna l'exemple en se poignardant.

Une guerre plus importante occupa bientôt les forces et l'ambition de Rome. Démétrius, fils de Philippe, roi de Macédoine, lui avait été rendu par les Romains : seul enfant légitime du roi, il devait lui succéder; mais les vertus du fils excitaient la jalousie du père. Un prince nommé Persée, né d'une concubine, fomenta leurs divisions. Il tendit des piéges à la méfiance de l'un et à l'innocence de l'autre. Démétrius persécuté voulut fuir. Persée, secondé par des courtisans corrompus, et profitant de quelques lettres imprudentes, trouva le moyen de donner à son projet de fuite la couleur d'une conspiration. Philippe, trompé, ordonna la mort de ce malheureux prince, et ne connut son erreur que lorsqu'il n'était plus temps de la réparer. Privé d'un si digne héritier, et détestant trop tard la trahison de Persée, il voulait assurer le trône à Antigone, neveu d'Antigone Gozon; mais une mort soudaine, qui fut peut-être le fruit d'un nouveau crime, vint le frapper inopinément, et le fratricide Persée monta sur le trône, objet de sa criminelle ambition.

Philippe, méditant une nouvelle guerre contre Rome, avait formé le projet de donner le pays des Dardaniens aux Bastarnes, peuple gaulois établi alors sur les rives du Borysthène. Ces barbares belliqueux lui avaient promis de faire une irruption en Italie, et s'étaient déjà mis en marche pour accomplir leurs promesses, lorsqu'ils apprirent la mort de Philippe. Ils s'arrêtèrent, et, pour s'assurer des possessions qui devaient leur revenir, ils tombèrent sur les Dardaniens. Ceux-ci portèrent leurs plaintes à Rome; Persée y envoya aussi des ambassadeurs pour assurer le sénat de ses dispositions pacifiques, et pour solliciter son alliance. Mais en même temps ses émissaires, répandus dans toutes les contrées, cherchaient à soulever contre les Romains la Grèce et l'Asie. Rome lui envoya des commissaires; il refusa de les entendre. Eumène, sur l'alliance duquel il comptait, dévoila tous ses plans au sénat romain, qui lui déclara la guerre.

Dans ce même temps, Antiochus Épiphane, honteusement célèbre par ses violences contre les Juifs, faisait la guerre à son neveu Ptolémée Philométor, roi d'Égypte. La Palestine avait été le premier sujet de la contestation : lorsque Antiochus vit les Romains engagés dans une nouvelle guerre contre la Macédoine, il étendit ses vues jusqu'au trône d'Égypte, et en entreprit la conquête. Prusias garda la neutralité entre Persée et les Romains. Eumène et Ariarathe ménagèrent et trompèrent les deux partis. Massinissa fournit des troupes à Rome ; Cotys, roi de Thrace, embrassa la cause du roi de Macédoine ; Quintius, roi d'Illyrie, lui offrit son alliance pour d'énormes subsides.

Persée, ambitieux, mais avare, brave par nécessité, mais faible par caractère, sut mal employer le temps dont il aurait pu profiter, et les trésors que lui laissait son père. Des succès rapides lui auraient donné des alliés ; il négocia au lieu de combattre. Les Romains profitèrent de cette faute avec leur activité ordinaire, et l'approche de leurs armées fit déclarer en leur faveur les Achéens, les Rhodiens, les Béotiens et la plupart des Grecs.

La guerre commença sous le consulat de Licinius Crassus et de Cassius Longinus. Persée, s'étant emparé de plusieurs villes en Thessalie, aurait dû marcher rapidement contre Licinius, dont l'armée peu nombreuse se trouvait fatiguée par les mauvais chemins de l'Épire; il lui laissa le temps de reposer ses troupes, de s'approcher de Larisse, située sur les rives du Pénée, et de se joindre à cinq mille hommes que lui envoyait Eumène.

La cavalerie des deux armées se livra un combat où les Romains, abandonnés par les Étoliens, se virent forcés de prendre la fuite. Si Persée eût fait alors avancer sa phalange, il aurait probablement complété sa victoire; mais il s'arrêta, et Licinius se retira sans avoir éprouvé de pertes considérables.

Persée, vainqueur, demanda la paix aux mêmes conditions que son père avait acceptées après sa défaite. Licinius lui répondit fièrement qu'il ne l'obtiendrait qu'en se rendant à discrétion. Quintius Martius, son successeur, entra sans précaution en Macédoine; et, s'étant engagé imprudemment au milieu des montagnes, il se trouva enfermé de tous côtés. Sa perte semblait inévitable, lorsqu'une terreur panique saisit Persée, qui se retira à Pidna, laissant son royaume ouvert à l'ennemi.

Les Rhodiens, alarmés des progrès de Rome, tentèrent quelques démarches pour préserver la Macédoine de sa ruine et pour sauver l'indépendance de la Grèce. Ces tentatives n'eurent d'autres résultats que de leur attirer la haine de Rome.

Les Romains, malgré les fautes de Persée, firent peu de progrès en Macédoine. Le roi, rassuré par quelques avantages, se défendit avec plus d'activité, harcela ses ennemis, et ses armes obtinrent des succès.

Le sénat, prévoyant que, si cette guerre se prolongeait, elle pourrait réunir contre lui les peuples et les rois que ses triomphes avaient humiliés, sentit la nécessité de nommer un général habile. Paul Émile, depuis plusieurs années, semblait oublié par ses concitoyens, et se consolait de leur ingratitude en vivant retiré dans une campagne, occupé de l'éducation de ses enfans, et cultivant les lettres et la philosophie.

Le peuple le nomma consul, et lui donna le département de la Macédoine. Ce grand homme méritait la confiance publique par la sévérité de ses vertus comme par l'étendue de ses talens. Strict observateur des lois, zélé défenseur des mœurs antiques, il s'opposait aux innovations. « Les révolu-
» tions, disait-il, ne commencent point par de
» grandes attaques contre les institutions, mais par
» de légers changemens dans l'observation des lois.
» On renverse bientôt ce qu'on ne respecte plus. »
Aussi maintenait-il avec rigueur la discipline dans l'armée et la pratique des cérémonies religieuses.

On vit avec surprise qu'un homme si vertueux répudiât sa femme, dont on vantait le mérite : « Regardez, dit-il, vous n'apercevrez aucun défaut
» à ma chaussure; moi seul je sais où elle me
» blesse. » Il donna les deux fils qu'il avait eus de

cette première femme, l'un à Fabius et l'autre à Scipion, qui les adoptèrent, et ne garda chez lui que ses enfants du second lit. Le fils de Caton épousa sa fille.

Paul Émile, habile dans ses manœuvres, sage dans ses plans, rapide dans l'action, vit toujours la fortune suivre ses armes. Il défit plusieurs fois les Gaulois, remporta deux victoires en Espagne, et subjugua les Liguriens. On lui refusa le consulat, mérité par de si glorieux services. Ce fut la cause d'une retraite qui dura quatorze ans. Les dangers publics le rappelèrent; et lorsque les Romains voulurent rétablir leurs affaires en Macédoine, ils le nommèrent consul. Il avait alors soixante ans.

Arrivé dans sa maison à Rome, il y trouva sa petite-fille Porcia qui pleurait; et comme il lui en demandait la cause, cette enfant lui dit en l'embrassant : « Eh! ne savez-vous pas que notre Per- « sée est mort? » (C'était le nom de son chien.) « Ma fille, dit Paul Émile, j'accepte le présage. »

Obligé de haranguer le peuple, selon la coutume, il s'exprima en ces termes : « Autrefois j'ai » sollicité le consulat pour mon propre honneur : » vous me le donnez aujourd'hui pour votre uti- » lité; je ne vous ai donc aucune obligation de m'a- » voir nommé. Si vous en croyez un autre plus » capable que moi, je lui cède volontiers la place;

» mais, si vous m'en jugez le plus digne, bornez-
» vous dorénavant à m'obéir; cessez de vouloir,
» suivant votre usage, fronder ceux qui en savent
» plus que vous et conseiller ceux qui vous com-
» mandent. »

A son arrivée en Macédoine, son premier soin fut de rétablir la discipline; il chercha ensuite les moyens de pénétrer dans ce royaume, dont les défilés étaient peu praticables et bien gardés. Fabius Maximus son fils et Scipion Nasica, envoyés à cet effet à la tête de corps détachés, parvinrent à dérober leur marche aux ennemis, à les tourner et à ouvrir le passage à l'armée.

Après ce succès, Nasica pressait Paul Émile de marcher rapidement sur l'ennemi, et de lui livrer bataille; le vieux général lui dit : « Je serais ardent
» comme vous si j'étais à votre âge; mais les vic-
» toires que j'ai remportées et les batailles que j'ai
» vu perdre m'ont appris qu'il ne fallait mener au
» combat les soldats qu'après les avoir fait reposer. »

Persée occupait une forte position près de la mer, au pied du mont Olympe. Bientôt les deux armées furent en présence. Le fleuve Énipée les séparait. Le hasard, selon quelques historiens, une ruse de Paul Émile, selon d'autres, accéléra le passage du fleuve et le moment du combat. Une bête de somme, s'étant échappée, traverse le fleuve : les Grecs et les Romains entrent dans la rivière, les uns pour s'en emparer, les autres pour la reprendre. Ce qui ne semblait d'abord qu'un jeu devient une escarmouche, l'escarmouche une action, et l'action une bataille.

Les Romains, ayant franchi le fleuve, renversent facilement les troupes légères de Persée et l'infanterie de ses alliés; mais, rencontrant enfin la phalange, ferme comme un rempart inexpugnable, serrée comme une muraille et toute hérissée de fer, leurs longs efforts échouèrent contre cette forteresse vivante.

Les Macédoniens, dont les rangs ne pouvaient se rompre, enfonçaient leurs longues piques dans les boucliers des Romains, et rendaient inutiles leurs courtes épées. Furieux de cette résistance, Salius, officier légionnaire, jette son enseigne au milieu des ennemis; ses soldats se précipitent sur la phalange; mais leur ardeur héroïque ne peut enfoncer ce corps impénétrable : tous périssent sans l'entamer.

Cette redoutable phalange, marchant sur les vaincus, avance lentement, mais avec ordre, répand devant elle la mort et l'effroi, et force les Romains à la retraite. Paul Émile, indigné de se voir pour la première fois contraint à reculer devant l'ennemi, déchire sa cotte d'armes, reproche aux soldats leur mollesse, et parvient à les rallier. Cependant la phalange, dans le dessein de profiter de son succès, poursuit sa marche. Paul Émile s'aperçoit que le terrain inégal qu'elle parcourait la désunit, et qu'elle perd dans ce flottement la masse qui faisait sa force.

Le général romain, saisissant ce moment favorable, partage ses soldats en petites troupes, et leur ordonne de pénétrer dans les intervalles de la phalange. On obéit; on se précipite avec rapidité sur les Grecs; les cohortes romaines entrent dans les vides que laissait la phalange; ce grand corps, une fois entamé, fut bientôt vaincu. Les Romains n'étaient plus repoussés par une forêt impénétrable de piques; ces piques mêmes, dès que l'on combattit corps à corps, devenaient plus embarrassantes qu'utiles pour les Grecs, qui tombaient sans défense sous les épées courtes et massives de leurs ennemis.

Marcus Caton, fils du censeur, perdit la sienne dans la mêlée. Ses amis, le couvrant de leurs boucliers, se précipitèrent avec lui dans les rangs macédoniens, et retrouvèrent son glaive. On fit un tel carnage des soldats de Persée, que la rivière était teinte de leur sang. Ils perdirent vingt-cinq mille hommes dans cette bataille. La fameuse phalange y périt presque tout entière.

On regrettait le jeune Scipion qui ne paraissait plus. Paul Émile, malgré sa victoire, était plongé dans une profonde affliction. La nuit ramena ce jeune guerrier, fils de Paul Émile, adopté par Scipion l'Africain, et destiné à détruire Carthage et Numance. Avec trois de ses compagnons il avait toujours poursuivi les ennemis, et reparut couvert de leur sang.

Persée, vaincu, jeta sa cotte d'armes, sa robe de pourpre, et prit la fuite. Arrivé à Pella, il poignarda deux de ses concubines qui lui reprochaient ses fautes. Les tyrans lâches et cruels craignent encore plus la vérité que l'ennemi.

Paul Émile subjugua toute la Macédoine. Les Romains, toujours superstitieux, racontaient que, lorsqu'il sacrifiait à Amphipolis, la foudre vint allumer le bois placé sur l'autel.

Persée s'était retiré à Samothrace. Son amiral lui vola ses trésors. A l'approche des Romains qui le poursuivaient, il voulut se sauver par une fenêtre : ne pouvant y parvenir, il se rendit à Octavius, et demanda qu'on le menât à Paul Émile.

Ce général, le voyant paraître, se leva et alla au devant de lui, versant même de généreuses larmes sur son infortune. Mais ce prince prouva qu'il ne savait pas faire respecter son malheur; car il se prosterna aux pieds de Paul Émile, embrassa ses genoux, et employa pour le fléchir le plus humble langage.

Le Romain, indigné de cette faiblesse, lui dit : « Misérable ! quand tu devrais accuser la fortune

» de tes revers, tu l'absous par ta lâcheté. Je vois
» que tu mérites ton malheur, et que tu étais in-
» digne du trône. Tu me rends presque honteux de
» ma victoire : il y a peu d'honneur à vaincre un
» homme tel que toi, et si peu fait pour nous com-
» battre. Apprends que les Romains respectent le
» courage, quelque revers qu'il éprouve, et mé-
» prisent la bassesse, même lorsque la fortune la
» couronne. »

Il releva cependant le roi, et le fit garder honorablement. Resté seul ensuite avec ses amis, il leur
dit : « Ah ! que l'homme est insensé s'il s'enorgueillit
» de sa prospérité, et s'il compte sur les faveurs
» de l'inconstante fortune ! Vous venez de voir à
» mes pieds ce roi qui naguère gouvernait un
» puissant empire. Il y a peu de jours, ce prince
» commandait une nombreuse armée; une foule
» de courtisans encensaient sa vanité : aujourd'hui,
» captif et solitaire, sa subsistance dépend de la
» charité de ses ennemis. Le monde retentissait
» des hommages rendus à la mémoire d'Alexandre
» le Grand; nous venons en un seul jour de renver-
» ser son trône et sa famille. Romains, profitez
» d'une si grande leçon; abaissez cette fierté que
» vous inspire la victoire; songez à l'incertitude de
» l'avenir, et attendez avec modestie les résultats
» d'une prospérité dont aucun de nous ne peut
» prévoir la suite. »

Paul Émile parlait en vrai philosophe, et cependant, telle est la faiblesse humaine! ce sage lui-même, passant peu de temps après à Delphes, et y voyant un piédestal destiné à recevoir une statue d'or du roi Persée, ordonna qu'on y mît la sienne, disant qu'il était raisonnable que le vaincu cédât sa place au vainqueur. L'amour-propre, toujours maître des hommes, corrompt les forts par l'orgueil, et les faibles par la vanité.

Paul Émile, de retour à Rome, reçut le prix de ses exploits. Son magnifique triomphe dura trois jours. Le premier, deux cent cinquante chariots, chargés de tableaux, de meubles précieux et de statues, parurent aux yeux des Romains. Le second, ils virent défiler autant de chars remplis d'armures, dont l'éclat, le mouvement et le bruit inspiraient encore une sorte d'effroi; on croyait entendre s'agiter les armes des vainqueurs de Darius : on admirait ensuite un nombre prodigieux de coupes magnifiques, et sept cent cinquante vases remplis de monnaies d'or et d'argent.

Le troisième jour éclaira la marche de cent vingt taureaux couronnés, suivis de chars qui portaient une coupe d'or de dix talens, consacrée aux dieux, et la vaisselle d'or du monarque vaincu, ainsi que ses ornements royaux. On vit enfin les enfants du roi, tendant les mains au peuple pour implorer sa pitié, et Persée lui-même, en robe noire, les yeux baissés, et entouré de ses principaux officiers, dont les larmes exprimaient le désespoir et la honte.

Ce faible monarque avait demandé à Paul Émile de ne point le faire paraître à ce triomphe. Le Romain répondit avec un méprisant sourire : « Il me » demande une grâce qui ne dépend que de lui. »

A la suite du roi captif parurent des officiers portant quatre cents couronnes d'or. Enfin tous les regards contemplèrent avec admiration Paul Émile assis sur son char, vêtu d'une robe de pourpre rayée d'or, et portant à sa main un rameau de laurier. Les soldats qui l'entouraient chantaient, en marchant, des hymnes de triomphe.

Le consul, touché du triste sort de Persée, obtint du sénat qu'on le ferait sortir de prison, et qu'il serait retenu avec égard dans une maison particulière. Il est des adoucissements pour le malheur et non pour la honte : l'infortuné roi de Macédoine se laissa mourir de faim, ainsi que deux de ses enfants; le troisième, nommé Alexandre, se fit d'abord menuisier, s'instruisit après dans les lettres romaines, et occupa dans la suite une place de greffier.

Paul Émile, qui n'avait rien réservé pour lui de son immense butin, apporta tant de richesses au trésor public, que le peuple romain fut déchargé de tout impôt jusqu'au commencement de la guerre d'Auguste contre Antoine.

Lorsque Paul Émile sortit du consulat, on le nomma censeur. Peu de temps après une mort subite termina son heureuse vie. Ce grand homme, que tant de victoires n'avaient point enrichi, brillait d'un tel éclat de vertu, que non-seulement ses concitoyens, mais ses anciens ennemis mêmes, les Liguriens, les Espagnols et les Macédoniens qui se trouvaient à Rome, assistèrent à ses funérailles, et se disputèrent l'honneur de porter son corps au tombeau.

Ses enfants ne trouvèrent dans son héritage qu'une somme tout au plus égale à cent mille francs de notre monnaie.

Après la conquête de la Macédoine, tous les rois et tous les peuples semblèrent, comme Persée, suivre le char triomphal de Paul Émile. Ils se hâtèrent d'envoyer des ambassadeurs à Rome, les uns pour protester de leur fidélité, les autres pour justifier une conduite équivoque.

Les Rhodiens perdirent la Carie et la Lycie. On exila en Étrurie mille Achéens, dont le seul tort était de vouloir défendre leur liberté; soixante-dix villes de l'Épire se virent livrées au pillage. On réduisit en esclavage cent cinquante mille Épirotes : en Étolie, la faction vendue aux Romains, s'étant emparée de l'autorité, massacra cent cinquante personnes distinguées du parti contraire. Les familles de ces malheureuses victimes se plaignirent vainement; les meurtriers furent absous par le sénat romain, qui, fier de sa force, ne croyait plus nécessaire de suivre la justice.

La faiblesse des peuples et la bassesse des rois étrangers augmentaient son arrogance. Presque toutes les fautes reprochées à la tyrannie peuvent être attribuées à la servilité des victimes, qui la flattent tant qu'elle les épargne, et qui ne l'accusent que lorsqu'elles en sont frappées.

Quand le roi Prusias parut au sénat, il s'y montra avec le bonnet d'affranchi, demanda humblement les ordres des sénateurs, et les appela ses dieux sauveurs. « La honte, dit Polybe l'Achéen, m'em-
» pêche de rapporter tout entier le discours de ce
» lâche monarque. »

Le sénat se trouva enfin importuné de cette foule d'esclaves couronnés; et comme il ne voulait ni recevoir Eumène ni le désobliger, il défendit, par un décret, à tous les rois de venir à Rome.

Ce même sénat envoya des ambassadeurs en Asie, avec l'ordre de brûler les vaisseaux du roi de Syrie. Il s'adjugea l'arbitrage des différends qu'excitait dans ce pays la succession au trône, et partagea l'héritage de Ptolémée entre Philométor et Physcon. L'un obtint l'Égypte, et l'autre la Cyrénaïque et la Libye. Les Juifs, persécutés par Antiochus Épiphane, se révoltèrent contre lui et contre ses successeurs. Rome, qui devait un jour les détruire, les protégea d'abord, garantit leur liberté et les reconnut comme amis et comme alliés. Elle soutint ensuite en Asie un imposteur, nommé Alexandre Bala, et le mit en possession du royaume de Syrie.

Après plusieurs révolutions, presque toutes fomentées ou protégées par la politique du sénat, les Séleucides perdirent leurs états, qui furent réduits en province romaine. Mais, pendant leur décadence, l'empire que les Parthes avaient fondé en Perse et en Médie fit de rapides progrès, s'étendit depuis l'Euphrate jusqu'au Gange, et devint par la suite formidable aux Romains, dont l'ambition trouva dans ces peuples belliqueux une barrière inexpugnable.

Ce qui prouve la perspicacité d'Annibal, lorsqu'il conseillait à Antiochus-le-Grand d'attaquer les Romains dans Rome, c'est qu'au moment même où la puissance romaine se montrait si redoutable et si menaçante en Afrique, en Asie, en Grèce et en Égypte, elle était encore facile à ébranler en Italie. Les Gaulois qui avaient incendié Rome ne pouvaient s'accoutumer à vivre sous ses lois. Les Liguriens, les Étruriens, les Samnites portaient son joug avec peine. Que n'auraient-ils pas fait, appuyés par un puissant allié, puisque isolés, ils tentaient sans cesse des efforts généreux pour briser leurs chaînes et recouvrer leur indépendance! Ce ne fut qu'à force de victoires coûteuses que Scipion

Nasica parvint à subjuguer totalement la Cisalpine. La nation des Boïens se laissa exterminer plutôt que de se soumettre.

Les préteurs et les proconsuls romains, bravant la sévérité des censeurs, la rigueur des décrets du sénat et méprisant l'antique simplicité de mœurs qui rendait si belle et si pure la gloire des Cincinnatus, des Fabius, des Scipions, se livrèrent à une honteuse avidité, opprimèrent par leurs concussions les provinces conquises, et poussèrent à la révolte les peuples vaincus; car le désespoir fait renaître le courage. Les Espagnols surtout, plus fiers et plus impatiens du joug que les autres peuples, reprirent les armes et vengèrent souvent leurs injures dans le sang de leurs oppresseurs.

Plusieurs légions furent taillées en pièces par les Celtibériens; les armées romaines, environnées d'ennemis, ne faisaient pas une marche sans périls, et ne passaient presque pas un jour sans combats. La jeunesse de Rome, découragée, ne voulait plus servir dans cette contrée belliqueuse, où l'on comptait autant d'ennemis que d'habitants. Le sénat n'osait ni rétracter des ordres nécessaires, ni sévir contre une désobéissance générale. Le fils de Paul Émile, Scipion Émilien, indigné de la faiblesse de ses compatriotes, offrit de servir en Espagne, dans quelque emploi que ce fût. Cet exemple généreux enhardit les hommes les plus timides; la honte chassa la crainte, et la levée se fit avec rapidité.

Le sort donna le département de l'Espagne au consul Licinius Lucullus. Lorsqu'il arriva, il trouva que le proconsul Marcellus venait d'accepter une paix désavantageuse dictée par les Celtibériens. Il n'osa point la rompre; mais, dans l'espoir de s'enrichir, il attaqua les Vaccéens sans motif et sans autorisation. Ayant assiégé une de leurs places, elle capitula. Au mépris de la capitulation, il massacra vingt mille de ses habitants et vendit les autres. Passant ensuite dans la Lusitanie pous y secourir le préteur Sulpicius Galba qui venait d'y être battu, il exerça les plus affreux ravages dans cette contrée. Galba la pillait aussi de son côté. Plusieurs peuples effrayés, espérant trouver leur salut dans l'alliance de Rome, la sollicitèrent. Galba leur indiqua un lieu d'assemblée; et lorsque leur bonne foi les eut conduits dans le piége qu'il leur tendait, il les fit envelopper et massacrer par ses soldats.

Ce crime excita dans Rome une juste indignation. A son retour Galba fut cité devant le peuple; mais la grande quantité d'or qu'il apportait le fit absoudre.

On voit déjà ce que devenait Rome conquérante; la corruption minait sa vertu, seule base solide de sa grandeur. Ses mœurs se dépravaient comme sa politique. Déjà, en 567, le sénat s'était vu obligé d'abolir les bacchanales. Autrefois ces fêtes, consacrées à Bacchus, n'avaient pour objet que de se livrer à la joie, d'interrompre les travaux par les plaisirs, et de célébrer les dons d'une divinité qui, selon la croyance du temps, présidait aux vendanges. Sous ce prétexte, il se forma une société infâme, qui se livrait à la licence la plus effrénée. Des rassemblements nombreux, composés d'hommes et de femmes, s'abandonnaient aux plus affreux désordres. Au milieu des ténèbres de la nuit, à la lueur des flambeaux, ces forcenés commettaient toutes sortes de crimes. Plusieurs citoyens distingués disparurent; beaucoup périrent par le poison; la pudeur des femmes fut outragée. Pour couvrir ces forfaits, pour étouffer les cris des mourants, on éteignait les lumières, et l'on faisait retentir les airs du bruit des trompettes et de hurlements épouvantables.

On révéla toutes ces iniquités au sénat: le consul Posthumius, chargé d'informer et de punir, trouva que sept mille personnes de l'un et de l'autre sexe avaient pris part à ces horreurs. Ceux qu'on arrêta furent envoyés au supplice; les autres s'y dérobèrent par l'exil ou par une mort volontaire.

L'expérience des désastres causés par les maladies contagieuses n'apprenait point aux Romains à s'occuper des précautions nécessaires pour les prévenir. En 578, la peste fit tant de ravages dans

Rome, que, selon Tite Live, les cadavres restaient par monceaux dans les rues. Ces fléaux n'empêchaient point l'accroissement de la population, la marche rapide du luxe et les progrès des arts.

Le poète Térence, qui commençait alors à briller dans la capitale du monde, ami de Lélius et de Scipion, fit connaître le premier aux Romains la perfection du style. Sa première pièce fut jouée un an après la conquête de la Macédoine. Avant lui, Plaute avait mérité par sa verve comique les suffrages du peuple, et le poète Ennius s'était vu ériger une statue. La vanité de plusieurs particuliers remplissait la ville de monuments qu'ils se faisaient élever. Les censeurs, Scipion Nasica et Popilius Lénas, ordonnèrent d'abattre toutes les statues dont le sénat n'avait point approuvé l'érection.

Ce même Popilius Lénas, envoyé en Égypte, traça fièrement avec sa baguette un cercle autour d'Antiochus vainqueur, et lui défendit d'en sortir avant d'avoir promis d'évacuer le royaume que ses armes avaient conquis. Ce monarque obéit. En souffrant une telle insolence, les rois et les peuples perdaient le droit de se plaindre de l'ambition romaine.

En 596, les Dalmates, autrefois dépendants de l'Illyrie, proclamèrent leur liberté, et firent des incursions dans les pays voisins que protégeait l'alliance romaine. Le Sénat demanda satisfaction, ne l'obtint pas et déclara la guerre.

Le consul Marcius Figulus, battu d'abord par les Barbares, répara depuis sa défaite par quelques succès. Scipion Nasica, son successeur, termina la guerre par la prise de la capitale du pays, et refusa modestement le triomphe que le sénat lui décernait, et le titre d'empereur que ses soldats voulaient lui déférer. (C'était le nom que les légions accordaient à leurs généraux après la victoire.)

Caton le censeur, dont la vieillesse augmentait la rigidité, se montrait toujours l'ennemi implacable de toute innovation, sans distinguer celles qui étaient utiles et inévitables. S'opposant aux progrès des lumières comme à ceux du luxe, il prononça au milieu du sénat un discours véhément, dont l'objet était de faire chasser de Rome Carnéade, Critolaüs et Diogène, philosophes et orateurs célèbres, qu'Athènes envoyait dans la capitale du monde pour y suivre une négociation. Il voulut faire bannir les médecins, disant qu'ils efféminaient le corps sous prétexte de conserver la santé. Les hommes sentent mieux la nécessité de guérir leurs maladies que leurs erreurs; selon l'avis du censeur, la philosophie se vit exiler, mais la médecine triompha de Caton.

Pour la première fois, à la fin de ce siècle, les Romains portèrent la guerre au-delà des Alpes, et battirent les peuples gaulois, Liguriens d'origine, qui avaient attaqué la ville de Marseille, alliée constante de Rome.

CHAPITRE XI.

TROISIÈME GUERRE PUNIQUE.

Cause de cette guerre. — Ambassade de Caton en Afrique. — Son retour à Rome. — Déclaration de guerre à Carthage par le sénat. — Ambassade de Carthage à Rome. — Désarmement de Carthage. — Son réarmement. — Échecs des Romains. — Nouvelle guerre en Macédoine. — Nouvelle guerre en Grèce. — Prise et destruction de Corinthe. — Réduction de la Grèce en province romaine sous le nom d'Achaïe. — Retour de Scipion Émilien à Rome. — Sa nomination de consul. — Son arrivée en Afrique. — Siége, prise et destruction de Carthage. — Lâcheté d'Asdrubal et courage de sa femme. — Scipion surnommé le second Africain.

Un objet plus important fixa bientôt l'attention du monde. La paix qui existait depuis cinquante ans entre Rome et Carthage fut rompue. L'inexécution du traité servit de prétexte à cette nouvelle guerre, dont la ruine totale des Carthaginois était le but. On avait stipulé dans ce traité que Carthage rendrait à Massinissa les possessions qu'elle lui avait enlevées. Ce prince, comptant sur la partialité de ses alliés et sur la faiblesse de ses ennemis, éleva ses prétentions au-delà de ses droits, et s'empara de Leptine, ainsi que d'autres places qui ne lui appartenaient pas. Les Carthaginois se plaignirent à Rome, et réclamèrent ou l'observation du traité, ou la permission de se défendre contre celui qui voulait l'enfreindre. Le sénat envoya des commissaires en Afrique, avec l'apparente intention de rendre justice, et dans le dessein réel de fomenter la discorde.

Caton le Censeur se trouvait parmi ces commissaires. Orateur éloquent, guerrier intrépide, historien savant, républicain sévère, il mérita sa renommée par ses talents; mais, trop passionné pour la puissance de sa patrie, il n'écoutait plus la justice dès qu'elle lui semblait opposée aux intérêts de la grandeur romaine; de plus, Caton ternissait ses vertus par un défaut incompatible avec la vraie gloire. Jaloux d'un héros, il n'avait jamais pu supporter la supériorité de Scipion. Les Carthaginois lui représentèrent maladroitement que la moindre infraction du traité serait une injure faite à la mémoire du plus grand des Romains, qui l'avait signé. Il n'en fallut pas davantage pour ranger Caton du parti de Massinissa.

A son retour à Rome, il ne parla que des richesses que conservait Carthage, de la beauté de ses ports, de la force de ses vaisseaux, du nombre imposant de ses soldats; et la nécessité de consommer la ruine de cette ville rivale lui semblait si évidente, que, sur quelque affaire qu'on opinât, il concluait toujours par ces mots : « Je pense surtout qu'il faut détruire Carthage. »

Scipion Nasica combattait fermement cet injuste avis : ce Romain, distingué par ses exploits, ne parvint pas à la renommée brillante des autres Scipions; mais il acquit une gloire plus pure et plus rare. Dans une circonstance importante, le sénat et le peuple le reconnurent unanimement pour le plus honnête homme de la république. Ce sage sénateur sentait que, pour maintenir dans Rome la force des lois et des mœurs, il fallait conserver et non détruire la seule puissance capable d'exciter son émulation, et que, si l'on voulait arrêter les progrès de sa corruption, il fallait ralentir ceux de ses conquêtes. L'existence de Carthage était à ses yeux une digue salutaire contre le débordement des vices et contre le relâchement de la discipline. Il s'adressait à la raison, et Caton parlait aux passions; le dernier fut seul écouté.

Carthage, attaquée et ne pouvant obtenir justice, prit les armes. Le jeune Scipion Émilien, destiné par le sort à la détruire, était alors ambassadeur près de Massinissa. Il fut témoin d'une bataille que ce prince, âgé de quatre-vingts ans, livra aux Carthaginois, et dans laquelle, déployant la force de sa maturité et l'ardeur de sa jeunesse, il remporta une victoire signalée.

Le sénat, entraîné par Caton, déclara la guerre

à Carthage pour avoir attaqué un prince allié de la république. Les consuls embarquèrent les légions, et se rendirent en Sicile pour passer de là en Afrique. Après leur départ, les ambassadeurs de Carthage, arrivés à Rome, déclarèrent au sénat que leur république se soumettait à la discrétion du peuple romain. On leur répondit qu'ils conserveraient leurs lois, leurs terres et leur liberté, sous la condition d'envoyer trois cents otages à Lilybée, et de faire tout ce que leur prescriraient les consuls. Dans cette réponse artificieuse, indigne d'un gouvernement grand et fort, on ne s'était servi que des mots de *cités*, de *lois* et de *terres*; on ne parlait pas de la conservation des villes : la destruction de Carthage était résolue.

Le consul Marcius Censorinus reçut à Lilybée les ambassadeurs, et leur dit qu'il leur répondrait à Utique, où il débarqua bientôt à la tête de quatre-vingt mille hommes. L'effroi les précédait; Utique, ne voulant pas se laisser entraîner dans la ruine des Carthaginois, abandonna leur cause, et se donna aux Romains.

Les magistrats de Carthage vinrent humblement demander au consul ce qu'il exigeait d'eux. Il leur commanda de lui livrer toutes les armes et toutes les machines de guerre que possédait leur république, et que la protection de Rome lui rendait désormais inutiles.

Cet ordre rigoureux répandit la consternation; cependant on obéit. Lorsque le consul se vit maître de tous les moyens de défense de ses ennemis, il leur dit : « Je vous loue de votre prompte obéis- » sance; connaissez à présent les volontés du sénat » et du peuple romain. Ils vous ordonnent d'aban- » donner Carthage et de vous établir dans le lieu » que vous choisirez, pourvu qu'il soit à dix milles » des côtes. »

Le plus faible ennemi devient redoutable lorsqu'il est réduit au désespoir. L'excès du malheur ressuscita le courage des Carthaginois; l'amour de la patrie réunit les factions : trente mille bannis menaçaient alors Carthage; elle les rappela et donna le commandement de ses troupes à leur chef Amilcar. La fureur forgea des armes, l'industrie créa des machines, les cheveux des femmes fournirent des cordages. Hommes, enfants, vieillards, tout devint soldat.

Le consul ne s'attendait à aucune résistance. Se croyant sûr du succès de sa perfidie, il n'avait point pressé ses opérations; et, lorsqu'il marcha enfin contre des esclaves qu'il regardait comme soumis, il trouva des ennemis intrépides, une nation debout et sous les armes.

Repoussé dans plusieurs assauts, il se vit bientôt attaqué à son tour, et reçut d'assez grands échecs. Asdrubal, général carthaginois, brûla la plus grande partie de la flotte des Romains; et pour mettre le comble à ces revers, la peste se répandit dans leur camp et l'indiscipline dans leur armée.

Tandis que Rome rencontrait en Afrique des obstacles imprévus, un jeune aventurier lui enlevait la Macédoine, qu'elle avait laissée se gouverner républicainement et par ses propres lois. Cet imposteur, nommé Andriscus, se faisait passer pour le fils de Persée. On l'arrêta d'abord; mais il s'échappa et leva une armée en Thrace. Les Macédoniens le reconnurent et le placèrent sur le trône. A leur tête, il justifia son audace par quelque vaillance, et conquit la Thessalie. Les légions qu'on envoya contre lui furent taillées en pièces, et le général qui les commandait périt dans l'action.

L'année suivante, Cécilius Métellus, plus habile ou plus heureux, remporta deux victoires sur les Macédoniens. Andriscus, vaincu, se sauva chez le roi de Thrace, qui le livra aux Romains.

Dans le même temps, les Achéens et les Spartiates se firent la guerre. Rome voulait humilier les Achéens, qui, seuls dans la Grèce, montraient encore quelque esprit de liberté. Un décret du sénat, favorable à Sparte, détacha cette ville, ainsi qu'Argos et Corinthe, de la ligue achéenne. Cette décision arbitraire excita le ressentiment des confédérés rassemblés alors à Corinthe. Ils éclatèrent en menaces contre les commissaires romains, et maltraitèrent les envoyés de Sparte.

Le sénat, dont les forces étaient occupées de la guerre d'Afrique et de celle d'Espagne, croyant devoir dissimuler son courroux, entama des négociations avec les Achéens. Ils prirent sa modération pour de la faiblesse, s'associèrent les Béotiens, et continuèrent la guerre contre Sparte.

Diéus, chef de leur confédération, consultant plus son amour pour la liberté et sa haine contre les Romains que les forces de son pays, rejetait toutes les propositions de paix que lui faisait Métellus, qui travaillait alors à rétablir l'ordre en Macédoine. Ce Grec, digne des anciens temps, mais déplacé dans son siècle, bravait les remontrances du Péloponèse épuisé; il excitait tous les Grecs au soulèvement, leur répétant sans cesse « que pour être libre il suffisait de le vouloir. » Ce mot était fort et vrai; mais pouvait-il ignorer que cette volonté ferme, qui donne et garantit la liberté, n'existait plus dans la Grèce amollie et divisée?

Métellus marcha contre lui, enfonça ses troupes du premier choc, et les mit en déroute. Diéus, découragé par ce revers, courut à Mégalopolis, et s'y tua, après avoir égorgé sa femme et ses enfants.

Les Achéens abandonnèrent Corinthe, dont une faible garnison défendit l'existence avec un courage digne d'une meilleure fortune. Mummius, qui venait de succéder à Métellus, attira les ennemis dans un piége, les défit, leur coupa la retraite, entra dans

Corinthe, massacra les habitants, vendit les femmes et les enfants, enleva les vases, les statues, les tableaux, et livra la ville aux flammes. La liberté grecque périt avec Corinthe; la Grèce fut réduite en province romaine, sous le nom d'Achaïe.

Le consul Calpurnius Pison avait succédé en Afrique à Marcius Censorinus et à Manilius. Il ne montra pas plus de talents, et n'obtint pas plus de succès. L'espoir de Carthage renaissait avec ses forces. Elle couvrait la campagne d'une armée nombreuse; sa flotte devenait formidable; plusieurs rois d'Orient lui promettaient leur alliance. Rome commençait à concevoir une inquiétude fondée. Ce fut dans ce moment qu'elle vit revenir dans ses murs Scipion Émilien, qui avait servi avec éclat en Grèce, en Espagne, en Afrique, qui s'était montré le premier sur les remparts de plusieurs villes prises d'assaut, et dont la vaillance active et sage venait de préserver d'une ruine totale l'armée des consuls, lorsque Phanéas, général carthaginois, se voyait au moment de s'emparer du camp romain. Scipion, fils du grand Paul-Émile, adopté par l'illustre vainqueur d'Annibal, sollicitait modestement l'édilité. La confiance publique, jugeant son mérite et non son âge, lui donna le consulat, et, sans tirer les provinces au sort, lui assigna le département de l'Afrique.

Arrivé à la tête de l'armée, il ne s'occupa d'abord qu'à réparer ses pertes et à rétablir la discipline.

Marchant ensuite rapidement contre l'armée africaine, il la détruisit presque entièrement. Ayant après, dans un combat naval, dispersé la flotte des ennemis, leur dernier espoir, il resserra la ville par ses travaux, poussa ses attaques avec vigueur, et s'empara d'un quartier qui lui ouvrait les autres ; enfin, après un assaut où l'on combattit six jours et six nuits sans trêve et sans repos, il se vit enfin maître de Carthage et la rasa totalement. Cinquante mille hommes, enfermés dans la citadelle, capitulèrent et se dispersèrent dans la campagne. Les bannis et les réfugiés, qui n'espéraient aucune clémence, se donnèrent la mort en incendiant le temple qui leur servait de refuge. Leur chef seul, Asdrubal, se rendit, et, tandis qu'il demandait à genoux la conservation d'une existence achetée aux dépens de l'honneur, il entendit les malédictions de sa femme, qui, après lui avoir reproché sa lâcheté, se jeta dans les flammes avec ses enfants, et périt aux yeux d'un époux si peu digne d'elle et de Carthage.

Le sénat romain défendit, sous d'horribles imprécations, de rebâtir cette cité, dont sa haine aurait voulu pouvoir effacer le nom comme la puissance. Son territoire fut donné à Utique. On dit que Scipion, qui reçut, après la ruine de cette ville, le surnom de second Africain, se rappelant, sur les débris de Carthage, la splendeur et la destruction de Troie, pressentit celle de Rome et versa des larmes.

Massinissa et Caton étaient morts avant ces événements, et ne purent jouir de la ruine de leur ennemie. Massinissa, en mourant, chargea Scipion de la tutelle de son fils Micipsa. Carthage et Corinthe périrent toutes deux, cent quarante-six ans avant Jésus-Christ, l'an 608 de Rome, 3859 du monde, 363 depuis l'expulsion des Tarquins.

FIN DU CINQUIÈME VOLUME.

TABLE DES MATIÈRES

CONTENUES DANS CE VOLUME.

HISTOIRE ROMAINE.

TOME CINQUIÈME.

                                        Pages.

Chap. I. — Anciens peuples d'Italie; naissance de Romulus; fondation de Rome; ses rois; Romulus; interrègne et Numa Pompilius; Tullus Hostilius; Ancus Martius; Tarquin l'Ancien; Servius Tullius Tarquin le Superbe.   1

II. — République romaine; conspiration; guerre avec l'Étrurie; siége de Rome par Porsenna, etc.   78

III. — Guerre avec les Sabins et les Latins; conjuration; révolte du peuple; bataille de Régille; paix avec les Latins; mort des Tarquins. . . .   99

IV. — Guerre des Volsques; troubles à Rome; retraite du peuple sur le mont sacré; création des tribuns; victoire de Coriolan; son exil; siége de Rome.   109

V. — Décemvirs; mort de Virginie; révolte du peuple et de l'armée; démission et punition des décemvirs; création des tribuns militaires . . .   162

TABLE DES MATIÈRES.

Pages.

VI. — Création de la censure et de la questure ; guerre d'Ardée ; conspiration de Mélius ; établissement de la solde des troupes ; siége de Véies ; dictature de Camille ; guerre contre les Falisques ; exil de Camille ; guerre des Gaulois ; prise de Rome ; sa délivrance. 194

VII. — Reconstruction de Rome ; guerre avec les Volsques, les Herniques, les Latins et les Samnites ; invasion et défaite de Pyrrhus, etc. . . . 235

VIII. — Première guerre punique ; guerre avec l'Illyrie, les Gaulois et les Liguriens ; conquête de la Sardaigne ; paix avec les Gaulois. 290

IX. — Seconde guerre punique ; invasion d'Annibal en Italie ; marche d'Annibal sur Rome ; entrevue de Scipion et d'Annibal ; bataille de Zama ; paix entre Rome et Carthage. 330

X. — Guerre avec Philippe et Persée, rois de Macédoine ; triomphe de Paul-Émile ; invasion des Romains au-delà des Alpes. 376

XI. — Troisième guerre punique ; la Grèce réduite en province romaine sous le nom d'Achaïe ; destruction de Carthage. 429

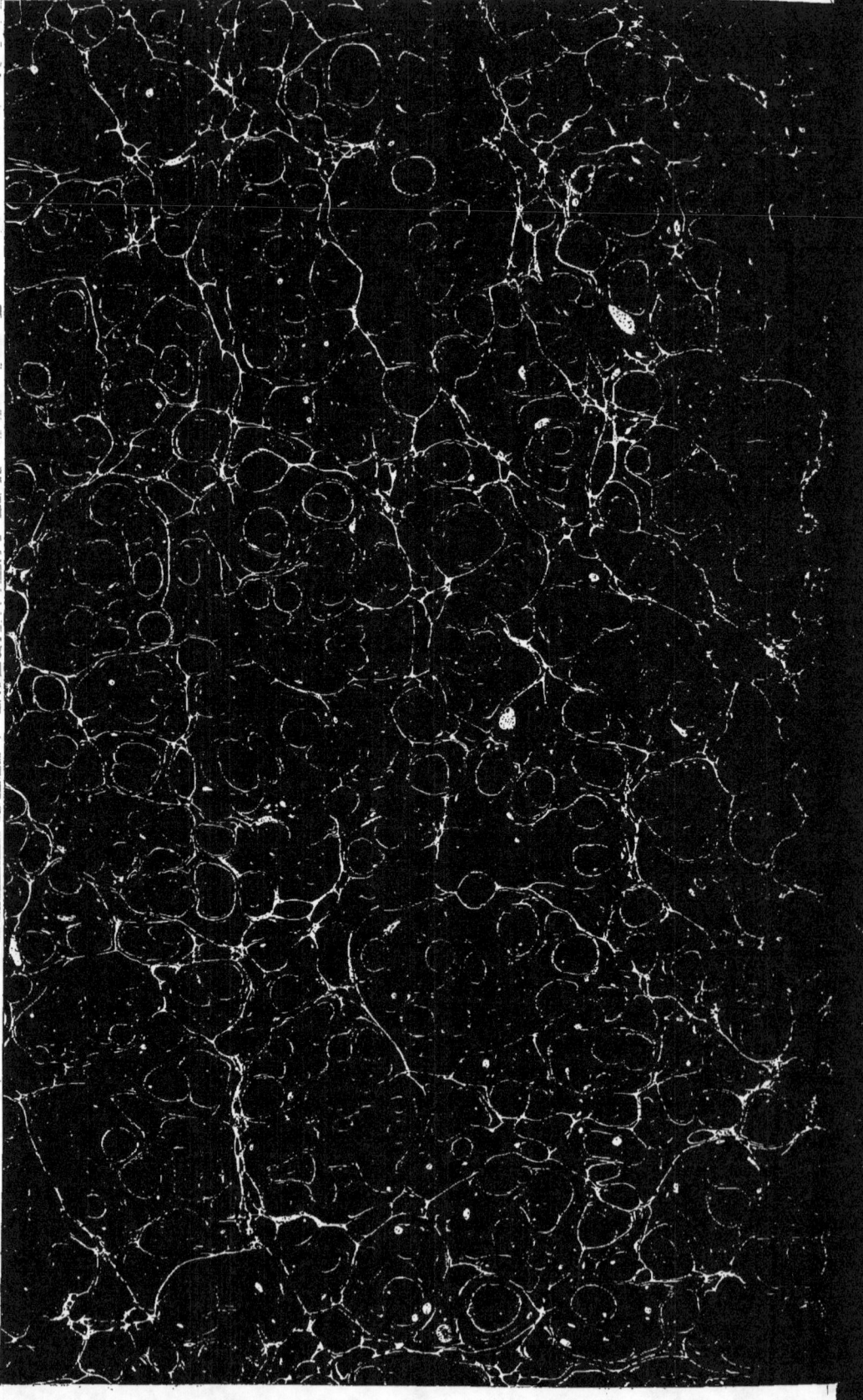

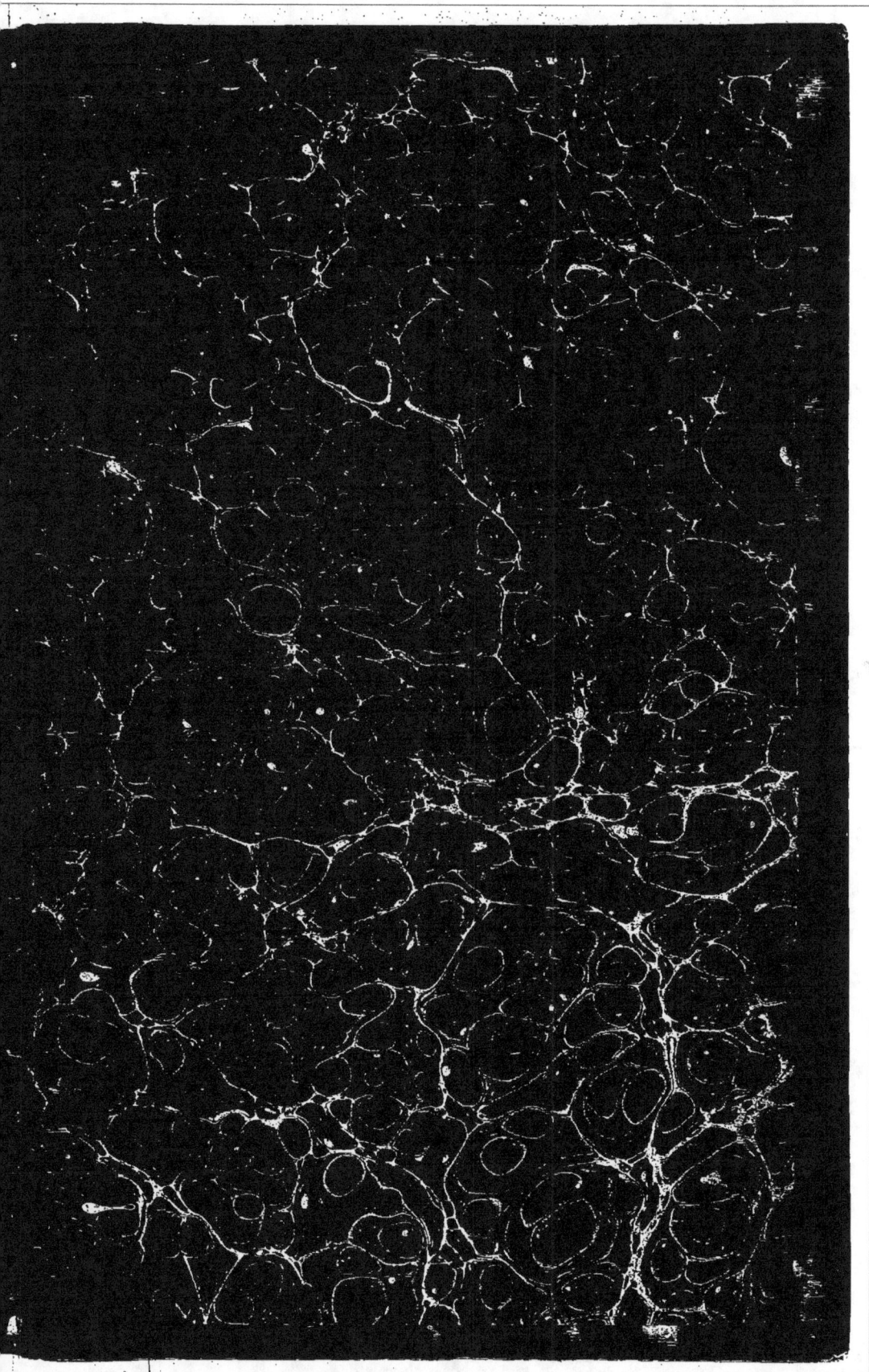

SEGUR

HISTORIA
UNIVERSAL

8

www.ingramcontent.com/pod-product-compliance
Lightning Source LLC
Chambersburg PA
CBHW060519230426
43665CB00013B/1574